Superior Tribunal de Justiça

Superior Tribunal de Justiça

ORIGEM, CRIAÇÃO E PROPÓSITO DO TRIBUNAL DA CIDADANIA

2022

Douglas Policarpo

ALMEDINA

SUPERIOR TRIBUNAL DE JUSTIÇA
ORIGEM, CRIAÇÃO E PROPÓSITO DO TRIBUNAL DA CIDADANIA

AUTOR: Douglas Policarpo

DIRETOR ALMEDINA BRASIL: Rodrigo Mentz
EDITORA JURÍDICA: Manuella Santos de Castro
EDITOR DE DESENVOLVIMENTO: Aurélio Cesar Nogueira
ASSISTENTES EDITORIAIS: Isabela Leite e Larissa Nogueira
ESTAGIÁRIA DE PRODUÇÃO: Laura Roberti

DIAGRAMAÇÃO: Almedina
DESIGN DE CAPA: FBA

ISBN: 9786556276731
Outubro, 2022

Dados Internacionais de Catalogação na Publicação (CIP)
(Câmara Brasileira do Livro, SP, Brasil)

Policarpo, Douglas
Superior Tribunal de Justiça : origem, criação e propósito do tribunal da cidadania / Douglas Policarpo. -- São Paulo : Almedina, 2022.

Bibliografia.
ISBN 978-65-5627-673-1

1. Brasil - Leis e legislação 2. Brasil. Supremo Tribunal de Justiça - História 3. Cidadania - Brasil I. Título.

22-120911 CDU-347.991(81)(09)

Índices para catálogo sistemático:

1. Brasil : Supremo Tribunal de Justiça : História 347.991(81)(09)
Eliete Marques da Silva - Bibliotecária - CRB-8/9380

Este livro segue as regras do novo Acordo Ortográfico da Língua Portuguesa (1990).

EDITORA: Almedina Brasil
Rua José Maria Lisboa, 860, Conj.131 e 132, Jardim Paulista | 01423-001 São Paulo | Brasil
www.almedina.com.br

À minha mãe e ao meu pai.
E a tudo o que eles representam.

SOBRE O AUTOR

Doutor em Ciência Politica pela Universidade Federal de São Carlos. Mestre em Direito Constitucional pela Instituição Toledo de Ensino de Bauru. Professor da Universidade Federal da Grande Dourados. Advogado.

PREFÁCIO

Quando Douglas Policarpo convidou-me a prefaciar sua obra, relutei por algum tempo, pois, fui formalmente seu orientador da tese de doutorado e, portanto, teria eu algum mérito a compartilhar na obra. Mas, digo com franqueza: não o tenho. Durante seu doutorado no PPGPol da UFSCar era já um pesquisador maduro a ponto de produzir uma tese sólida, instigante e uma análise complexa da criação do Superior Tribunal de Justiça.

A carreira acadêmica de Douglas passa primeiro por uma formação em direito, a título de mestrado, pela Instituição Toledo de Ensino de Bauru-SP (2007), com bolsa da Capes, seguida por uma pós-graduação (lato sensu), em direito empresarial, com ênfase em direito do trabalho, também pela ITE-Bauru-SP (2004). Coordenou e lecionou em cursos de graduação e pós-graduação em São Paulo e Rondônia (ULBRA); foi advogado público municipal (2003 a 2005) e advogado militante no Estado de São Paulo (2003 a 2009). Atualmente é professor efetivo da Universidade Federal da Grande Dourados-UFGD, tendo coordenado o curso de direito e a pós-graduação lato sensu em Direitos Humanos Cidadania (2010-2012). Reúne pesquisas voltadas à filosofia do direito, ao direito do trabalho e ao Judiciário.

O objeto da pesquisa é a análise da dinâmica da política durante no processo de criação e consolidação do Superior Tribunal de Justiça – STJ. Isto é, desde a Emenda Constitucional nº 7, de 1977, sob o regime militar, até a emenda Constitucional nº 45, de 2004, quando ela caminha em direção à consolidação. As tensões entre estabilidade e mudanças institucionais percorrem todo o histórico aqui descrito. Esse processo tem como desfecho uma instituição que age em prol dos direitos, sendo por isso chamada de "Tribunal da cidadania".

A abordagem de Douglas é essencialmente institucionalista, embora apresente, com precisão, os elementos construtivistas presentes neste período. Sua formação, primeiro em Direito, e só depois em Ciência Política, proporcionou a clareza sobre necessidade incluir na sua análise a evolução dos processos políticos dos tempos passados, como forma de compreender o que parece viável no presente à bem do futuro.

O estudo trata de mudanças *Constitucionais* e, portanto, *institucionais*. E dado que a Carta Magna visa ser o espelho da vontade do povo e da maioria, numa democracia elas visam estabilidade e a igualdade de direitos. Os direitos dos cidadãos, bem como os direitos sociais, vão se ampliando. Esta pequena digressão visa apenas estimular os pesquisadores da Ciência Política e do Direito a colaborações em suas pesquisas. São Ciências irmãs que precisam trabalhar juntas. A normatividade serena de uma, aliada à liderança criativa e democrática de outra.

A rica documentação e a complexidade do objeto de análise exigem do autor o domínio de três áreas de Ciências Humanas – Ciência Política, Direito e História. A história da consolidação do STJ não é fácil de ser resumida devido à plêiade de atores institucionais relevantes e o longo tempo de sua maturação. De qualquer forma, não cabe ao prefaciador resumi-la, pois uma das maiores qualidades da obra é contar a história das forças envolvidas nesse processo. É na leitura dos "Três Atos" que encontramos uma tese acadêmica robusta, crítica e otimista das instituições do Poder Judiciário. Vamos pois a eles ...

São Paulo, fevereiro de 2022.
Prof. Eduardo Garuti Noronha.
PPGPol da Universidade Federal de São Carlos.

LISTA DE QUADROS

LISTA DE SIGLAS

ADCT	Ato das Disposições Constitucionais Transitórias
AI	Ato Institucional
AJD	Associação dos Juízes para a Democracia
AJUFE	Associação dos Juízes Federais do Brasil
AMB	Associação dos Magistrados Brasileiros
ANAMATRA	Associação Nacional dos Magistrados da Justiça do Trabalho
ANC	Assembleia Nacional Constituinte
ARENA	Aliança Renovadora Nacional
CCJ	Comissão de Constituição, Justiça e Cidadania
CNJ	Conselho Nacional de Justiça
CPC	Código de Processo Civil
CPDOC/FGV	Centro de Pesquisa e Documentação de História Contemporânea do Brasil da Fundação Getulio Vargas
CPI	Comissão Parlamentar de Inquérito
CPP	Código de Processo Penal
EC	Emenda Constitucional
ENFAM	Escola Nacional de Formação e Aperfeiçoamento de Magistrados
FGV	Fundação Getulio Vargas
GP	Gabinete da Presidência
IDESP	Instituto de Estudos Econômicos, Sociais e Políticos de São Paulo

IFCS/UFRJ	Instituto de Filosofia e Ciências Sociais da Universidade Federal do Rio de Janeiro
IUPERJ	Instituto Universitário de Pesquisas do Rio de Janeiro
LC	Lei Complementar
MDB	Movimento Democrático Brasileiro
MP	Ministério Público
OAB	Ordem dos Advogados do Brasil
PDS	Partido Democrático Social
PDT	Partido Democrático Trabalhista
PEC	Proposta de Emenda à Constituição
PFL	Partido da Frente Liberal
PMDB	Partido do Movimento Democrático Brasileiro
Prodasen	Centro de Informática e Processamento de Dados do Senado Federal
PSDB	Partido da Social Democracia Brasileira
PT	Partido dos Trabalhadores
RI	Regimento Interno
SNI	Serviço Nacional de Informações
SRJ	Secretaria de Reforma do Judiciário
STF	Supremo Tribunal Federal
STJ	Superior Tribunal de Justiça
TFR	Tribunal Federal de Recursos
TRF	Tribunal Regional Federal
TSE	Tribunal Superior Eleitoral
TST	Tribunal Superior do Trabalho
UFGD	Universidade Federal da Grande Dourados
UFSCar	Universidade Federal de São Carlos
USP	Universidade de São Paulo

SUMÁRIO

1. INTRODUÇÃO

O presente trabalho tem como objetivo geral analisar a dinâmica política envolvida no surgimento do Superior Tribunal de Justiça (STJ). Para tanto, investiga-se como os diversos atores envolvidos nesse processo conduziram o jogo político, desde a gestação até a criação e o estabelecimento dessa nova Corte, no período coincidente com as três últimas grandes reformas estruturais do Judiciário.

Os objetivos específicos consistem em examinar as construções ideacionais dos vários atores que corroboraram para o nascimento e a constituição do STJ, no peculiar ambiente judicial. Assim, estudam-se os pronunciamentos, discursos, articulações e interações políticas nos três momentos correspondentes às fases de seu desenvolvimento, ou seja, a que envolve a Emenda Constitucional (EC) nº 7, de 1977, até a queda do Regime Militar, em 1985; a da Assembleia Nacional Constituinte de 1987-88, ocorrida sob clamor de renovação democrática; e, por fim, a de 1992 até 2004, durante o trâmite da EC nº 45, momento em que já havia certa estabilidade institucional.

Ressalte-se que o assunto aqui tratado ainda é pouco explorado no Brasil. E simplesmente não há estudos nessa área envolvendo a criação do STJ. Ainda mais sob a conjuntura de três consideráveis momentos políticos. As análises existentes têm se voltado especificamente ao Supremo Tribunal Federal (STF), como Corte Constitucional, e de forma mais recente ao Tribunal Superior do Trabalho (TST), como se verá a seguir, deixando ao largo este importante órgão judicial, cuja postura tem cada vez mais repercutido na sociedade e nos três poderes constituídos – Executivo, Legislativo e Judiciário.

Recorde-se que os estudos e as produções da Ciência Política brasileira têm como parâmetro inicial as análises norte-americanas sobre sua Corte Suprema (EASTON, 1985; HALL e TAYLOR, 2003). O papel desempenhado pelos tribunais na arena política, os impulsos contextuais e as circunstâncias sociais, culturais, ideológicas, que dão oportunidade para diferentes posturas de uma Corte, as influências de fatores regionais e nacionais, em especial quanto aos arranjos políticos entre os poderes e as pressões sociais e institucionais que interferem nesse processo, passam então a ser objeto de estudo da Ciência Política (FARIA, 2004; KOERNER, 2007).

Assim, é fato que o papel do Judiciário tem paulatinamente se expandido nas democracias ocidentais nos últimos cinquenta anos (HILBINK e WOODS, 2009). O descrédito atribuído ao Legislativo soma-se ao agigantamento do Executivo em cenários nos quais o Judiciário é chamado em muitas oportunidades para atuar como mediador desses poderes ou mesmo para 'promover o desempate institucional e superar a paralisia decisória', no referente ao embate entre Legislativo e Executivo e entre os próprios partidos que compõem o Parlamento (FARIA, 2004).

Destaca-se a ligação do empoderamento judicial com o processo de expansão dos direitos por pressões sociais ou grupos de interesses no Brasil. Esses atores passaram a contar com os tribunais como agentes com poder de veto de determinadas políticas promovidas pelo Executivo e pelo Legislativo (TAYLOR e DA ROS, 2008).

Em levantamento bibliográfico realizado, constatou-se, no caminho de Mattew Taylor (2007), que as análises em política, cujo objeto é o Judiciário, dedicam-se mais à influência desse poder no processo político e sobre seu resultado na realidade política do que ao reconhecimento de seu papel na tomada de decisões em questões controvertidas da política nacional.

Desta feita, mesmo diante da manifestação de preferências pelos membros do Judiciário muito antes da aprovação final de projetos políticos de governo, seja por meio de pronunciamentos públicos ou reuniões a portas fechadas entre Executivo e Judiciário, a maior parte dos estudos sobre o sistema político brasileiro não tem dado o devido valor ao papel político dos juízes na hora de descrever tal processo decisório brasileiro (TAYLOR, 2007).

É fato que as pesquisas em Ciência Política sobre o Judiciário brasileiro, a partir dos anos de 1990, foram desenvolvidas em dois grupos, além de algumas pesquisas esparsas. O primeiro grupo, situado no Instituto de Estudos Econômicos, Sociais e Políticos de São Paulo (IDESP) e na Universidade de São Paulo (USP), iniciou com análises que identificaram o perfil de valores e interesses dos diferentes profissionais na área jurídica (SADEK e ARANTES, 1994), utilizando para isso pesquisas de opinião. Em um segundo momento, o grupo examinou as instituições judiciais e suas transformações em decorrência da Constituição de 1988, tendo por base, principalmente, o referencial da judicialização da política, para criticar a atuação dos órgãos judiciais e dos processos jurídicos nas decisões de políticas públicas (SADEK, 1997; 2011). Finalmente, as pesquisas dedicaram-se à Constituição de 1988 e à reforma do Judiciário, vagamente inspirados nos esquemas conceituais da *public choice* (ARANTES, 2010; SADEK, 2010). No segundo grupo, situado no Instituto Universitário de Pesquisas do Rio de Janeiro (IUPERJ) e coordenado por Luís Werneck Vianna, foi adotada a expressão 'judicialização' da política, com um significado positivo, diferente das primeiras pesquisas realizadas pelo grupo de São Paulo, para designar as transformações estruturais das democracias contemporâneas, momento em que o Judiciário se abriu à sociedade civil, tornando-se uma arena de contestação e participação política. Entre as análises dispersas, destacam-se os estudos voltados para o campo profissional dos juristas, inspirados pela sociologia de Pierre Bourdieu ou pela sociologia das profissões, e pelos padrões de recrutamento dos juristas, advindos da teoria sociológica das elites (SANTOS, 2008; ENGELMANN, 2006; BONELLI, 2003; KOERNER, 2009; todos apud FREITAS, 2012).

Diante desse panorama, chama a atenção Ernani Carvalho (2004) para a necessidade da inclusão de novas abordagens que possibilitem à Ciência Política maior compreensão do papel do Judiciário no contexto brasileiro. Andrei Koerner (2007) corrobora com os argumentos e foca seus estudos na atuação política do Judiciário e no processo de produção de regras jurídicas por meio dos papéis atribuídos às instituições judiciais ao longo do tempo e no contexto institucional em que se encontram.

Nessa esteira, estudos recentes têm se dedicado ao ramo especializado trabalhista do Judiciário. Ligia Freitas (2012) destaca que os primeiros trabalhos foram desenvolvidos no Centro de Pesquisa e Documentação de História Contemporânea do Brasil da Fundação Getulio Vargas (CPDOC/FGV), juntamente com o Instituto de Filosofia e Ciências Sociais da

Universidade Federal do Rio de Janeiro (IFCS/UFRJ). Lá tal ramo do poder foi abordado com base em teorias mais voltadas à sociologia política, culminando em resultados que revelaram um ganho de prestígio da Justiça do Trabalho na Constituição de 1988, com o aumento do número de magistrados, 'sua juvenilização e feminilização', com destaque para o papel da associação dos juízes trabalhistas junto ao Tribunal Superior do Trabalho e demais poderes.

A autora acrescenta que se formou um grupo de pesquisadores junto à Universidade Federal de São Carlos (UFSCar), encabeçado pelo professor Dr. Eduardo Garuti Noronha, os quais têm produzido pesquisas voltadas aos órgãos Judiciários[1], sob a óptica da teoria institucionalista.

Por fim, o presente trabalho busca fazer parte dos estudos do grupo em andamento na UFSCar. Para tanto, utiliza-se da teoria institucionalista, aplicando a abordagem histórica ideacional ou construtivista à mais nova estrutura superior do Judiciário, qual seja, o Superior Tribunal de Justiça. Com isto, pretende-se colaborar com o alargamento dos limites da literatura e dos estudos teóricos neoinstitucionalistas, além de incentivar novas abordagens e reflexões sobre esse importante Tribunal.

1.1 Pressupostos teóricos

Enquanto o institucionalismo histórico tem feito progressos consideráveis no que tange às alterações das concepções anteriormente estáticas e deterministas, alguns críticos questionam a adequação dos legados históricos, enfatizando as características de um mundo cada vez mais caótico e incerto (SCHMIDT, 2011).

[1] Karen Artur (2007; 2009) e Ligia Freitas (2011; 2012) analisaram em momentos diferentes o papel do Judiciário trabalhista na construção do Direito do Trabalho brasileiro. A primeira estudou como a jurisprudência do TST estabeleceu novas formas de contrato de trabalho, inclusive a terceirização, e como o judiciário trabalhista havia protagonizado as reformas na própria instituição e no direito do trabalho, haja vista a assimetria entre os atores, sindicatos, empregadores e o Ministério Público. A segunda, em trabalho inicial, evidenciou a sedimentação das doutrinas defendidas pelo TST, desde 1946, como o poder normativo desse ramo, concluindo que no período da última Constituição os juízes trabalhistas se preocuparam com a estrutura de seu ramo e com os direitos individuais dos trabalhadores. Em continuação às suas investigações, em 2012, ela examinou a atuação política do TST junto ao Legislativo, inovando em estudos que tratam da relação entre o Judiciário e as demais funções do poder.

Isso levou a um movimento na análise institucional que visa não só incluir agência e ideias em abordagens que continuam a ressaltar o equilíbrio institucional, mas dar-lhes a primazia em uma abordagem que vê as instituições como construções dinâmicas.

A retomada das ideias levou alguns autores a postular o surgimento de uma quarta nova institucionalidade. Isto tem sido descrito como 'institucionalismo ideacional' (HAY, 2001) 'institucionalismo construtivista' (HAY, 2006) ou 'institucionalismo discursivo' (SCHMIDT, 2008).

A função principal destas abordagens é explicar a dinâmica institucional por meio do impacto de novas ideias e o papel facilitador da agência (HAY, 2006; SCHMIDT, 2011). A premissa subjacente a este tratamento é que os atores, enquanto estejam até certo ponto limitados por seu contexto institucional, também são capazes de agir de forma independente deste contexto e, assim, iniciar a mudança institucional (SCHMIDT, 2008).

As motivações dos atores nesse sentido não são consideradas como um dado, mas baseiam-se em construções de ideias complexas, contingentes e sujeitas a alterações. De acordo com Colin Hay (2006), essas motivações são baseadas nas 'percepções de contexto que são na melhor das hipóteses incompletas'. Por elas, os atores estão constantemente envolvidos em um processo de produção de sentido e equilíbrio concorrentes nas influências institucionais. Como consequência, essas percepções só podem ser melhor interpretadas em seu contexto institucional, em vez de derivarem de uma ligação direta desta conjuntura de como outros modelos da nova institucionalidade se realizariam.

Consequentemente, Vivien Schmidt (2011) concebe 'contexto institucional' não só como o cenário dentro do qual as ideias realizam seu significado, mas também na perspectiva de que novas ideias estão na raiz do caminho no qual os agentes potencialmente sensíveis se tornam condutores de mudanças institucionais.

Schmidt fala ainda sobre a maneira em que as ideias operam em um contexto institucional e seu papel nas dinâmicas de continuidade e mudança institucional[2]. Em um nível, a autora concebe ideias como os fundamentos

[2] Schmidt (2011) também concebe o discurso em formas coordenativas ou comunicativas. As formas de coordenação se referem à maneira como a política é iniciada pelas elites políticas. Nesta forma, o discurso tem lugar dentro de 'comunidades epistêmicas', usando uma linguagem especializada, a fim de facilitar a negociação e o acordo político. Em sua forma

filosóficos de instituições que estabelecem a sua coerência e continuidade. E, portanto, formam a base da maneira como elas são reproduzidas ao longo do tempo. Em outro nível, diz que são as ideias que sustentam programas políticos e iniciativas através das quais os agentes iniciam a mudança institucional.

Estas políticas ou ideias programáticas podem tomar uma forma cognitiva, que estabelece 'o que é e o que fazer' e, assim, moldam a forma com que os atores percebem os problemas políticos instrumentais e a ação a ser tomada em resposta a eles. Mas elas também podem configurar uma forma normativa, a qual estabelece 'o que deve ser feito'. Isso levaria a mudanças nas percepções de legitimidade em que se baseiam as instituições (SCHMIDT, 2008; 2011).

No entanto, Schmidt observa que as ideias não são suficientes em si mesmas para explicar a dinâmica institucional. A autora afirma que uma abordagem de representações por si só não pode explicar "o processo pelo qual as ideias vão de pensamento às palavras e à ação" e por "quem, como, onde e por quê" (SCHMIDT, 2008). Por isso, ela destaca a maneira como o discurso entre os diferentes intervenientes é usado para transmitir ideias e, assim, como os atores procuram influenciar e persuadir os outros sobre a validade destas ideias. Ela afirma que "o discurso não serve apenas para expressar um conjunto de metas estratégicas dos atores ou valores normativos, mas também para convencer os outros da necessidade e/ou adequação de um determinado curso de ação" (SCHMIDT, 2008, p. 309).

Importante consignar, aqui, que um efeito das críticas lançadas a esse enfoque levou Schmidt a enfatizar que, de fato, os modelos institucionalistas anteriores podem fornecer "informação de base" para uma abordagem construtivista. Ela observa que sua própria abordagem institucional discursiva "corre o risco de parecer altamente voluntarista, a menos que se incluam restrições estruturais derivadas dos três institucionalismos mais antigos" (SCHMIDT, 2008, p. 311).

comunicativa, o discurso tem lugar entre os gestores políticos e o público em geral e é geralmente apresentado em linguagem não especializada, com o objetivo de legitimar iniciativas particulares ou programas na esfera pública. Essas duas formas estão, muitas vezes, embora nem sempre, conectadas, quer com discursos de legitimação comunicativa – seguindo a formulação de políticas de coordenação –, quer com pressões políticas comunicativas de baixo para cima, levando a uma reação coordenada dos formuladores de políticas.

De qualquer forma, dispomos nesta obra as abordagens construtivistas ou ideacionais como uma maneira de explicar o papel dos agentes na operação da dinâmica institucional, que fornecem um possível meio de desenvolver uma análise institucional cujo tratamento seja centrado no ator, já que seria o institucionalismo histórico aquele que fornece alguma compatibilidade com as abordagens construtivistas-discursivas. Pois, como evidenciado, as abordagens mais recentes deste tipo de institucionalismo também acabaram por destacar o papel das ideias na dinâmica institucional.

Identifica-se aí potencial para novos estudos. O presente trabalho busca inaugurar esse caminho, tendo como objeto as instituições judiciais. Primeiro, na medida em que os atores políticos são capazes de reconstruir seu contexto institucional, com base em ideias e discursos, ou, inversamente, a extensão na qual os legados institucionais históricos restringem essa capacidade. Segundo, em lidar com instituições profundamente reguladas como a função jurisdicional.

Esses dois caminhos levam a uma terceira abertura de investigação, a qual envolve diretamente os objetivos deste texto. Esta abordagem está relacionada com a forma, em como um tratamento teórico fundamentado nas abordagens construtivista-ideacional e histórica neoinstitucionalistas pode melhor incorporar as iniciativas políticas de nível de agência e de micronível em uma concepção revisada da interação institucional vertical no contexto judicial.

1.2 Problema de análise e hipótese

A pergunta que orienta este trabalho é: qual a conjuntura institucional--construtivista que resultou na criação do Superior Tribunal de Justiça? Essa pergunta pode ser desdobrada, a fim de facilitar a exploração, em: como se deu o jogo político envolvendo os diversos atores e que resultou no surgimento do STJ? Qual é o jogo político dos atores do STJ para o cumprimento do seu papel institucional? Quais são os pensamentos e discursos dos principais membros da Corte direcionados à manutenção e aos ganhos políticos? Há interação política do STJ com os diversos atores, como o Executivo, o Legislativo e o próprio Judiciário (STF e outros tribunais), na construção de sua legitimidade? Como as ideias e os discursos judiciais têm influenciado a trajetória do Tribunal?

Para tentar entender como podem ter se dado os acontecimentos para a criação do STJ, procedemos uma inversão no polo de visão, ou seja, de que houve insuficiência do papel do Judiciário e de seus integrantes, não tendo os membros do próprio STJ desincumbido-se dos deveres estipulados, particularmente após 1988. E que, embora a intensa mediação dos ministros em várias questões de interesse nacional, eles não têm conseguido utilizar-se do convencimento e dos ganhos políticos para empreender mudanças institucionais em direção a sua mais notória legitimidade e importância, como tribunal responsável pela última palavra na interpretação no direito infraconstitucional.

1.3 Métodos de estudo

Quanto aos métodos, utilizou-se estudo qualitativo para o levantamento exploratório. Essa escolha se deu por se tratar de levantamento e análise de documentos, entrevistas e informações que envolvem questões sociais, políticas, históricas e ideológicas movidas principalmente por interesses, significados e visões de mundo diversas.

Em caráter mais específico e mais complexo, optou-se pelo estudo de natureza explicativa, por esta configurar orientações factíveis no trajeto do estudo em direção a respostas aos problemas estabelecidos.

1.4 Plano da obra

A presente obra, como já salientado, tem como foco examinar as conjunturas construtivistas-institucionais que levaram ao nascimento do Superior Tribunal de Justiça e como tais ideias foram ou não usadas nas oportunidades de ganhos de respeitabilidade pelos integrantes do Tribunal, considerando, respectivamente, os períodos das três grandes reformas estruturais envolvendo o Judiciário.

Para tanto, este trabalho foi organizado da seguinte maneira: o primeiro capítulo é introdutório e apresenta as bases sobre as quais o estudo se deu, sua ordenação, seus pressupostos teóricos e sua metodologia. No segundo, é apresentada a instalação, no início da República, da Justiça Federal e as disputas políticas envolvendo o Executivo e o Supremo Tribunal. Nessa parte, almeja-se expor a prevalência, um tanto quanto plena, das vontades políticas sobre o Judiciário e sua cúpula. E, diante disso, como o STF passou à construção ideacional sobre diversos temas que garantiram sua maior notoriedade e seu aumento de poder.

O terceiro capítulo ressalta o jogo político envolvendo o Judiciário, no ambiente do último Regime Militar. O foco é o embate ocorrido entre o Executivo e o Legislativo na questão da Reforma do Judiciário, imposta pela EC nº 7, de 1977. Objetiva-se evidenciar como o Judiciário atuou nesse contexto e quais foram os resultados desse acontecimento político para ele e para a magistratura. Ainda, reforça-se a tese de que as circunstâncias políticas são determinantes para as modificações no ramo judicial.

É com as disputas centradas nessa grande arena política, que foi a última Constituinte, que tais construções ideacionais se avolumaram e ganharam adeptos inclusive junto aos parlamentares. Esse é o assunto do capítulo quatro, o qual contextualiza o importante acontecimento, mediante a queda do Regime Militar, representada pela perda de autoridade do Executivo, em face da retomada da influência do Legislativo e o crescimento do prestígio do Judiciário. Nesse capítulo, ainda, são enfatizadas as articulações que visam à criação de um novo tribunal, mediante um descolamento de prerrogativas da mais alta Corte, posição que acaba vencedora no texto constitucional de 1988, com o surgimento do Superior Tribunal de Justiça.

No quinto capítulo, centram-se forças para demonstrar intrinsecamente como se deu o papel dos membros do extinto Tribunal Federal de Recursos nos bastidores da Constituinte de 1987-88, ocasião em que se desponta o comportamento de certos atores na condução informal de diversos pontos que corroboraram para a criação do STJ. Inclusive a atuação na janela de oportunidades aberta a partir de 1992, pelo início da tramitação de uma nova Reforma do Judiciário, ocorrida em 2004, pela EC nº 45. Nesse capítulo, objetiva-se apresentar, ainda, as atuações e os embates ideacionais tanto dos integrantes do próprio STJ em face do Legislativo e do Executivo, como igualmente o desempenho *sui generis* do então ministro do STF Nelson Jobim.

Por fim, na conclusão, será apresentado o resultado das análises das etapas anteriores em que teoricamente se reconstruirá a evolução das atuações políticas nos três grandes momentos da Reforma do Judiciário em 1977, 1988 e 2004, os quais resultaram, respectivamente, na preparação, criação e estabelecimento do Superior Tribunal de Justiça. Com isso, objetiva-se apurar como as ideias e os discursos endógenos ou exógenos têm corroborado com a dinâmica da Corte e do Judiciário ao longo do tempo. Busca-se, igualmente, responder às perguntas orientadoras do estudo, dando-se ênfase ao exame da historicidade institucional desse então novo Tribunal.

2. PANORAMA HISTÓRICO DO JUDICIÁRIO BRASILEIRO E PRIMEIROS DISCURSOS IDEACIONAIS

O início da República brasileira demonstra, por certo, variados modos de resistência ao desenvolvimento das novas instituições democráticas. Os ideais republicanos se deparam com diversas forças contrárias ao seu estabelecimento. O coronelismo, o militarismo, o conservadorismo e o patrimonialismo se ajustam para, dentro desse novo ambiente, obter relevantes vantagens, as quais lhes garantissem sobrevida.

Tal situação leva a um forte desequilíbrio entre os clássicos Poderes do Estado. O Executivo se mantém absoluto subjugando, direta ou indiretamente, os demais. Assim, o Brasil viveu longos períodos de autoritarismo, intercalados por efêmeras democracias.

Foi nessa conjuntura de crises que nasceu com a República a disputa e a afirmação de poder de diversos atores no que se refere à dualidade ou unicidade da estrutura judicial brasileira. Focados nesses parâmetros, serão expostos na sequência o surgimento da Justiça Federal e as possibilidades estruturais com que se deparou ao longo do tempo para estabelecer, bem mais à frente, os motivos e os discursos ideacionais que deram suporte, no momento Constituinte de 1988, ao surgimento do STJ.

2.1 Sistema judiciário brasileiro no alvorecer da República e a ideia dualista

A República brasileira foi estabelecida por meio de diversos decretos que forjaram a sua primeira Constituição. O Decreto nº 1, de 15 de novembro de 1889, estabeleceu o regime democrático e a forma federativa, com a transmutação das Províncias em Estados-membros. Ainda, regularam eles as eleições para a Assembleia Nacional Constituinte e para os Legislativos regionais; além de estruturar o Judiciário com base no que havia de mais moderno, o modelo norte-americano – embora, quanto a este, sua também inspiradora federação tenha se formado por agregação, com a preexistência da organização de cada Estado, inclusive quanto à Justiça.

Essas estratégias para a implementação de ideias foram colocadas em prática desde antes da primeira Constituinte (15.11.1890 a 24.2.1891) de forma pouco republicana. E a Constituição de 1891 não fez outra coisa senão reproduzir os decretos, especialmente no tocante à função do Judiciário.

Campos Sales[3] foi um ator político que, como ministro da Justiça e dos Negócios Interiores, atuou para que prevalecesse desde então a concepção dualista do Judiciário[4], fazendo surgir a justiça federal separada da justiça local. Sua estratégia foi a de antecipar a criação da justiça federal à própria instalação da Assembleia Constituinte, o que não evitou acalorados debates, mas facilitou a consagração.

Para tanto, sua justificativa na exposição de motivos quando da edição do Decreto nº 848, em 11 de outubro de 1890, foi a de que a criação da justiça federal era um marco do início do funcionamento do novo governo. E, por conseguinte, de encerramento do período ditatorial. No entanto, o instrumento utilizado foi ironicamente um Decreto. Da mesma forma como havia ocorrido com a instituição da 'Constituição dos Estados Unidos do Brazil'

[3] Manuel Ferraz de Campos Salles, na grafia original, foi advogado e político brasileiro. É um dos criadores do Partido Republicano Paulista e, em 1873, ocupou funções de ministro de Estado, com destaque para a Justiça e Negócios Interiores. Senador da República e presidente da província de São Paulo, foi o quarto Presidente republicano brasileiro, de 1898 a 1902.

[4] O debate, prolongado no tempo, é se o ramo da justiça brasileira deveria seguir o sistema dualista, ou seja, com os Estados-membros tendo autonomia para criar e manter seu próprio Judiciário ou se este seria ramo único, independente da divisão federativa, isto é, unitarista, sob as regras e os custos dispostos pela União.

(*sic*), fez ele com a imposição de um órgão Judiciário próprio da União, via Decretos nº 510, de 22 de junho de 1890, e nº 914-A, de 23 de outubro de 1890.

Assinalando às oligarquias regionais, Campos Sales emplacou seu desejo de que "A funcção do liberalismo no passado, diz um eminente pensador inglez, foi oppor um limite ao poder violento dos reis; o dever do liberalismo na epoca actual é oppor um limite ao poder illimitado dos parlamentos. Essa missão historica incumbe, sem duvida, ao poder judiciario, tal como o architectam poucos contemporaneos e se acha consagrado no presente decreto"[5] (*sic*), como se expressou na mensagem do Decreto nº 848 (BRASIL, Câmara dos Deputados, 1890).

A lógica ideacional que acabou por imperar era a de que a criação de órgãos sobrepostos para desenvolver as funções e os interesses da União, incluindo um órgão Judiciário, era uma característica primordial do federalismo. "Entendeu-se que o sistema republicano-federal, em essência dualista, obrigava à coexistência de uma dupla Justiça – a federal e a dos Estados, cada uma com a sua esfera própria de atribuições" (NEQUETE, 2000, p. 20).

Ao tempo, afirmava Pedro Lessa (1915) que, sob a razão da dualidade da justiça, sofria "a Constituição Federal, rudes ataques. Preconisam e querem muitos uma só judicatura, um só processo, para todo o paiz e para todas as causas, extincta a faculdade actualmente concedida aos Estados de legislar sobre direito judiciário. É, como se vê, a mutilação do regimem federativo" (*sic*) (LESSA, 1915, p. 5).

Nesse mesmo sentido, lembra Castro Nunes (1943, p. 58) que "a sedução das instituições norte-americanas" como modelo de Estado Federal impunha que "teria de refletir-se também na ordem Judiciária, repartindo-se a jurisdição entre os Estados e a União, na reserva de certas causas que, pelo seu relevo nacional mais acentuado, devesse caber a órgãos por ela instituídos e mantidos". Assim como houve conformação em diversas comunidades, como nos Estados Unidos, Argentina, Suíça, México.

Assim, o ideal colocado em prática pelo discurso de e para criação de instituições antecipa-se às questões e demandas então existentes no Brasil, característica que perdura até a contemporaneidade. Sequer florescia uma tradição republicana parlamentar e já se lançava mão de posições privilegiadas

[5] A grafia original foi mantida nesta e nas próximas citações das legislações 'de época'.

para impor pontos de vista não submetidos à discussão democrática, antecipando os rumos de um *path dependence* (dependência da trajetória), com suas implicações futuras.

Nessa toada, embora a regulamentação da Justiça Federal tenha se dado pelo Decreto nº 1.420, de 21 de fevereiro de 1891 – e já no governo constitucional tenha sido complementada pela Lei nº 221, de 20 de novembro de 1894, ambas as normas consolidadas mais tarde no Decreto nº 3.084, de 5 novembro de 1898 –, importa destacar que o funcionamento efetivo da Justiça Federal se iniciou após fevereiro de 1891, quando formalmente instalou-se o Supremo Tribunal Federal, em solenidade regulada no Decreto nº 1, de 26 de fevereiro de 1891.

Já a Justiça Estadual teve a sua competência deduzida dos arts. 60 e 65, § 2º, da Constituição. Com recurso ao STF, apenas nos casos do art. 61. E nas questões constitucionais enumeradas no art. 59, § 1º, da Carta. A ausência da expressão constitucional quanto à extensão das garantias da magistratura federal à estadual possibilitou o manejo arbitrário dos Executivos regionais, mediante a contenção das condições de independência e o achatamento dos vencimentos dessa parte do Judiciário. Solução federalista que agradava evidentemente aos políticos locais.

Embora a criação da Justiça Federal tenha sido iniciada, o fato é que o dualismo judiciário não existiu até o ano de 1965. Inobstante constar na Constituição de 1891 (art. 55), o desenho institucional paralelo ao da Justiça Estadual, ou seja, órgão de primeira e tribunais na segunda instância, com o Supremo Tribunal no ápice, a disposição não foi colocada em prática. Mesmo com o reforço, via edição do Decreto nº 4.381, de 5 de dezembro de 1921, que autorizava a criação de três tribunais federais (art. 22), e a promulgação da nova ordem de 1934, por seu art. 79, a instalação de tribunais federais não chegou a ser efetivada.

Importante lembrar que, em decorrência da chamada 'Revolução' de 1930 foi necessário alterar profundamente as regras do sistema eleitoral então vigente no país, razão pela qual o Governo Provisório editou, em 24 de fevereiro de 1932, o Decreto nº 21.076, instituindo o primeiro Código Eleitoral brasileiro. Por essa legislação foi instituída a Justiça Eleitoral (art. 5º), cabendo aos juízes locais vitalícios as funções de juízes eleitorais (art. 30). Os magistrados federais, portanto, deixaram, nessa matéria, de ter qualquer atribuição nos julgamentos de primeiro grau. Também foram criados órgãos de segunda instância para essa justiça especializada, denominados Tribunais Regionais Eleitorais, compostos predominantemente por juízes estaduais e presididos pelo primeiro vice-presidente do Tribunal de Justiça. Desta composição, participava também um juiz federal da respectiva secção (art. 21). Deveras, este ramo especializado do Judiciário também foi extinto em 1937, junto da Justiça Federal.

Como noticiado, a dualidade da Justiça não era questão pacífica. Castro Nunes destaca que o senador e posteriormente ministro do STF José Higino tinha "por desnecessária a instituição, insuficiente, ademais, no seu aparelhamento, para acudir às necessidades da administração da Justiça no interior dos Estados" (NUNES, 1943, p. 62). Os adeptos de uma justiça nacional, 'mais ou menos hostis ao federalismo, saudosistas do Império', eram contrários à discrepância entre unidade de direito material e a pluralidade processual, a penúria das Justiças Estaduais, sujeitas aos poderes locais. Somente minoradas com a extensão, pelo Supremo Tribunal, das garantias da função dos juízes federais aos estaduais, "jurisprudência que se cristalizou em [19]26, na reforma da Constituição" (NUNES, 1943, p. 63).

De outro lado, defendia-se a unificação da Justiça nacional e da legislação processual, organizadas e mantidas pela União. São três as correntes espelhadas nas seguintes soluções expostas por Castro Nunes: "a) ou manter a Justiça Federal de primeira instância melhor aparelhada e articulada com as Justiças locais para as diligências e instrução probatória no interior, dilatada a sua competência, em correspondência com o desenvolvimento dos interêsses e dos serviços da União nos Estados" ou ainda, "b) federalizar tôda a justiça, unificando-a no plano nacional; c) ou, não sendo isso possível, unifica-la no plano estadual, isto é, confiar às justiças locais tôdas as causas, inclusive atribuídas à justiça federal de primeira instância" (*sic*) (NUNES, 1943, p. 63).

Portanto, nessa fase inaugural já se impunha, por determinados atores, a estrutura judicial como um todo. Arquitetando-se as justificativas para uma maior aceitação de um Judiciário dual. Embora, na prática, não tenha sido possível, nesse período, a instalação da sua parte federal.

2.2 Judiciário no contexto das Cartas de 1934 e de 1937 e a criação do Tribunal Federal de Recursos pela Constituição de 1946

A 'Revolução' de 1930 trouxe o velho problema de novo à tona. E nas discussões da Assembleia Constituinte de 1932-33 acabou-se por adotar a dualidade, confiando às justiças locais todas as causas, inclusive as atribuídas à Justiça Federal da primeira instância. E, assim como Campos Sales, Castro Nunes era defensor da dupla justiça e do alargamento da competência da União, cuja legislação a primeira instância era a principal efetivadora (NUNES, 1943, p. 63-65).

Ainda, a Carta Constitucional de 1934 acolheu o anteprojeto da comissão[6] designada pelo Decreto nº 21.402, de 14 de maio de 1932, do Governo Provisório. A Constituição deu ao órgão judiciário um estatuto nacional que assegurava as prerrogativas da magistratura federal e estadual. O Supremo Tribunal passou a ser denominado Corte Suprema e era formado por onze ministros. Seu número de integrantes poderia alcançar dezesseis, mediante proposta da própria Corte.

[6] Logo após a criação, pelo Decreto nº 21.402, de 14 de maio de 1932, da comissão para elaboração de um anteprojeto constitucional que deveria ser apreciado pela Assembleia Nacional Constituinte, com sua eleição programada para 3 de maio de 1933, eclodiu, em julho de 1932, a Revolução Constitucionalista em São Paulo. E, em 1º de novembro de 1932, foi assinado o Decreto nº 22.040, a fim de apressar e regular os trabalhos da aludida Comissão. Com a assunção de Antunes Maciel (ex-membro do secretariado do interventor gaúcho Flores da Cunha) para o Ministério da Justiça, foi criada uma subcomissão para dar início aos trabalhos de elaboração do anteprojeto. Ela seria conhecida como a Subcomissão do Itamarati. Formada por seu presidente Afrânio de Melo Franco, que acabava de deixar o cargo de ministro da Justiça, pelo secretário-geral Temístocles Cavalcanti, como relator geral Carlos Maximiliano, e como membros Assis Brasil, ministro da Agricultura, Osvaldo Aranha da Fazenda, o ministro da Viação e Obras Públicas José Américo de Almeida, o ex-presidente de Minas Gerais e 'revolucionário' em 1930 Antônio Carlos de Andrada, Artur Ribeiro, Prudente de Morais Filho, Agenor de Roure, João Mangabeira, Oliveira Viana e o general Pedro Aurélio de Góis Monteiro. Antes da conclusão dos trabalhos retiraram-se Artur Ribeiro e Oliveira Viana, sendo substituídos por Castro Nunes e Solano da Cunha. As atividades da Subcomissão do Itamarati iriam se desenvolver sob grande debate e divergências, desde novembro de 1932 até maio de 1933, quando se encerram as reuniões, restando a redação final do anteprojeto constitucional (FGV. CPDOC.
Atlas Histórico do Brasil. Verbete "Assembleia Nacional Constituinte", 2016). Disponível em: <http://atlas.fgv.br/verbete/5740>. Acesso em: 1º jun. 2017.

Permaneceu, portanto, até 1937[7], a justiça federal sendo constituída de juízes seccionais nas capitais dos estados e no Distrito Federal (Rio de Janeiro) e o Supremo como tribunal de apelação das causas envolvendo a União, ao mesmo tempo em que, para os estados-membros, tal Corte era de revisão. A justiça federal nessa fase, portanto, funcionou realmente de fevereiro de 1891 a novembro de 1937, tendo sido recriada pelo Ato Institucional nº 2, de 1965, com início das atividades a partir de maio de 1967, permanecendo até os dias atuais, como veremos mais à frente.

Com efeito, no período de vigência da Carta de 1937, o Judiciário foi mantido, porém, com grandes limitações à sua independência. Especialmente pela autorização dada pelo art. 177 de que fossem os magistrados aposentados "a juízo exclusivo do Governo, no interesse público ou por conveniência do regime" (BRASIL, Câmara dos Deputados, 1937).

Foi ainda sob a égide da Constituição de 1937 que se deu a unificação também do direito processual civil, via Decreto-lei n° 1.608, de 18 de setembro de 1939, a unificação do direito penal, pelo Decreto-lei n° 3.689, de 3 de outubro de 1941, a restauração da Justiça Eleitoral, mediante o Decreto-lei n° 7.586, de 28 de maio de 1945, e a organização da Justiça do Trabalho, pelo Decreto n° 1.237, de 2 de maio de 1939, e Decreto n° 2.851, de 10 de dezembro de 1940.

De qualquer forma, com sua não previsão na Constituição, o Governo do Estado Novo extinguiu toda a estrutura do judiciário federal de primeiro grau, formalizado pelo Decreto-lei nº 6, de 16 de novembro de 1937. Ficou a cargo e encargo dos juízes estaduais decidirem questões envolvendo a União. O Poder Judiciário Nacional, em sua jurisdição dita comum, então era composto pelo Supremo Tribunal Federal, pelos juízes e tribunais dos estados, Distrito Federal e territórios, e pelos juízes e tribunais militares.

A unificação da jurisdição se deu sob o princípio de que "nacional é a distribuição da Justiça, mas estadual a sua organização, isto é, a conformação

7 A Constituição da República de 1934 incluiu na competência da Justiça Federal a de julgar os "crimes praticados contra a ordem social, inclusive o de regresso ao Brasil de estrangeiro expulso". Antes, porém, a Reforma Constitucional de 1926 introduziu algumas alterações, excluindo a competência dos juízes federais referente a 'causas entre cidadãos de Estados diversos'. Essa Reforma previu também uma alçada legal para que o STF funcionasse como tribunal de apelação das demandas julgadas pela Justiça Federal, a fim de que se limitasse o número de recursos para ele.

dos seus órgãos e sua disposição territorial" (NUNES, 1943, p.73). Haja vista que, conforme disciplinava o art. 90 da Constituição, enumerando os órgãos judiciários, "não distingue [ele] entre estes os de instituição federal e os de instituição local. (...). Daí resulta que a Constituição considera a função judiciária uma *função nacional*, que não é nem federal nem local, ainda que os órgãos instituídos possam trazer a marca dessa distinção" (NUNES, 1943, p. 77).

Porém, tal situação dependia de uma estrutura e um aparelhamento inerente a cada Estado, sem os quais, segundo o ministro do Supremo Artur Ribeiro, citado por Nunes (1943, p. 73-74), "a autonomia orgânica não poderia ser exercida sem razoáveis limitações", quais sejam: "1) o caráter nacional da distribuição da justiça (...); 2) o exercício de atribuições (...) que envolvem importantes interesses da União; 3) a prevenção de graves abusos, que, contra a independência e o regular funcionamento da magistratura, têm sido cometidos em alguns Estados".

Quanto a isso, entendia Victor Nunes Leal (1972) que a extinção da estrutura da Justiça Federal se deu em função da conveniência pública das questões constitucionais e outras de alta relevância nacional:

> [...] com a submissão dessas causas ao Supremo Tribunal, ou a estes outros Tribunais Federais, umas em primeira ou única instância, outras em grau de recurso. [...] Em tal hipótese, não seria necessário criar uma Justiça especial de primeira instância para todos os feitos federais, encarecendo e complicando o sistema, sobretudo quando o direito processual seja da competência legislativa da União (LEAL, 1972, p. 51-52).

Portanto, infere-se que os motivos para a criação da Justiça Federal, como visto inicialmente, foram políticos, já a sua extinção se deu por razões práticas.

Nesse sentido, de simplificação da estrutura dos órgãos do Judiciário, pela supressão da estrutura judicial federal, o inconveniente se deu na ampla incumbência aos Estados das matérias de interesse da União. Fez sentir aos cofres regionais esta administração da Justiça, os quais se viram obrigados a

> [...] manter juízes e cartórios, em número sempre crescente, para atender a casos de interesses exclusivos da União, como as questões

> referentes a seus tributos, bem como a importância e o valor de inúmeras questões de interesse federal não encontravam juízes à altura em certas justiças estaduais, ou, ao menos, não recebiam o tratamento adequado em algumas regiões do País (FERREIRA FILHO, 2005, p. 254).

Até aquele momento, os recursos envolvendo interesses da União eram encaminhados diretamente do juiz de primeira instância estadual para o Supremo Tribunal Federal. O que fez com que, junto de outros fatores que se verá em item próprio, se iniciasse um processo de acúmulo de feitos junto à Corte Suprema.

Ao fim desses fatores, a Constituição de 1946 recriou apenas a segunda instância da Justiça Federal – o Tribunal Federal de Recursos[3], o qual integrava o Judiciário Nacional junto do Supremo Tribunal Federal, dos juízes e tribunais militares, dos juízes e tribunais eleitorais e dos juízes e tribunais do trabalho. A primeira instância federal, como apontado, era desenvolvida pela estrutura dos juízes singulares dos Estados-membros.

O TFR passou a ser competente para atender, conforme o art. 104 da aludida Constituição, originariamente, as ações rescisórias de seus acórdãos e os mandados de segurança, quando a autoridade coatora fosse ministro de Estado, o próprio Tribunal ou o seu presidente. Também, o TFR passou a ser competente, em grau de recurso, nas causas decididas em primeira instância quando a União era a interessada. Além disso, acabou por ser responsável por atender as decisões de juízes locais, denegatórias de *habeas corpus* e as proferidas em mandados de segurança, nos casos em que a autoridade apontada como coatora fosse federal. Ademais, curioso que a tal Carta de 1946 tenha autorizado a criação, mediante lei, de outros Tribunais Federais de Recursos, conforme faz referência seu art. 105.

Porém, o efeito mais esperado com a criação do TFR – reduzir o número de recursos que chegavam ao Supremo – não foi alcançado. Ainda, como

[8] Art. 103. O Tribunal Federal de Recursos, com sede na Capital federal, compor-se-á de nove juízes, nomeados pelo Presidente da República, depois de aprovada a escolha pelo Senado Federal, sendo dois terços entre magistrados e um terço entre advogados e membros do Ministério Público, com os requisitos do art. 99. *Parágrafo único.* O Tribunal poderá dividir-se em câmaras ou turmas.

salientado, a manutenção da competência dos juízes estaduais em julgar as causas da União, em primeira instância, sobrecarregava sua estrutura e o orçamento do Estado. A resposta a essas questões veio, como se verá a seguir, com a restauração da Justiça Federal de primeiro grau.

Por fim, nessa época houve também a constitucionalização da Justiça do Trabalho como ramo do Executivo e a utilização do termo geral 'Poder Judiciário Nacional' a todos os órgãos do Judiciário, deixando de constar a expressão 'Justiça Estadual'. Isso para fomentar a ideia dualista de que cada Estado constituiria seu Judiciário próprio, o qual seria tido, mediante a reunião das partes, como Nacional. A jurisdição anteriormente atribuída à Justiça Federal de primeira instância continuou sendo exercida pelos juízes dos estados nas varas especializadas da Fazenda Nacional e do Distrito Federal.

2.3 (Re)criação da Justiça Federal em 1965 e a primeira emenda à Constituição de 1967

Somente em 1965, pelo Ato Institucional nº 2, de 27 de outubro, o governo do Marechal Castelo Branco reinstalou a Justiça Federal de primeira instância, retomando-se certa amplitude do dualismo judiciário. Um pouco mais tarde, a Lei nº 5.010, de 30 de maio de 1966, organizou a Justiça Federal e criou o Conselho da Justiça Federal, órgão da administração judiciária que trataria das questões disciplinares de juízes e servidores. A Justiça Federal passou a ser dividida em cinco regiões[9], sendo que cada Estado abarcaria uma seção judiciária. Determinou-se também a especialização das Varas onde houvesse mais de uma, além de outras normas de maior celeridade aos feitos da Justiça Federal.

Importante destacar que a aludida lei manteve a delegação à Justiça Estadual da competência para julgamento em primeiro grau dos executivos fiscais

[9] Art. 2º Os Estados, o Distrito Federal e os Territórios, para os fins desta Lei, são agrupados nas seguintes Regiões Judiciárias: 1ª Centro-Oeste: Distrito Federal, Goiás, Mato Grosso, Minas Gerais e Território de Rondônia; 2ª Norte: Acre, Amazonas, Maranhão, Pará, Território do Amapá e Território de Roraima; 3ª Nordeste: Alagoas, Ceará, Paraíba, Pernambuco e Território de Fernando de Noronha, Piauí, Rio Grande do Norte e Sergipe (nova redação do item pela Lei nº 5.345, de 1967); 4ª Leste: Bahia, Espírito Santo, Guanabara e Rio de Janeiro; 5ª Sul: Paraná, Rio Grande do Sul, Santa Catarina e São Paulo.

da União, das vistorias, das justificações e das matérias de natureza previdenciária nas comarcas do interior sem vara federal, já que até 1968 somente havia varas nas capitais dos estados. Apenas em 2014, pela Lei nº 13.043, publicada em 14 de outubro – quase cinquenta anos depois – é que tal disposição foi revogada, determinando que as novas execuções fiscais da União passassem a tramitar exclusivamente na Justiça Federal (art. 75)[10].

De qualquer forma, no ponto, a outorga da Constituição de 1967 avalizou o disposto até então. E desde o Ato Institucional nº 2, de 1965, havia sido estabelecida a suspensão das garantias de vitaliciedade e inamovibilidade dos juízes e de todos aqueles que fossem considerados incompatíveis com os objetivos da dita revolução. E foi reforçada pelo Ato Institucional nº 5, de 13 de dezembro de 1968, que expressamente excluiu da apreciação judicial todos os atos praticados em decorrência desse Ato Institucional. A partir de então estava autorizado o Presidente da República a demitir, aposentar ou pôr em disponibilidade quaisquer titulares daquelas garantias, inclusive com a suspensão total do *habeas corpus*. Também houve consideráveis mudanças no âmbito do Supremo Tribunal Federal, como se verá abaixo, em item próprio.

Pela EC nº 1, de 17 de outubro de 1969, os tribunais e juízes estaduais voltaram a ser incluídos expressamente na organização do Judiciário. Por ela, estruturou-se o Judiciário sem a distinção entre as 'Justiças' dos Estados e da União. Passando-se, mais uma vez, a considerar que a jurisdição não é federal ou estadual, mas nacional, comportando divisões que visem à racionalidade dos trabalhos. Ainda, as garantias da magistratura, de vitaliciedade, inamovibilidade e irredutibilidade de vencimentos foram restauradas.

Também, pela emenda, estabeleceu-se que os juízes substitutos seriam, a partir de então, submetidos previamente a concurso público. Já que até a edição da Lei nº 5.677, de 15 de julho de 1971[11], o ingresso na magistratura federal se dava mediante a nomeação do Presidente da República.

[10] A razão para a mudança, veiculada pelo relator, deputado Newton Lima – PT/SP, é que: "haja vista que foram instaladas Varas Federais em praticamente todo o território nacional, não se justificando mais a manutenção da legislação em vigor", p. 26 do parecer nº 34, de 10 de outubro de 2014, quando dos debates deliberativos sobre a conversão da medida provisória nº 651, de 2014.

[11] A Resolução nº 8, de 28 de junho de 1972, do TFR regulamentou a realização do 1º Concurso Público para o referido cargo. O procedimento se deu entre 6 de julho de 1972, com a abertura das inscrições até 24 de junho de 1974. Homologando-se os resultados, foram

Nesse período, o procedimento era de escolha dentre os candidatos constantes de lista quíntupla elaborada pelo Supremo Tribunal Federal, composta por três nomes de juízes substitutos escolhidos pelo Tribunal Federal de Recursos (TFR) e dois nomes de bacharéis em Direito, com experiência mínima de oito anos de prática forense.

Como visto, até o presente momento, buscou-se estabelecer os contornos estruturais do Judiciário e as principais questões que moveram e justificaram as diversas alterações externas impostas a ele, em particular no que diz respeito ao ramo federal. Relevante antecipar que tal organização judicial permanecerá até a promulgação da Constituição de 1988, na qual haverá o surgimento de uma nova Corte Superior e a divisão do TFR em cinco tribunais regionais federais.

Na seção a seguir será exposto o que se convencionou chamar de 'crise do Supremo' ou 'crise do recurso extraordinário', e como o STF acabou por capitalizar essa situação. Alcançando ele, especialmente no final do Regime Militar, uma importante valorização de sua atuação, o que tornou possível utilizar esses ganhos como moeda de troca na Assembleia Constituinte de 1987-88.

2.4 Crise do Supremo Tribunal e sua valorização como poder

Explicitada a estrutura e a organização geral da Justiça – em particular a federal e a do Tribunal Federal de Recursos –, faz-se relevante examinar a evolução do Supremo Tribunal, dada sua proximidade com a cúpula dos demais poderes da República e cuja considerável parcela de autoridade e influência será transferida ao Superior Tribunal de Justiça em 1988.

Assim, nessa conjuntura de interação dos membros do STF junto aos outros atores relevantes é que serão fundados os principais discursos ideacionais que operarão em institucionalidade junto aos diversos atores políticos do Judiciário ou não.

aprovados dezessete candidatos de 427 inscritos e a primeira nomeação ocorreu em 4 de setembro de 1974.

2.4.1 Fase inicial da corte e o predomínio do executivo e das questões políticas

O surgimento do Supremo Tribunal Federal, como apontado no início, foi idealizado tendo como modelo a Suprema Corte Americana. Esta que foi criada sob o sistema jurídico anglo-saxão do *common law* (direito comum), cujo funcionamento dá-se mediante uma ordem jurídica que resulta do encadeamento de decisões judiciais precedentes, com força quase vinculante, segundo a essência da segurança jurídica e da aplicação equitativa aos jurisdicionados. Diversamente, o sistema jurídico brasileiro opera através de uma ordem jurídica imposta diretamente pelo Estado-legislador, ou seja, o sistema romano, conhecido como *civil law* (direito legal ou estatal).

Conjugado a isso, implementou-se no Brasil o tipo estadunidense de federalismo, no qual a essência é por agregação, sendo que aqui ele se deu por concessão de parte do poder central às unidades, com a finalidade de manter a união. E, como corolário destes arranjos, fez-se instalar a dualidade da estrutura judiciária, sob o auspício de que 'nacional é a distribuição da Justiça, mas estadual é a sua organização', conforme já demonstrado.

Importa que, sob essas emprestadas arrumações institucionais, o desenvolvimento da mais alta Corte brasileira não transcorreria à margem das diversas crises e dos embates políticos. Ao contrário, ela seria igualmente cenário e parte dessas disputas, e, muitas vezes, condescendente com elas.

Portanto, desde a instalação do Supremo Tribunal republicano é incisiva a atuação política da Presidência da República sobre o órgão. Nos primeiros sete anos de sua existência, espantosamente quarenta ministros passaram pelo Tribunal. Além disso, por vários meses o órgão ficou impedido de funcionar, já que os cargos vagos não eram preenchidos. Ainda em 1893, ao declarar a nulidade do Código Penal da Marinha, de 7 de março de 1891 – e inaugurar o controle de constitucionalidade[12] –, o STF foi abertamente acusado de cometer crime de abuso de autoridade.

[12] No bojo do *Habeas Corpus* nº 410, de 16 de agosto de 1893. Para um aprofundamento histórico deste período inicial do Supremo Tribunal, ver: COSTA, Emília Viotti da. **O Supremo Tribunal Federal e a construção da cidadania.** São Paulo: UNESP, 2006. RODRIGUES, Lêda Boechat. **História do Supremo Tribunal Federal**: v. 1 – Defesa das Liberdades Civil (1891-1898). Rio de Janeiro: Civilização Brasileira, 1965; _____. **História do Supremo Tribunal**

Logo mais, o Presidente da República, Prudente de Moraes, acabou por criticar duramente a Corte em mensagem enviada ao Congresso. O motivo era a concessão de *habeas corpus,* que garantia a imunidade parlamentar durante o 'estado de sítio', contrariando diretamente os interesses do Executivo. Diante desses embates, o não cumprimento das decisões pelo governo era uma constante.

Em outra disputa o STF passou a defender o federalismo, o que era fortemente rejeitado pela 'política dos governadores' inaugurada por Campos Sales. Havia declarado o Supremo a soberania dos Estados paralelamente à da União, passando a delinear um entendimento antinacional e complicador do livre fluxo do comércio interestadual. Estes julgamentos, em sua maioria, versavam sobre tributos e direito de propriedade de áreas ricas em matérias-primas valiosas, tendo como partes a União contra alguns Estados e estes contra outros.

Como represália a esses confrontos o STF sofreu severo achatamento em sua autoridade. O então Presidente da República Artur Bernardes pressionou para uma reforma constitucional, a qual acabou acontecendo em 3 de dezembro de 1926. Exigiu ele dos Constituintes a previsão textual de que o *habeas corpus* deveria servir unicamente para garantir a locomoção. A independência até então alcançada pela Corte máxima, moldada pelo liberalismo republicano de Rui Barbosa, foi duramente suprimida.

Há de consignar-se que a reforma de 1926 também ampliou as possibilidades de recurso ao referido Tribunal. Incluiu ela a admissibilidade de divergência na interpretação de lei federal por dois ou mais tribunais estaduais e as questões controvertidas de direito criminal e de direito civil internacional, conforme se vê nos alterados arts. 59 e 60 da Constituição de 1891.

Se não bastasse, em um curto espaço de tempo, a denominada 'revolução de 1930' imprimiu mais uma diminuição da atuação do Judiciário. Retirou dele o poder de apreciar os atos do então governo provisório[13], ao mesmo tempo em que ampliou a limitação ao *habeas corpus.* Ainda, reduziu o número de integrantes do Supremo (de quinze para onze), dividindo-o em duas turmas

Federal: v. 2 – Defesa do Federalismo (1899-1910). Rio de Janeiro: Civilização Brasileira, 1968; _____. **História do Supremo Tribunal Federal**: v. 3 – Doutrina Brasileira do *Habeas Corpus* (1910-1926), Civilização Brasileira.

[13] Decreto nº 19.398, de 11 de novembro de 1930.

de cinco membros[14]. E, mais, em 1931, ao criar a Justiça Eleitoral[15], deslocou do STF a quase totalidade das demandas de natureza política. Tanto que esvaziou grandemente a importância e o poder do Supremo Tribunal Federal.

A Constituição de 1934, embora trazendo importantes inovações e o restabelecimento do regime da legalidade, manteve a redução da composição do STF (art. 73), bem como a divisão em turmas ou câmaras (art. 73, § 2º). Ainda, ela ampliou a competência legislativa da União e alargou a abrangência dos recursos extraordinários[16] encaminhados à Corte.

O destaque da resignação do Supremo é no sentido do poder conferido, pela Carta de 1937, ao chefe do Executivo em dar a última palavra sobre a inconstitucionalidade das leis. Sob os motivos amplos do "bem-estar do povo, à promoção ou defesa do interesse nacional de alta monta", poderia o Presidente "submetê-la [a lei] novamente ao exame do Parlamento". E, com a confirmação, "por dois terços de votos em cada uma das Câmaras", tornava-se "sem efeito a decisão do Tribunal" que a tinha por inválida, conforme consta do parágrafo único do seu art. 96.

Na prática, como haviam sido dissolvidos o Senado e a Câmara dos Deputados, marcando-se eleições para somente após o plebiscito da Constituição (art. 187) – o que nunca veio a ocorrer –, as decisões sobre a invalidade e

14 Decreto nº 19.656, de 3 de fevereiro de 1931, e, Decreto nº 20.106, de 13 de junho de 1931.

15 Decreto nº 21.076, de 24 de fevereiro de 1932.

16 Constituição de 1934: Art. 76. À Corte Suprema compete: 1) processar e julgar originariamente as altas autoridades do Poder Executivo, em crimes comuns e/ou de responsabilidade – incluindo os juízes nos de responsabilidade –, de acordo com as letras do item; os conflitos entre a União e os Estados e entre estes; os conflitos de jurisdição entre juízes ou tribunais; o *habeas corpus* sob jurisdição originária desta Corte; e, o mandado de segurança contra ato do Presidente ou de Ministro de Estado. 2) julgar: as ações rescisórias dos seus acórdãos; recursos ordinários das causas originárias dos juízes e tribunais federais, Tribunal Superior Eleitoral; e, decisões denegatórias de juízes ou tribunais, em *habeas corpus*. "*III – em recurso extraordinario, as causas decididas pelas justiças locaes em unica ou ultima instancia: a) quando a decisão fôr contra literal disposição de tratado ou lei federal, sobre cuja applicação se haja questionado; b) quando se questionar sobre a vigencia ou validade de lei federal em face da Constituição, e a decisão do tribunal local negar applicação á lei impugnada; c) quando se contestar a validade de lei ou acto dos governos locaes em face da Constituição, ou de lei federal, e a decisão do tribunal local julgar valido o acto ou a lei impugnado; d) quando occorrer diversidade de interpretação definitiva da lei federal entre Côrtes de Apelação de Estados differentes, inclusive do Districto Federal ou dos Territorios, ou entre um deste tribunaes e a Côrte Suprema, ou outro tribunal federal*" (*sic*).

convalidação das leis, nesse período, deram-se exclusivamente pela Presidência da República.

Sem grandes alterações quanto ao foco aqui explorado, a Constituição de 1946 mantém em suas linhas os mesmos motivos autorizadores do recurso extraordinário das Constituições anteriores. Porém, a norma acrescenta a possibilidade de o Supremo julgar, em recurso ordinário 'constitucional', os mandados de segurança e os *habeas corpus*, decididos em última instância pelos tribunais locais ou federais, quando denegatória a decisão (art. 101, inciso II). Tais julgamentos deveriam dar-se por sua composição plena, o que dificultava sobremaneira o andamento da pauta, gerando acúmulo substancial de processos em espera.

Quanto a esse ponto, já tratando da Constituição de 1967, relata Evandro Gueiros Leite (1987), então ministro do TFR, que apesar de outorgar-se ao STF poderes legislativos, permitindo-lhe restringir a admissão do recurso extraordinário, "criou-lhe, porém, muitas outras atribuições, como a avocatória de processos judiciais e a representação de interpretação de leis e de atos normativos federais ou estaduais" (LEITE, 1987, p. 13). Também instituiu a Carta de 67 "o Conselho Nacional da Magistratura, abriu lugar à arguição de relevância da questão federal e possibilitou a concessão de liminares em representação de inconstitucionalidade de lei ou ato normativo em tese" (Emendas Constitucionais nº 1/69 e 7/77).

Assim, pelo que se pôde observar dessa pequena descrição, havia uma forte ascendência do Executivo e de suas questões políticas sobre o Judiciário. Porém, é importante notar que tal proximidade entre eles, mesmo que mediante a conformidade da Supremo Tribunal, acabou por render a este relevantes ganhos institucionais.

2.4.2 Discurso da crise e aumento do prestígio do STF

No início da década de 1940 surgem diversas manifestações que pedem alterações no STF. Os vários pronunciamentos baseiam-se no grande número de processos judiciais que impedem o melhor funcionamento do Tribunal[17].

[17] Embora o foco desta obra não seja estatístico, a fim de dar uma ideia em números do que se está falando, Alfredo Buzaid (1960, p. 346-347) traz os seguintes valores em relação aos recursos extraordinários que chegaram ao STF: no ano de 1935 – 150, no ano de 1936 – 230,

Em 1942[18] o jurista José Philadelpho de Barros e Azevedo[19] publicou no 'Jornal do Commercio', da então capital federal, um texto intitulado 'A crise do recurso extraordinário', como que inaugurando a questão. Fizeram coro ao debate[20], dentre outros, Eduardo Espínola, então Presidente do Supremo Tribunal Federal, além de renomados juristas como Levi Carneiro, Seabra Fagundes, Noé Azevedo, Sabóia de Medeiros, Gabriel Passos, Cândido de Oliveira Filho, Luiz Gallotti e Castro Nunes.

No ano seguinte, agora como integrante do Supremo, Philadelpho Azevedo reiterou sua posição com o artigo 'A crise do Supremo Tribunal', publicado nos 'Arquivos do Ministério da Justiça'. Dizia ele que havia a melhor oportunidade aos chicanistas "de eternizar as demandas, mantendo, por mais algum tempo, a insegurança de relações jurídicas e diferindo a formação do caso julgado" (AZEVEDO, 1943, apud BUZAID, 1960, p. 348). Pois, o litigante tem em si a esperança quanto ao êxito no novo exame de seu caso. E, "assim, todo mundo

ano de 1937 – 242, 1938 – 210, 1939 – 286, 1940 – 804, 1941 – 1.047, 1942 – 1.113, 1943 – 1.124. Sendo que o total de feitos que chegaram à Corte (incluídos o recurso extraordinário e outros) em 1956 foi de 6.557 e em 1957, de 6.597.

[18] Não ignoramos neste trabalho que tenha havido, já em 1931, uma preocupação com a atualização da pauta de julgados do Supremo frente ao número de processos em espera – Decreto nº 20.699, de 23 de novembro de 1931. Porém, o contexto nacional, o da Corte e de sua localização na estrutura judicial não servem de comparação e ou de determinação da situação que se pretende aqui demonstrar. Outrossim, relata Alfredo Buzaid (1960, p. 346), "já em 1931, quando ainda o número de feitos que ascendiam ao Supremo não atingia duzentos por ano, não se esgotava a pauta de julgamentos, que se dizer do volume crescente de causas que continuavam a subir nos anos subsequentes? As estatísticas mostram que a partir de 1934 começam a avolumar-se os recursos extraordinários (...)".

[19] José Philadelpho de Barros e Azevedo foi nomeado para o STF por Getúlio Vargas, pelo Decreto datado de 3 de agosto de 1942, publicado no dia 26 do mês anterior. Aposentou-se em 26 de janeiro de 1946 para assumir, como juiz eleito, vaga na Corte Internacional de Justiça em Haia, onde atuou até 1951.

[20] Eduardo Espínola. STF. Relatório dos Trabalhos de 1942. **Diário da Justiça** de 30.1.1943. Levi Carneiro. Ainda a crise do Supremo Tribunal Federal. **Arquivos do Ministério da Justiça**, v. 2, p. 1. Seabra Fagundes. A organização e o funcionamento do Poder Judiciário. **Revista Forense**, v. 155, p. 10. Noé de Azevedo. A crise do Supremo Tribunal e dos Tribunais de Apelação. **Revista dos Tribunais**, v. 147, p. 812. José Sabóia Viriato de Medeiros. A alteração da competência do Supremo Tribunal Federal. **Arquivos do Ministério da Justiça**, v. 10, p. 2 e Sabóia de Medeiros. **Arquivos do Ministério da Justiça**, v. 1, 2, 4, 7, 8 e 10. Gabriel Passos. Relatório do Procurador Geral da República, 1942. Cândido de Oliveira Filho. A crise do Supremo Tribunal Federal. **Revista dos Tribunais**, v. 156, p. 868.

pretende trazer seu casinho ao Supremo, por menos interesse social que possa envolver" (AZEVEDO, 1943, apud BUZAID, 1960, p. 348).

Defendia ele, então, a necessidade de se dar um fim à "avalanche de recursos extraordinários que permite[ia] a qualquer levar seu pleito egoisticamente ao mais alto tribunal do país, em prejuízo ao exercício de suas funções mais nobres e úteis" (AZEVEDO, 1943, apud BUZAID, 1960, p. 354).

No mesmo sentido, manifestava-se o conceituado jurista Levi Carneiro, destacando que a crise estava posta, haja vista que "nossa mais alta Corte Judiciária sofre de pletora dos processos submetidos a seu julgamento. Tem aumentado o esforço dos julgadores; multiplicaram-se as sessões, atingiram a números elevadíssimos as decisões proferidas, porém, ainda mais alto subiram os feitos recebidos pelo Tribunal" (CARNEIRO apud BUZAID, 1960, p. 354).

Sejam os termos 'crise do recurso extraordinário' ou 'crise do Supremo Tribunal' inaugurados à época, importa destacar que a situação reflete aumento no número de processos – e da importância do e – no Judiciário como um todo, diante do qual ele não é capaz de lidar. Especificamente no STF se apresentava um

> [...] desequilíbrio entre o número de feitos protocolados e o de julgamentos por ele proferidos; sendo a entrada daqueles consideravelmente superior à capacidade de sua decisão, vão se acumulando os processos não julgados, resultando daí o congestionamento, porque, de ano para ano, o remanescente aumenta a pirâmide de autos, chegando ao ponto de não mais poder ser removida (BUZAID, 1960, p. 346).

Assim, defendeu-se nas décadas de 1940 e 1950 que deveria ser restringida a tarefa do Supremo Tribunal Federal "a um número relativamente pequeno de casos, da maior importância, que pudesse estudar aprofundadamente e decidir com inteiro acerto. Nesse sentido, o seu magnífico esforço para aumentar o número de julgamentos resulta contraproducente" (*sic*) (CARNEIRO apud BUZAID, 1960, p. 354).

Conforme incisiva declaração, em 1960, de Alfredo Buzaid relativa aos lineamentos do Poder Judiciário, deveria a reforma constitucional que se buscava orientar-se em moldes mais amplos do que a simples revisão de casos de recurso extraordinário, como se havia imaginado anteriormente. Não se escondia, pois, a inquietação diante de semelhante quadro, uma vez que havia sido dada ao Supremo tarefa inferior à sua verdadeira finalidade e prejudicial ao desempenho de sua missão, decorrente do hibridismo introduzido no sistema então vigente.

Isso ocorria, segundo Buzaid (1960), pois desde 1942 a nação havia sido alertada para a crise do STF, 'já que o constituinte de 1946 não estava alheio ao problema, prova disso é o interesse com que procurou criar o Tribunal Federal de Recursos, a fim de desafogar a hipertrofia de nossa Corte Suprema'. E continua o autor:

> A causa da crise é, a nosso ver, funcional e o seu grande responsável o legislador constituinte, que se alheou da realidade brasileira e dos sãos princípios da ciência, no momento em que teve de estruturar o mais alto tribunal do país. Com efeito, ninguém desconhece que, desde 1930, o país está em contínuo progresso; aumenta o índice demográfico; cresce assustadoramente o volume de causas oriundas do surto industrial e comercial. A União intervém no domínio econômico, forma autarquias e cria numerosos institutos de previdência. A propriedade privada é condicionada ao bem comum e várias leis procuram regular-lhe a função social. Um intenso movimento de elaboração legislativa, especialmente no domínio do direito fiscal, tem dado lugar a frequentes litígios, com arguição de inconstitucionalidade. As próprias constituições estaduais têm sido submetidas à apreciação do Supremo Tribunal por atentarem contra os princípios fundamentais do regime (*sic*) (BUZAID, 1960, p. 350).

Ainda em 1964 o tema era debatido[21]. Victor Nunes Leal (1964)[22], com sabedoria, dava destaque às causas repetitivas que chegavam à Corte. Para ele,

[21] Conforme as delimitações impostas no início desta obra, deixaremos de abordar aqui as questões funcionais ou orgânicas que envolvem a 'crise'. Pelo principal motivo de que a construção dessas ideias não era ventilada à época, vindo a surgir, quase que exclusivamente, nos debates pré-Emenda Constitucional n° 45, de 2004.

[22] LEAL, Victor Nunes. Atualidade do Supremo Tribunal. **Revista de Direito Administrativo**, v. 78, p. 453-459, out./dez.1964. ______. Aspectos da reforma judiciária. **Revista de Informação Legislativa**, v. 2, n. 7, p. 15-46, set. 1965. ______. Supremo Tribunal: a questão do número de juízes. **Revista dos Tribunais**, v. 54, p. 7-21, set. 1965.

deveria ser imposto um método de trabalho que permitisse um "julgamento seguro, mas rápido, abolindo formalidades e desdobramentos protelatórios" (LEAL, 1964, p. 458) e fixados pressupostos regimentais que impedissem recursos protelatórios, como autorizado em lei para o recurso extraordinário, agravo de instrumento ou embargos. Defendia, assim, a criação de um repositório de jurisprudência ou remissão de precedentes, que viria a desembocar em nossas súmulas de jurisprudência.

Como Victor Nunes Leal (1964), também Aliomar Baleeiro (1968)[23], por meio do seu consagrado artigo 'O Supremo Tribunal Federal, êsse outro desconhecido', de 1968, expressa sua preocupação com o grande número de feitos que se avolumavam a cada ano na mais alta Corte.

Assim, dentre outros reconhecidos juristas, permaneceram aquecidas as discussões sobre o grande número de casos que batiam às portas do Judiciário e desaguavam nos escaninhos do Supremo. A discussão, como se verá mais abaixo, fomentou os debates na Constituinte de 1987-88 e corroborou para a criação do Superior Tribunal de Justiça.

De qualquer forma, estava-se construindo, pelos pronunciamentos de renomados juristas e integrantes do próprio Supremo, a ideia da grande importância do tribunal para a sociedade, o que logo mais determinaria às instâncias políticas atender aos interesses da Corte.

2.4.3 Opção de purificação como Corte Constitucional e desmembramento em um novo tribunal

Sobremaneira importante atentar-se para a escolha política feita pelo Supremo Tribunal, considerando que surgiram vários caminhos possíveis para a solução da tal 'crise'. Dentre eles, o que defendia Alfredo Buzaid (1960) era uma 'reestruturação científica' do STF, sem a qual não haveria uma solução satisfatória do problema. Para tanto, uma reforma constitucional se fazia necessária. A sugestão da reforma 'era para purificar o tribunal, livrando-o do hibridismo de atribuições que havia lhe sido imposta com o passar do tempo'.

[23] BALEEIRO, Aliomar. **O Supremo Tribunal Federal, êsse outro desconhecido**. Rio de Janeiro: Forense, 1968. _____. O Supremo Tribunal Federal. **Revista Brasileira de Estudos Políticos**, Belo Horizonte, n. 34, p. 8,47, jul. 1972.

Para o respeitado jurista, que se balizava na Carta de 1946[24], o Supremo Tribunal Federal é

> Corte de Cassação, quando decide o *recurso extraordinário* com fundamento no art. 101, III, letras 'a' e 'd'; funciona como Tribunal de segundo grau nas causas decididas por juízes locais, fundadas em tratado ou contrato da União com Estado estrangeiro, assim como as que forem partes um Estado estrangeiro e pessoa domiciliada no país (art. 101, II, 'b') (BUZAID, 1960, p. 370).

E, por fim, "como instância ordinária nos recursos de *habeas corpus* e mandado de segurança quando a decisão do tribunal de origem é denegatória" (BUZAID, 1960, p. 371).

Mesmo sendo tal jurista partidário da tendência restritiva do alcance da Suprema Corte, de modo a preservar a pureza de seu regime, ele não considerava que, com o alargamento e o desenvolvimento alcançado pelo recurso extraordinário, fosse possível voltar à sua fórmula originária da Constituição de 1891. A solução para ele seria fundar um novo Tribunal, com função exclusiva de cassação. Em suas palavras:

> Em tal conjuntura, desvanecidas as esperanças de qualquer limitação e não podendo o atual Supremo Tribunal suportar a pletora de feitos que lhe foi cometida, **a solução é criar um novo Tribunal, com função exclusiva de cassação, atribuindo-lhe a competência para julgar os casos de recursos, com fundamento no art. 101, III, da Constituição Federal**. Ao Supremo ficaria a competência definida no art. 101, I, II e IV. A declaração de inconstitucionalidade, arguida na forma do art. 8º, parágrafo único da Constituição Federal. A interposição de

24 Chama-se a atenção para a grande oportunidade de alteração 'científica' do Supremo Tribunal brasileiro, pelo que, tal mudança, com o passar do tempo, envolve cada vez mais custos, indo ao encontro com a teoria do *path dependence*. Tanto que, mesmo após a Constituição de 1988, o Supremo Tribunal Federal continua se caracterizando pelo hibridismo, ou seja, uma diversificada e cumulativa carga de funções. É Corte de Cassação, de Revisão e Constitucional, atuando como instância ordinária (art. 102, I), recursal ordinária (art. 102, II) e recursal extraordinária (art. 102, III).

> recurso extraordinário deve ser condicionada ao depósito de determinada quantia, qualquer que seja a natureza da causa, revertendo em favor do recorrido, se não for conhecido ou se for negado provimento ao recurso (BUZAID, 1960, p. 372, grifo nosso).

De mais a mais, na defesa da implantação de um novo tribunal, em 1963, José Afonso da Silva disseca a proposta do que mais tarde viria a ser o Superior Tribunal de Justiça. Sua recomendação para diminuição da 'crise' se baseava em que

> [...] além de órgão de cúpula da ordem judiciária, [o STF] é órgão de cume, a que se vinculam os sistemas judiciários dos ramos do direito comum (Civil, Comercial e Penal), e o sistema de aplicação do direito fiscal (Tribunal Federal de Recursos) e os sistemas de aplicação do direito penal militar (STM e Tribunais Militares dos Estados) (*sic*) (SILVA, 1963, p. 456).

Assim, para ele "poderia haver outro tribunal de cúpula destinado a formar com esses sistemas uma estrutura judiciária, sob tal aspecto, independente do STF" (SILVA, 1963, p. 456). Pois, na organização judiciária daquela época, já havia similar em estrutura ao que se propunha, isto é, o Tribunal Superior Eleitoral e o Tribunal Superior do Trabalho.

> Falta um Tribunal Superior correspondente ao TSE e TST para compor as estruturas judiciárias do direito comum, do direito fiscal federal e questões de interesse da União e do direito penal militar. Tal órgão que denominaríamos de Tribunal Superior de Justiça, por uma questão de uniformidade terminológica relativamente aos já existentes, teria como competência fundamental, entre outras, julgar, em grau de recurso, as causas decididas em única ou última instância pelos tribunais ou juízes estaduais, dos feitos da Fazenda Nacional e militares: a) quando a decisão recorrida fosse contrária à letra de tratado ou lei federal; b) quando se contestasse a validade de lei ou ato do governo local na decisão recorrida, a interpretação de lei federal invocada fosse diversa da que lhe haja dado qualquer tribunal estadual ou tribunal

> militar ou Tribunal Federal de Recursos, ou divergisse de decisão por ele próprio proferida (SILVA, 1963, p. 445).

Para o autor, tratava-se de uma reforma simples e de grande profundidade, que solucionaria "indubitavelmente, a crise do Supremo, porque, no mínimo, sessenta ou setenta por cento dos feitos, em Recurso Extraordinário, são-lhe tirados da competência e distribuídos por dois outros órgãos (...) isto sem quebrar ou deturpar qualquer princípio processual ou jurisdicional" (SILVA, 1963, p. 456).

A solução de criar um tribunal ganhou diversos adeptos. Em evento muito citado, em 1965, na Fundação Getulio Vargas (FGV), ocorreram as famosas mesas-redondas sobre a viabilidade da instalação de um novo tribunal, com competência para julgamento do direito comum. Participaram consagrados juristas à época, como Themístocles Brandão Cavalcanti, Caio Tácito, Seabra Fagundes, Frederico Marques e Miguel Reale.

De qualquer forma, apesar dos apoios de peso, a proposta não teve o respaldo suficiente para as mudanças necessárias antes de 1988. Teve ela, na realidade, significativa resistência dentro do próprio Supremo Tribunal, como se verá mais adiante.

Ao contrário da orientação de se criar um novo tribunal, os caminhos paliativos que impunham uma diminuição dos direitos de acesso à Justiça pelos cidadãos – em prestígio às questões públicas e de certos interesses – é que seriam acolhidos e escolhidos.

2.4.4 Escolha pela manutenção do hibridismo e a saída pela restrição do acesso

Por aberta oposição de seus membros foi eliminada a hipótese de aumento do número de juízes do Supremo, preferindo-se absorver medidas que lhe aliviariam, de certo modo, a carga de processos (LEITE, 1987, p. 14). Uma das primeiras tentativas de solução desse cenário foi a edição da Lei nº 3.396, publicada em 4 de junho de 1958, patrocinada pela própria cúpula do Judiciário. Ela determinava a triagem dos recursos extraordinários pela instância local e conferia, pelo art. 3º, competência aos presidentes dos tribunais locais para o exame do cabimento do recurso, podendo rechaçá-lo, uma vez não preenchidos os respectivos requisitos. Porém, a eles era imposto o dispendioso encargo da motivação dessa decisão[25].

Victor Nunes Leal (1964) preconiza sua resposta à 'crise do Supremo' não com a simples redução das funções do STF, como por muito tempo permaneceu sendo a solução preferida pelos juristas[26]. Mas antes deveriam ser esgotadas as possibilidades de organizar adequadamente os trabalhos da Corte, inclusive com o emprego da moderna tecnologia. Tal eficiência na organização dos trabalhos se faria na construção de uma considerável estabilidade da jurisprudência e no imediato conhecimento das decisões do Supremo (LEAL, 1964, p. 454-455).

Para ele, além do fundamento da impossibilidade de um direito positivo para cada tribunal diante da unidade jurídica do país, havia motivos pragmáticos relevantes que exigiriam estabilidade nas decisões. Assim, sua posição se inspirava no princípio da igualdade, em que "pleitos iguais, dentre de um mesmo contexto social e histórico, não devem ter soluções diferentes" e onde a "opinião leiga não compreende a contrariedade dos julgados, nem o comércio jurídico a tolera, pelo seu natural anseio de segurança" (LEAL, 1964, p. 455).

Assim, afirmava que a primeira condição para que o Supremo Tribunal pudesse dar a desejável firmeza à sua jurisprudência haveria de ser, no entanto, o imediato conhecimento dos precedentes.

> O que na verdade assoberba os tribunais, prejudicando o acurado exame dos temas difíceis, são os casos que se multiplicam, seriadamente, como se houvesse uma fábrica montada para fazer dos juízes estivadores. Em relação a esse exame de casos típicos, uma vez definida

25 Dispendioso, porém, valoroso ato de poder dos presidentes dos Tribunais Estaduais e Federais, os quais, mesmo após grande lapso de tempo, em 2015, buscariam, apoiados pelo Supremo, fortemente alterar as disposições do então novo Código de Processo Civil que suprimiria essa fase, remetendo diretamente os recursos aos Tribunais Superiores. A alteração, mantendo a etapa, foi a Lei nº 13.256, de 4 de fevereiro de 2016.

26 Para tanto, cita o Projeto de Reforma Constitucional de 1956, encaminhado pelo ministro da Justiça Nereu Ramos, e subscrito por Carlos Medeiros Silva, San Tiago Dantas, Gonçalves de Oliveira, Brochado da Rocha e Hermes Lima, em que há documentação abundante das opiniões no sentido da restrição das funções da Corte. Ainda, o então recente estudo do Conselho Federal da Ordem dos Advogados, da lavra de Seabra Fagundes, mais ousado que o projeto em sua concepção geral, também procura limitar a jurisdição do Supremo (LEAL, 1964, p. 453-454).

> a nossa [do STF] orientação, impunha-se adotar um método de trabalho, que permitisse o seu julgamento seguro, mas rápido, abolindo formalidades e desdobramentos protelatórios. [...]. Ao mesmo tempo, poderíamos dar um passo à frente, estabelecendo pressupostos regimentais para impedir expedientes e recursos protelatórios. A tanto nos autoriza a lei vigente [art.7º, da lei 3.396/1958], quando se trata de recurso extraordinário, agravo de instrumento, ou embargos, mas lamentavelmente, não dispomos de igual faculdade nos outros tipos de processo (LEAL, 1964, p. 456-457).

Dessa forma, o prestigiado ministro[27] logrou êxito em encampar a chamada 'Súmula da Jurisprudência predominante do Supremo Tribunal Federal', a qual fora instituída mediante emenda ao Regimento Interno do STF, publicada em 30 de agosto de 1963. Constava ela de um sistema oficial de referência dos precedentes judiciais em que se distingue a jurisprudência firme da que se acha em via de fixação, cuja finalidade é a de atribuir à jurisprudência estabilizada consequências processuais específicas para abreviar o julgamento dos casos que se repetem e exterminar as protelações deliberadas[28] (LEAL, 1964, p. 458).

> A *Súmula* realiza, por outro lado, o ideal do meio-têrmo, quanto à estabilidade da jurisprudência (...). É um instrumento flexível, que simplifica o trabalho da Justiça em todos os graus, mas evita a petrificação,

[27] Victor Nunes Leal foi nomeado ministro do Supremo Tribunal Federal, por decreto de 26 de novembro de 1960, do Presidente Juscelino Kubitschek de Oliveira, tendo tomado posse em 7 do mês seguinte. Foi aposentado por decreto de 16 de janeiro de 1969, baseado no Ato Institucional nº 5, de 13 de dezembro de 1968, voltando a exercer a advocacia. Antes, ocupou diversos cargos públicos, notadamente os de consultor-geral da República (1960) e chefe da Casa Civil da Presidência da República (1956-1959). Foi procurador-geral de Justiça do Distrito Federal (Rio de Janeiro), entre março e novembro de 1956. Em 1966 foi designado para compor o Tribunal Superior Eleitoral. Nascido em Alvorada, município de Carangola-MG, em 11 de novembro de 1914, faleceu no Rio de Janeiro-RJ, em 17 de maio de 1985.

[28] Destaque-se que, ao longo do tempo do uso das súmulas, tanto o Executivo quanto o Legislativo não envidaram esforços para impedir seu uso. Ao contrário, deixaram como sendo uma saída surgida dentro do Judiciário, para o Judiciário, um tanto quanto técnica. A bem da verdade, a possibilidade de alterações casuísticas interessava – e ainda interessa – especialmente ao Poder Executivo e ao Judiciário, como a certos grupos de poderes.

> porque a *Súmula* regula o procedimento pelo qual pode ser modificada. Ela não estanca o fluxo criador da jurisprudência, nem impede a sua adaptação às condições emergentes. Apenas exige, para ser alterada, mais aprofundado esfôrço dos advogados e juízes. Deverão êles procurar argumentos novos, ou aspectos inexplorados nos velhos argumentos, ou realçar as modificações operadas na própria realidade social e econômica. Com essa precaução, a *Súmula* substitui a *loteria judiciária* das maiorias ocasionais pela perseverança esclarecida dos autênticos profissionais do direito (*sic*) (LEAL, 1964, p. 458-459).

Já para Aliomar Baleeiro (1968), uma das respostas viria com a emenda ao Regimento Interno, acrescendo a ele o art. 309-A proposto pelo próprio Ministro Victor Nunes Leal e aprovado por unanimidade pelos membros da Corte, em 29 de maio de 1964. O novo texto determinava a expressa manifestação de interesse das partes no prosseguimento do recurso extraordinário, agravo de instrumento ou embargos quando paralisados há mais de dez anos, sob pena de seu arquivamento.

Junto disso, acreditava ele também na necessidade de um maior rigor pelos tribunais estaduais na admissão de recursos extraordinários infundados, assim como aos próprios ministros relatores do STF em negar seguimento a recurso extraordinário ou a agravo manifestamente infundados e contrários à súmula do Supremo, a qual era baseada na predominância da jurisprudência (BALEEIRO, 1968, p. 124-128).

De qualquer forma, com o Ato Institucional nº 2, de 27 de outubro de 1965, e a EC nº 16, de 26 de novembro de 1965, foi alterada a Constituição de 1946 no pertinente à competência do pleno para as turmas – agora com um colegiado que totalizava dezesseis membros – do mandado de segurança e do recurso ordinário de decisão denegatória nele proferida, exceto quando o ato coator fosse alta autoridade.

Se não bastasse, ficou positivado nessas normas que o STF somente fosse alcançado pelo recurso extraordinário mediante demonstração de questão de direito federal, o que o desafogaria de milhares de recursos por fundamentos irrelevantes. Ainda se determinou a limitação dos recursos interpostos de decisões das turmas aos casos de divergência entre elas, desaparecendo os embargos infringentes e de nulidade (BALEEIRO, 1968, p. 83).

Ademais, destaca Baleeiro a irrecorribilidade das decisões da Justiça Eleitoral e do Trabalho, exceto a inconstitucionalidade, o mandado de segurança e o *habeas corpus* e a extensão da representação do Procurador-Geral da República contra inconstitucionalidade de lei ou ato normativo, em tese, quanto à legislação federal (BALEEIRO, 1972, p. 20).

Já sob a vigência da Constituição de 1967, incluindo-se a outorga do Ato Institucional nº 6, de 1º de fevereiro de 1969, reduziu-se o número do colegiado para onze membros e restringiu-se a competência do *habeas corpus*, vedando que o pedido originário substituísse o recurso ordinário. Ainda, foi restringido o recurso extraordinário às decisões de outros tribunais – constando como agora irrecorríveis as singulares que o texto original de 1967 havia colocado entre as possíveis. Por fim, também por essas normas, aboliu-se o recurso ordinário das decisões denegatórias de mandado de segurança pelos outros tribunais (BALEEIRO, 1972, p. 20-21).

Como relata o também integrante do Supremo[29], inicialmente, com as medidas, as entradas de recursos e o congestionamento crônico se reduziram, haja vista que

> as três Turmas logo julgaram ou arquivaram, de saída, mais feitos em quatro meses de 1966 do que nos 12 de 1965, embora o Plenário não tivesse podido oferecer igual performance, já porque não houve de discutir o modus faciendi das transformações, já porque, em maio, decidiu alguns feitos importantes e que lhe consumiram horas de debates (*sic*) (BALEEIRO, 1968, p. 133).

Porém, logo o volume processual voltou a aumentar. Assim, consagrou-se a ideia de que a fórmula não estava em "dar remédio à sobrecarga da Corte Suprema por critérios mecânicos" (LEAL, 1965, p. 15). Mas que se deixasse

[29] Aliomar de Andrade Baleeiro foi nomeado ministro do Supremo Tribunal Federal, por decreto de 16 de novembro de 1965, do Presidente Castelo Branco, preenchendo cargo criado pelo art. 6º do Ato Institucional nº 2, de 27 de outubro de 1965, que aumentou o número de ministros para dezesseis. Tomou posse como tal em 25 do mesmo mês e presidiu a Corte de 1971 a 1973. Nascido em Salvador-BA, em 5 de maio de 1905, faleceu no Rio de Janeiro-RJ, em 3 de março de 1978. Em sua carreira atuou como jornalista, advogado, professor, jurisconsulto e político, tendo sido deputado federal pela Bahia e pela Guanabara.

ao ponderado critério do Supremo, mediante um requisito novo, a admissibilidade dos recursos extraordinários, que seria a verificação prévia da sua relevância, a exemplo da Suprema Corte dos Estados Unidos (LEAL, 1965, p. 15-44).

Assim, o critério da 'relevância da questão federal' logo tornou-se realidade, sem deixar de encontrar oposição, como instituto trazido do sistema americano do *common law*, mas também por ser implementado, segundo alguns, de forma não somente contrária aos princípios, como também inflexivelmente imposta.

3. REFORMA DO JUDICIÁRIO EM 1977 NA CONJUNTURA DO REGIME MILITAR

O uso de fontes primárias como instrumento de pesquisa exige a decodificação do contexto no qual o objeto está inserido, assim como no que tange às relações de poder estabelecidas na sociedade. Desta maneira, nos itens seguintes serão expostas as estratégias e necessidades do Regime Militar de 1964-1985 em ser visto como democrático e ter seus atos como legítimos, mesmo os de exceção. E, em particular, em como isso se refletiu na Reforma do Judiciário de 1977.

O foco se fará, na primeira parte, nas narrativas e nos discursos que buscavam justificar a intervenção civil-militar no regime constitucional e legítimo. Mesmo diante dos atos de exceção deveria ser construída a ideia de que eles visavam proteger a democracia, ainda que para isso fosse necessária a supressão ou alteração das Constituições. Para tanto, além dos órgãos estatais, a imprensa, embora contraditória no tempo e espaço, acaba por colaborar na construção de um ambiente no qual se tinha a impressão de que o governo pós-1964 seria democrático e legítimo.

Após a exposição do ambiente político vivenciado no período, serão apresentadas as alterações institucionais ocorridas junto ao Judiciário, dando-se ênfase à Emenda Constitucional nº 7, de 1977. Isso se faz haja vista que somente poderá ser compreendido o momento desta reforma, assim como a Constituinte de 1987-88, após o conhecimento sobre as conjunturas e os discursos que os construíram nesse período.

Por fim, acredita-se que terá sido possível demonstrar que o Judiciário, especialmente nessa época, acaba por conformar-se ao contexto político, sejam eles eleitorais ou não. Isso pelo motivo de não possuir esse ramo do Poder diretrizes internas mínimas – o que somente ocorrerá, e ainda em uma perspectiva estrita –, com o Superior Tribunal de Justiça, quando dos debates sobre a Reforma do Judiciário, em 2004.

3.1 Contexto político do regime militar

O ato que fez instituir o regime militar no Brasil foi o Ato Institucional nº 1, de 9 de abril de 1964. Por meio dele, o que se chamou à época de 'Revolução Vitoriosa' transparecia manter a ordem constitucional de 1946. Embora tal Ato aumentasse o poder do Executivo e suprimisse as eleições diretas, tais medidas eram consideradas como "indispensáveis à obra de reconstrução econômica, financeira, política e moral do Brasil, de maneira a poder enfrentar, de modo direto e imediato, os graves e urgentes problemas", como se afere no próprio texto desse instrumento.

Essas ações de quebra da hierarquia e atentado à Constituição são justificadas pela denominada 'Doutrina da Segurança Nacional', a qual se utilizava do argumento da defesa dos valores democráticos e da segurança da nação contra o comunismo. Tal ideologia sustenta-se na indefinição do que se nomeou de 'inimigo interno'. Seu uso amplo e multifacetado foi o que deu eficiência à doutrina e passou a dar suporte às medidas repressivas empregadas. Conforme nos esclarece Comblin (1978, p. 48 e 55), o conceito elástico desse inimigo cabe para enquadrar desde grupos armados de esquerda e partidos democráticos de oposição até o simples cidadão que se opunha ao regime. Um dos resultados acaba sendo a unificação de todas as camadas sociais que se sentiam ameaçadas pela subversão da ordem.

Importante lembrar também, com suporte em O'Donnell (1990), que o Estado burocrático-autoritário do período da ditadura brasileira tem como característica distintiva de outros estados autoritários da região a inserção das classes dominantes que lideraram a iniciativa desse estado para extinguir a crise. O regime tem, assim, como principal função "subordinar e controlar estritamente o setor popular, reverter a tendência autonomista das suas organizações de classe e eliminar suas expressões na arena política" (O'DONNELL, 1990, p. 60-61). Então, recorre-se à estratégia da guerra civil para sufocar a resistência, ao mesmo tempo em que se almeja preservar a aparência de normalidade constitucional e os aspectos procedimentais da democracia representativa.

Esse caráter essencialmente coercitivo e antidemocrático dos regimes autoritários tem como objetivo imediato a reorganização de um aparente 'caos social', que pode ser apenas reivindicações, protestos e greves, ou seja, cenários que costumam estar vinculados ao governo anterior que de alguma forma não teve êxito em responder às demandas do setor contestador.

Ao tentar impor um novo mecanismo de domínio, o fenômeno das ditaduras de segurança nacional emudece essas representações sociais. Pois,

> a dominação é particularmente severa, porque, pela natureza de seu fundamento, este Estado traz consigo uma rejeição antecipada da base para sua própria legitimação. O Estado burocrático-autoritário surge de uma derrota esmagadora do setor popular e seus aliados, que foi imposta ao custo extremamente alto de tornar possível ao EBA[30] legitimar-se por si mesmo (O'DONNELL, 1979, p. 268).

Além disso, no Brasil de 1964, difundiu-se a ideia de que a revolução seria essencialmente reformista. Diferenciava-se daquelas almejadas pelo governo deposto de João Goulart pela via democrática de sua elaboração legalista e da liderança política do Congresso. Nas letras do editorial do 'Jornal do Brasil', de 5 de abril daquele ano, "[...] as reformas que agora poderemos fazer, pela via democrática da elaboração legislativa e da liderança política do Congresso, vão atender aos interesses de todas as parcelas nacionais em lugar de servir à divisão e à intolerância entre brasileiros".

Desse modo, desde o início do regime ditatorial no Brasil, houve um processo com normas e regras que definiram o seu percurso. Configurou-se uma

[30] Conforme nos esclarece Guillermo O'Donnell, "o Estado burocrático-autoritário é um tipo de Estado cujas principais características são: ele é, primeiro e antes de tudo, fiador e organizador da dominação exercida através da estrutura de classes subordinada às frações superiores de uma burguesia altamente oligopolizada e transnacionalizada. Em outras palavras, a base social principal do Estado é esta alta burguesia" (1979, p. 273).

busca a certa legitimidade em vista de suas garantias, como a mobilização e a coesão de grupos, assim como quanto à possibilidade periódica de novas eleições presidenciais, controlando-se as disputas internas pelo poder.

Não interessava, de fato, ao Estado de Segurança Nacional brasileiro criar um sistema unipartidário. As eleições, mesmo que claramente não competitivas, eram um instrumento frequentemente usado para legitimar politicamente o regime. Era preferível lidar com uma oposição que pudesse, em muitas questões, oferecer críticas construtivas aproveitáveis ao governo ao mesmo tempo em que sua limitação institucional proporcionaria seu controle e a aferição das inquietudes sociais.

Mesmo diante desse domínio, houve por bem aplicar ao regime uma série de medidas para um controle mais rigoroso do sistema, mediante a execução da força, de processos de cassação e de mudanças institucionais.

Nessa circunstância ocorreu a promulgação do Ato Institucional nº 2, de 27 de outubro de 1965. Onde, mediante propósitos de atualização das instituições como o Congresso Nacional, o Judiciário, o sistema de governo e os partidos políticos, o "regime tentou construir este ideário de democracia que legitimasse as suas ações e atos" (REZENDE, 2013, p. 74).

Desta maneira, nos esclarece Maria José de Rezende que a "suposta forma de democracia do regime passava a ser vinculada" ao estabelecimento da plena superioridade do Executivo (2013, p. 74). Com essa aproximação conceitual, pregava-se que só haveria democracia se houvesse respeito à autoridade. Incluído estava também que a representação na democracia aqui existente seria pautada na supremacia do Executivo sobre o Legislativo. O qual teria um papel de simples revisor e referendador dos atos da Presidência, pois o "poder executivo era, então, o representante de uma entidade abstrata denominada povo. Em seu nome, tomar-se-iam as decisões principalmente através dos atos institucionais garantindo-se, segundo o grupo de poder, o cumprimento do compromisso entre autoridade e democracia" (REZENDE, 2013, p. 75).

Desse modo é que os condutores e sustentadores desta ditadura militar tentavam arrancar da natureza do próprio poder os meios de justificá-lo. A "lógica da legitimidade coercitiva supunha que o regime vigente era o gerador e o mantenedor do consentimento e não a coletividade social" (REZENDE, 2013, p. 91). Isto é, os instrumentos para o desenvolvimento do Estado estariam sendo fornecidos por eles e não expressavam as "vontades individuais e/ou de grupos, mas sim a preservação das instituições mantenedoras do próprio Estado" (REZENDE, 2013, p. 94). E, assim, o conceito de cidadão é suplantado pelo de povo, sempre destituído de posições contrárias ao regime.

Nesse ambiente torna-se justificável a suspensão do estado de direito, como os advindos do Ato Institucional nº 5, de 13 de dezembro de 1968, editado pelo governo do General Costa e Silva, o qual vigorou até 31 de dezembro de 1978, quando passou a valer a Emenda Constitucional nº 11, editada em 13 de outubro.

Tal ato de extrema força e combatido intensamente pela oposição durante toda sua vigência, produziu uma gama de ações arbitrárias de efeitos duradouros, como veremos a seguir. Nos recorda Maria Celina D'Araújo que o AI-5 "Definiu o momento mais duro do regime, dando poder de exceção aos governantes para punir arbitrariamente os que fossem inimigos do regime ou como tal considerados" [31].

O AI-5 autorizava o Presidente da República, sem a apreciação judicial, a decretar o recesso do Congresso Nacional, intervir nos estados e municípios, aposentar compulsoriamente servidores públicos[32], cassar mandatos parlamentares, suspender por dez anos os direitos políticos de qualquer cidadão, decretar o confisco de bens considerados ilícitos e a suspender a garantia do *habeas corpus* em crimes contra a segurança nacional – o que permitia violências institucionais e físicas.

No preâmbulo do Ato, buscava-se justificá-lo pela necessidade de serem atingidos os objetivos da dita 'revolução', "com vistas a encontrar os meios indispensáveis para a obra de reconstrução econômica, financeira e moral do país". No mesmo dia foi decretado o recesso do Congresso Nacional por tempo indeterminado. Somente em outubro de 1969 o Legislativo seria reaberto, para referendar a escolha do General Emílio Garrastazu Médici para a Presidência da República.

[31] D'ARAÚJO, Maria Celina. FGV. CPDOC. O AI-5. s/d. Disponível em: <http://cpdoc.fgv.br/producao/dossies/FatosImagens/AI5>. Acesso em: 10 maio 2017.

[32] Em item específico serão explicitados os impactos do AI-5 e do AI-2 junto ao STF.

3.2 Promessa de distensão[33], abertura e redemocratização

Dentro do figurino dos regimes autoritários, importante lembrar que, especialmente após a edição do AI-5 e a imposição de um novo texto constitucional pela Emenda à Constituição de 1967, de nº 1, de 17 de outubro de 1969, ganhou força o debate pela necessidade de uma nova ordem constitucional legítima no Brasil (O'DONNELL, 1981).

A discussão, de certa maneira reconhecida pelo discurso oficial do governo, indicava um futuro com algum tipo de ordem democrática. Até então, dentre as tentativas de institucionalização da ordem autoritária destaca-se a própria Constituição de 1967 sob Castelo Branco, o cancelamento do recesso do Congresso, a reorganização partidária e o fim dos atos de exceção pretendidos pelo Presidente Costa e Silva. Tentativas que acabaram por fracassar em função do agravamento do autoritarismo em 1968 e pelo impedimento e morte do Presidente, com o afastamento do vice e a instituição da Junta Militar[34] –, que outorgou a nova Constituição através da Emenda de 1969.

No entanto, a partir da posse do General Ernesto Geisel como Presidente da República, em 1974, nota-se uma mudança no relacionamento entre o Executivo e o Legislativo. Adotou ele uma série de atos que restituíram ao Congresso Nacional algum sentido no processo político. Os parlamentares passaram a ter maior acesso à Presidência e ao governo em geral. Ao mesmo

[33] O'Donnell e Schmitter (1988) dão a ideia de 'transição' como sendo um intervalo entre um regime político e outro. Um período de passagem ou mudança entre regimes políticos em uma dada sociedade, que são delimitadas sobre qualquer lançamento do processo de dissolução de um regime autoritário e, de outro, sobre a instalação de alguma forma de democracia. Tal se daria através de diferentes fases, que, embora não estanques, se revelariam primeiramente pela 'distensão' ou 'liberalização', onde haveria reforma do regime autoritário com vista ao outro regime. Nesse momento se dariam a substituição ou afrouxamento dos atos de repressão e o restabelecimento de direitos individuais ou coletivos e, fundamentalmente, restabeleceria a subordinação e a unificação interna das Forças Armadas. A 'abertura', segunda fase, que envolve a possibilidade de uma mínima concorrência entre as forças políticas para se alcançar os vários níveis de poder, culminando, no que seria a terceira, ou seja a '(re)democratização'.

[34] A Junta Governativa Provisória de 1969 foi um triunvirato governamental composto pelos três ministros militares: Aurélio de Lyra Tavares do Exército, Augusto Hamann Rademaker Grünewald da Marinha e Márcio de Souza e Mello da Aeronáutica. Assumiram temporariamente o governo brasileiro, de 31 de agosto a 30 de outubro de 1969, por razão do derrame cerebral sofrido pelo Presidente Costa e Silva, e o afastamento do vice-presidente, o civil Pedro Aleixo.

tempo, o ministro da Justiça passou a articular com as lideranças partidárias, tanto no Senado quanto na Câmara dos Deputados (MORAES FILHO, 2001, p. 42).

Porém, não haveria pela então Presidência da República qualquer movimento para a extinção dos atos de exceção vigentes. Ao contrário, como será demonstrado, Geisel se valeria deles.

Entretanto, naquele momento inicial, afirmava Geisel, quanto aos atos institucionais, que

> almejava vê-los não tanto em exercício duradouro ou frequente, mas como potencial de ação repressiva ou de contenção mais enérgica, até que se vejam superados pela imaginação política criadora, capaz de instituir, quando for oportuno, salvaguardas eficazes e remédios prontos e realmente eficientes do contexto constitucional[35].

Apesar disso, para esse novo governo, a distensão não seria um processo encabeçado unilateralmente. Ao contrário, ela deveria ser uma ação transitiva que envolvesse essencialmente os demais poderes do Estado e as principais forças oposicionistas. O sucesso da liberalização e até mesmo a sua continuidade ficariam na dependência do isolamento daqueles que insistiam em questionar a autoridade constituída. Esta era a estratégia da distensão: uma proposta de liberalização gradual e limitada, cujo tempo e direção o próprio governo se encarregaria de fixar.

Nesse sentido, os resultados das eleições de novembro de 1974 eram um termômetro do regime em relação à sociedade. Elas seriam as primeiras após iniciado o processo de distensão e o governo não tardaria a se utilizar dos instrumentos autoritários dos quais dispunha, caso perdesse a manutenção do controle da distensão (MORAES FILHO, 2001, p. 43).

Por isso que a vitória oposicionista nestas eleições do Movimento Democrático Brasileiro (MDB) afetaram o próprio *modus faciendi* do projeto de mudança

[35] FGV. CPDOC. Atlas Histórico do Brasil. Verbete "Ernesto Geisel", 2016. Disponível em: <http://atlas.fgv.br/verbete/2304>. Acesso em: 17 maio 2017. Ainda, segundo o verbete, dez anos depois, reafirmaria Geisel, em entrevista à **Folha de S.Paulo**, que já assumira o governo com a disposição de revogar os atos institucionais, principalmente o AI-5, até o final de seu mandato.

política, o qual elegeu dezesseis das vinte e duas cadeiras do Senado, dando grande disposição ao partido nos debates no Congresso Nacional, com efeitos relevantes, como se mostrará, na reforma constitucional de 1977, que afetou singularmente o Judiciário de 1977.

3.3 'Diagnóstico' do Poder Judiciário

Com a ascensão do General Ernesto Geisel à Presidência da República foi mantida a aproximação do Supremo Tribunal com o Regime Militar. Além do ponto institucional, havia direta interlocução entre o chefe do Executivo e a Presidência do Ministro Eloy da Rocha[36], inclusive com retribuição de amigáveis visitas[37], como a que destacamos a seguir:

> O Supremo Tribunal Federal recebeu, no salão nobre, com as honras de estilo, em 16 de abril, a visita de cortesia do Senhor Presidente da República, General de Exército Ernesto Geisel, acompanhado do Senhor Ministro da Justiça, Dr. Armando Falcão e do Senhor Ministro de Estado, Chefe do Gabinete Militar, General de Divisão Hugo Andrade de Abreu. Estabeleceu-se, durante a visita, informal diálogo entre o Senhor Presidente de República e os Senhores Ministros. **Constituiu objeto principal das conversações a necessidade e oportunidade de Reforma do Poder Judiciário**, como é referido em outra parte do presente Relatório (BRASIL, STF, 1975, p. 52-53, grifo nosso).

Consequentemente, foi costurada a reforma do Judiciário, no sentido de transparecer a harmonia e independência entre os poderes perante a opinião

[36] Também pelo Regimento Interno da época (art. 13) o tempo de exercício da presidência do STF era de dois anos – o que permanece até hoje (RI-STF, art. 12). O Ministro Eloy da Rocha esteve na presidência da Corte de fevereiro de 1973 a fevereiro de 1975. A seguir foi eleito por seus pares o Ministro Djaci Falcão, que exerceu a presidência do STF até 14 de fevereiro de 1977. Aquele se demonstrou mais alinhado com o regime militar que este.

[37] "Retribuí a visita de cortesia, feita ao Supremo Tribunal Federal, a 16 de abril [de 1974], pelo Senhor Presidente Ernesto Geisel. Compareci, com outras autoridades, ao Palácio do Planalto, no dia 3 de agosto, para levar cumprimentos ao Senhor Presidente da República, por motivo de seu aniversário natalício" (BRASIL, STF, 1975, p. 51-52).

pública, resguardando-se o governo quanto às eleições que estariam por vir (1974). Esse cenário aproximava a ditadura da almejada legitimidade política e institucional.

Logo, constata-se que o discurso foi firmado no sentido de um extraordinário diálogo entre os poderes quanto "a necessidade e oportunidade de reforma do Poder Judiciário", com "a conveniência de prévia fixação, pelo próprio Poder Judiciário, do diagnóstico da Justiça, mediante levantamento imediato dos dados e subsídios necessários" (BRASIL, STF, 1975, p. 63).

Para tanto, a interlocução seria realizada diretamente pelo Ministro de Estado da Justiça Armando Falcão e pela Presidência do STF, ficando definido que

> [...] inicialmente, o Poder Judiciário procederia os imprescindíveis estudos, em cada área de atividade jurisdicional, na medida em que aos Tribunais parecesse recomendável a ação reformadora. Justifica-se essa orientação, quer do ponto de vista técnico, quer do político, este no mais puro sentido da palavra (BRASIL, STF, 1975, p. 63).

Com a proposta de emenda construída pelos próprios membros do Judiciário, criar-se-ia um constrangimento, especialmente para o Legislativo, pois

> é a experiência dos Juízes, que, sobremodo, importa seja considerada. Por outro lado, se, para a prevista reforma do Judiciário, não lhe outorga, a Constituição, iniciativa das medidas legislativas e, sim, aos outros Poderes Políticos, convém, ainda assim, à prática do regime constitucional, que ela se execute em harmonia com o Poder que será reformado (BRASIL, STF, 1975, p. 63-64).

Em consequência, eventual embate, a partir de então, seria entre o Judiciário e o Legislativo, saindo de cena o regime de exceção.

De qualquer maneira, como visto, havia uma necessidade real de reformar o Judiciário, que dava claros sinais de colapso. E foi com esse propósito que grande parte da comunidade jurídica enviou ao STF sugestões e colaboração para a construção da proposta de reforma.

Logo houve a designação junto à Presidência do STF de um 'Grupo de Trabalho de Pesquisa Judiciária'[38] para a realização das atividades, o qual foi criado pela Portaria nº 90, de 25 de junho de 1974, e cujo levantamento serviu de base para o documento, editado em 1975.

Ainda, formou-se também em 1974 uma 'comissão especial' junto ao Supremo, composta pelos Ministros Thompson Flores, como seu presidente, Rodrigues de Alckmin, como relator, e Xavier de Albuquerque, encarregado de redigir o documento.

Importante destacar que para esta 'comissão especial' de ministros não houve qualquer ato oficial de designação. Tal circunstância foi motivo de pesadas críticas da oposição congressual de um acerto entre o Judiciário e o Executivo. O que, naquele momento da história, revelava total conformação do Judiciário, além de aliança para forçar o Legislativo a atender a vontade do Executivo.

No entanto, como já esperado, o relatório desta comissão, de 17 de junho de 1975, identificou a necessidade de mudanças e como resultado propôs:

> Antes do exame das falhas e dificuldades do exercício da função judiciária, há mister considerar a existência de fenômeno mais amplo, com fatores que perturbam o eficiente exercício daquelas funções, fenômeno que é a crise da própria ordem jurídica. Refletem-se no Poder Judiciário e contribuem para o desprestígio dele críticas dirigidas, na verdade, à ordem jurídica interna. Uma das falhas imputadas à Justiça é o retardamento dos processos e a ineficácia da execução dos julgados. A queixa é vetusta e generalizada. Mas qualquer que seja o grau de competência e de dedicação ao ofício dos juízes, sempre lhes terá limites a capacidade de produção. O primário expediente de multiplicação de juízes e tribunais, embora muitas vezes indispensável, encontra óbices na necessidade de um recrutamento em alto nível.

38 "Para assessorar a Presidência, na investigação, instituiu-se, no Supremo Tribunal, Grupo de Trabalho de Pesquisa Judiciário, composto do Diretor Geral da Secretaria, Dr. Jayme de Assis Almeida, do Professor Luiz Rodrigues, Diretor do Departamento Administrativo, e do Professor Igor de Souza Tenório, este assistente jurídico do Ministério da Agricultura, assessor de Gabinete do Ministro, e Professor da Universidade de Brasília, posto, temporariamente, à disposição do Tribunal" (*sic*) (BRASIL, STF, 1975, p. 65).

> Cumpre examinar, consequentemente, as razões dos altos índices de litigiosidade e de criminalidade, que constituem moléstias sociais acarretadoras de sobrecarga aos trabalhos da Justiça e cujas causas devem ser pesquisadas e combatidas (...) (BRASIL, STF, 1975).

E conclui, tal comissão de ministros, de forma singular e surpreendente ao não se comprometer com o próprio relatório produzido e com o resultado das eventuais mudanças vindouras.

> Todos esses fatores, que contribuem para a morosidade ou para a ineficácia na aplicação do Direito, nem podem ser esquecidos, nem se removerão com a só reforma do Poder Judiciário. Estranhos ao âmbito das funções deste poder, dependerão de estudos e de medidas de outras áreas da atividade estatal. Vale mencioná-los para que se não suponha que simples alterações da organização judiciária e de normas instrumentais serão bastantes para resolver todos os problemas relativos à boa distribuição da Justiça sem medidas outras que as complementem (BRASIL, STF, 1975).

Como se pode verificar pelo relatório, o próprio Judiciário não assumiu a responsabilidade de que a reforma pudesse resolver os problemas da Justiça. Ele relegou a toda sociedade, em função da alta litigiosidade, ao Poder Legislativo, em função da necessidade de ampla alteração normativa, e ao Executivo, visto sua interferência no recrutamento e nas garantias aos juízes.

Estaria aí lançada a construção de um discurso[39] que iria acompanhar os integrantes do Judiciário, de alto a baixo, em todas as ocasiões em que pudesse isso ser dito, a fim de valorizar e prestigiar a função e os poderes do órgão, por todo o tempo.

De qualquer forma, o denominado 'Diagnóstico da Reforma do Poder Judiciário' foi encaminhado em 17 de junho de 1975 ao Presidente da República, o qual, à época, não deu conhecimento ao público, inclusive aos congressistas,

[39] Vide, por exemplo, no capítulo cinco desta obra, o pronunciamento do Ministro Pádua Ribeiro, do STJ, em audiência no Senado, sobre a Reforma do Judiciário que ocorreria em 2004.

tanto da oposição quanto da situação (BRASIL, Congresso Nacional, 1976, p. 5627-5628).

A partir desse relatório do STF é que se produziu o que seria o projeto de emenda à Constituição, relativo à então reforma do Judiciário, construído mediante a colaboração do então procurador-geral da República, Henrique Fonseca Araújo, órgão à época vinculado ao Executivo[40], e do ministro do Supremo Tribunal Federal, José Rodrigues de Alckmin.

Nessa toada, importante esclarecer que o texto do projeto de emenda (não o relatório da comissão) só foi encaminhado pelo Presidente da República à respectiva Casa Legislativa em 16 de novembro de 1976, recebendo lá o nº 29/1976, como se verá no item 3.5 adiante.

Por outro lado, chama a atenção o período que a Presidência da República manteve em sigilo o 'Diagnóstico' até o encaminhamento ao Congresso da proposta legislativa de reforma, a saber, um ano e meio. O que pode ser entendido como uma estratégia do melhor momento para o Executivo alcançar os diversos interesses que almejava, como veremos a seguir.

3.4 Estratégia da oposição e debates no congresso

Antes do envio do projeto de emenda nº 29/1976 e início dos trâmites regimentais pelo Congresso, a questão da reforma do Judiciário era motivo de acalorados debates e parecia unânime a necessidade de desafogá-lo tanto pelos Congressistas oposicionistas como para os da situação. A comunidade jurídica fazia coro e a sua posição era usada frequentemente como apoio pelos parlamentares.

A crítica de fundo que o Legislativo reivindicava na voz da oposição era quanto ao apequenamento das funções do Congresso Nacional. Embora a razão do momento fosse a tal reforma, o que queriam os parlamentares era a independência e autonomia para decidirem as diversas questões da nação.

[40] Importante destacar que, antes da Constituição de 1988, a Procuradoria da República era parte integrante do Poder Executivo. Somente com a nova Carta é que lhe foi conferida independência e autonomia funcional e administrativa (art.127 e ss.).

No entanto, utilizavam-se das questões como a volta do *habeas corpus* suprimido pelo governo e da independência dos magistrados, reativando as garantias constitucionais perdidas. Para tanto, utilizavam-se do único instrumento de que dispunham – a voz – para procurar derrotar o Regime, mesmo que para isso a reforma tivesse de ser rejeitada. Interessante chamar a atenção, alinhado com o exposto, que a Presidência da República se manteve silente durante todo o tempo.

Em 10 de junho de 1976, o líder da oposição no Senado, senador Franco Montoro, do MDB-SP, requereu a transcrição do discurso de posse do jurista e professor Eduardo Seabra Fagundes como presidente do Instituto de Advogados, realizado em 22 de abril de 1976, este que reivindicava que a reforma não se fizesse somente no "desdobramento dos atuais órgãos do Poder Judiciário e a criação de novas Cortes". Afirmava Seabra Fagundes ainda que havia

> inúmeros outros pontos que precisam[vam] ser atacados, como a forma de recrutamento dos Juízes, a sua remuneração condigna, a sua responsabilização, civil e disciplinar, pelos atos que praticarem com incúria ou eivados de favoritismo, (...) e a modernização dos meios materiais postos ao alcance dos órgãos jurisdicionais (BRASIL, Congresso Nacional, 1976, p. 251-256),

Posição que ia frontalmente de encontro às pretensões do governo militar de Ernesto Geisel.

Assim, abertos os debates legislativos sobre a reforma, como visto apoiados pelos juristas brasileiros, a oposição congressista trouxe a público a opinião de membros da magistratura nacional, especialmente as dos tribunais de justiça, órgão máximo do Judiciário estadual.

No dia 28 de maio de 1976, o deputado Peixoto Filho, do MDB-RJ, trouxe a posição do Tribunal de Justiça do Rio de Janeiro, que, "por unanimidade de votos, resolveu enviar ao Presidente da República, através do Ministro da Justiça, Armando Falcão, um memorial em que manifesta 'sua apreensão pela tramitação do projeto de Reforma do Judiciário' (...) e diz que as soluções dos males da Justiça não estão na reforma proposta". Para que houvesse uma melhora, seria necessário "reformar as leis processuais, aperfeiçoar os juízes, tornando cada vez mais rigorosos os concursos, criar critérios objetivos para as promoções e estabelecer salários condignos para juízes e desembargadores".

Igualmente fizera o senador Paulo Brossard, do MDB-RS, vice-líder da oposição, em discurso proferido em 10 de junho de 1976, em relação ao tribunal do seu estado, Rio Grande do Sul, que "por unanimidade aprovou manifesto contrário à propalada extinção dos Tribunais de Alçada, o qual fora enviado ao Ministro da Justiça, Armando Falcão, para ser remetido ao Presidente da República" (BRASIL, Congresso Nacional, 1976, p. 275).

Nesse mesmo sentido, proferira discurso o senador Franco Montoro, em 22 de setembro de 1976, em relação à posição do Tribunal de Justiça de São Paulo. Referindo-se aos Tribunais do Rio Grande do Sul, do Rio de Janeiro e de São Paulo, afirmou ele que

> três tribunais que, unanimemente, se manifestam sobre o assunto [Reforma do Judiciário com a extinção dos Tribunais de Alçada]. O Tribunal de Justiça de São Paulo, por iniciativa de seu Presidente o ilustre Desembargador Gentil do Carmo Pinto, fez um pronunciamento representando o pensamento do Tribunal. Mas não bastou: o próprio Tribunal de Justiça, em Sessão Plenária realizada no dia 4 de agosto último, ratificou, por unanimidade, o pronunciamento da Presidência (BRASIL, Congresso Nacional, 1976, p. 6150 a 6154).

O foco da opinião unânime dos Tribunais de Justiça se fazia na questão da extinção dos tribunais de alçada. Órgão vinculado aos Tribunais de Justiça, porém, com competência limitada e que, na prática, evitava que grande número de processos subisse à cúpula judiciária estadual. E, nessa questão, ao menos na tribuna do Congresso Nacional tinham o apoio do partido da situação, como podemos ver pela fala do parlamentar Vasconcelos Torres, da ARENA-RJ, fato que acabava por constranger o governo:

> Se a minha voz prevalecer, se a experiência de um homem que é um andarilho no Estado do Rio de Janeiro [...], que conversa com juízes de todas as entrâncias, que conversa com desembargadores e que pode dar um depoimento ao vivo, há de se chegar à conclusão que a extinção dos tribunais de alçada representa um retrocesso, uma volta ao

> tumulto de uma Justiça que não tem infra-estrutura. [...]. A Justiça não pode – estou falando em termos do meu Estado – dispensar o concurso dos tribunais de alçada. E digo mais a V. Exa.: em nome do novo Estado do Rio de Janeiro está prevista a criação de mais um tribunal de alçada. O que se quer lá é que se crie esse tribunal imediatamente. Porque do contrário o caos vai-se estabelecer. Digo mais a V. Exa.: a notícia, a simples notícia já está causando um mal-estar (*sic*) (BRASIL, Congresso Nacional, 1976, p. 6153).

No entanto, é fato que nem os magistrados desses tribunais, nem os congressistas tinham conhecimento do chamado 'Diagnóstico da Reforma do Judiciário', nem a sociedade civil como um todo. O próprio senador José Lindoso, do partido ARENA-AM, solicitou fosse feita a publicação do 'Diagnóstico', afirmando, em 10 de setembro de 1976, que

> já se encontra com o Sr. Ministro da Justiça a proposta de Reforma do Poder Judiciário. O "Jornal do Brasil" de ontem nos dá essa notícia e divulga um resumo do Projeto cuja elaboração coube ao Ministro Rodrigues Alckmin e ao Procurador-Geral da República, Henrique Fonseca de Araújo. [...]. Dois nomes do maior prestígio. [...]. Entendo, no entanto, que da Reforma do Poder Judiciário deve participar toda a Nação, pois, para garantir a ordem social, a segurança do indivíduo, a liberdade, reclama-se Justiça. Por isso, creio oportuno sugerir ao Sr. Ministro Armando Falcão que faça editar o Diagnóstico do Supremo Tribunal Federal e a Proposta, para que os Tribunais, os órgãos de cultura e de representação profissional dos advogados a examinem e ofereçam contribuições. [...]. O Congresso Nacional terá, no exame e estudo da Grande Reforma Constitucional, visando a reestruturação do Poder Judiciário, um papel de alta relevância. [...]. Libertamo-nos dos liames da conjuntura política e adotamos uma posição construtiva ante o Projeto de Reforma do Poder Judiciário pelo que ele significa para o futuro deste País, é um imperativo de responsabilidade cívica dos dois Partidos. Isto exige um ver em profundidade, um sentir a tessitura da História. [...]. Não disponho, por inteiro, do teor do Projeto (BRASIL, Congresso Nacional, 1976, p. 5627-5628).

Da mesma maneira, destacou Paulo Brossard, MDB-RS, em 23 de setembro de 1976, que somente com a publicação feita no dia anterior pelo jornal **'O Estado de S.Paulo'** é que veio a público a realização do projeto: "Pois bem, o projeto [não o diagnóstico], cujo sigilo foi agora quebrado pelo importante e grande jornal paulista, se tornou conhecido dos advogados pelas páginas de O Estado de S.Paulo. O Conselho Federal da Ordem dos Advogados até aqui ignorava o projeto" (BRASIL, Congresso Nacional, 1976, p. 6220-6223).

Porém, significativo é o destaque que fez Brossard com desenvoltura e nítido constrangimento à situação e ao governo Geisel, em relação ao desconhecimento do Projeto pelos próprios ministros do STF:

> Pois bem, peguei o jornal de hoje e verifiquei isto, que me fez vir à tribuna, nesta tarde [...], para registrar o feito e pedir a reflexão dos responsáveis por esse assunto: O Presidente do Supremo Tribunal Federal, Ministro Djaci Falcão, ao tomar conhecimento da divulgação do projeto, mandou comprar O Estado de S.Paulo para inteirar-se do projeto. Mandou comprar o jornal, Sr. Presidente. Ele ignorava o assunto! [...] – depois de mandar comprar O Estado de S.Paulo para que, pelo O Estado de S.Paulo de ontem, tivesse ciência do projeto, o Ministro Djaci Falcão disse ao jornalista que o fora interrogar acerca da matéria publicada: "Pode acreditar, ainda não conheço a sua íntegra", disse o Ministro Djaci. E acrescentou: **"Aliás, à exceção do Ministro Rodrigues Alckimin, que participou da elaboração do projeto, creio que nenhum de nós do Supremo teve ocasião de lê-lo"** (*sic*) (BRASIL, Congresso Nacional, 1976, p. 6221, grifo nosso).

E, não tendo sido contestado em nenhum momento quanto ao fato do desconhecimento pelo próprio Supremo, em outra oportunidade, emendou o senador Brossard:

> Mas, o que eu queria dizer era que o Supremo Tribunal Federal tinha feito um trabalho prévio que ele mesmo chamou de diagnóstico, mas, ainda há pouco, este mês, o Presidente do Tribunal [STF] deixou claro, falando à Imprensa, que o Supremo não tinha responsabilidade com o projeto que estava sendo elaborado. Podem ter sido aproveitadas

as ideias, mas o projeto não traz a autoridade, a responsabilidade da mais alta Corte da Nação (BRASIL, Congresso Nacional, 1976, p. 6150-6154).

E concluíam os oposicionistas, aqui na voz do senador Franco Montoro, do MDB-SP, que "A maioria de que dispõe a ARENA não será suficiente para a aprovação dessa matéria. [...] uma pequena equipe que assessorou, no caso, o governo, na elaboração dessa proposta, não constitui garantia suficiente para que a proposta corresponda às exigências nacionais". Pois, tanto a proposta do novo código penal, discutida à época, quanto o projeto de emenda de alterações do Judiciário "foram elaborados secretamente, de forma reservada e sigilosa, pelo Executivo" (BRASIL, Congresso Nacional, 1976, p. 6153).

E com ênfase afirmavam, como fez o senador Paulo Brossard, do MDB-RS, em 23 de setembro de 1976, que "tudo vou resumir numa frase: se o governo quer da Oposição alguma colaboração, se quer, não envie o projeto agora, não envie o projeto sem antes ouvir a Nação" (BRASIL, Congresso Nacional, 1976, p. 6223).

3.5 Rejeição da proposta pelo congresso – enfrentamento do MDB

Foi nesse cenário de pressão pública sobre o Parlamento que, em 16 de novembro de 1976, o Poder Executivo encaminhou o projeto de emenda constitucional ao Congresso Nacional, o qual tramitou como PEC nº 29/1976. Durante o período de trâmite, ou seja, de 16 de novembro de 1976 a 30 de março de 1977, recebeu 304 emendas na Comissão Mista[41].

O relator da PEC foi o arenista senador Accioly Filho, do Paraná, que após relevante estudo concluiu pela elaboração de um projeto substitutivo ao original. Mesmo com os debates e aprimoramentos, a maioria governista foi orientada a rejeitar a proposta do relator, retornando praticamente ao texto enviado pelo Executivo.

[41] BRASIL. Senado Federal. Atividades Legislativas. Disponível em: <http://www25.senado.leg.br/web/atividade/materias/-/materia/ 10286>. Acesso em: 5 maio 2017.

Ao final, no dia 30 de março de 1977, a minoria oposicionista conseguiu bloquear e rejeitar integralmente a PEC nº 29/1976, já que a ARENA não possuía 2/3 dos votos[42] necessários para sua aprovação. Portanto, alteração alguma haveria na Constituição, estando derrotado o governo na questão da reforma do Judiciário.

Os debates acirrados ocorridos no Senado, mormente os do dia 16 de abril de 1977, dão uma ideia do jogo político da oposição e da situação para ter seus interesses validados.

Pela oposição, tem-se a ênfase no substitutivo ao projeto vindo do Executivo pelo relator arenista do projeto, fato evidenciado nos discursos de empenho e colaboração do MDB para a aprovação deste texto, que, ao final, fora rejeitado pelo próprio partido da situação.

Categoricamente evidenciou Franco Montoro, líder da oposição, da tribuna que

> a tramitação da reforma judiciária foi um episódio parlamentar. A proposta do Governo, antes da votação no Congresso Nacional, foi repelida pelos meios jurídicos do País. (...). Não se diga que faltou a colaboração do MDB – e um Substitutivo. (...). Advertiu, discutiu e tudo fez para aprimorar a proposição. Se intransigência houve, esta foi da Maioria, que rejeitou até mesmo a proposta do Relator, pertencente a seus quadros, e praticamente retornou à Mensagem Presidencial. No exercício de um direito e no cumprimento de seu dever, o MDB votou contra a reforma proposta (BRASIL, Congresso Nacional, 1977, p. 742-743).

Pelos situacionistas, o discurso de resposta foi no sentido de que a minoria, ao vetar as modificações no Judiciário, agira com desejos meramente políticos, não havendo neste ato qualquer compromisso com a Nação e com os princípios da dita 'Revolução'. Destacou da tribuna o eloquente senador Eurico Resende, líder da ARENA, em 16 de abril de 1977:

[42] Já que, reitere-se, as eleições parlamentares de novembro de 1974 resultaram na vitória da oposição-emedebista que venceu para 16 das 22 cadeiras para as quais concorreu.

> Os fatos são recentes e estão vivos na memória da Nação. A Oposição, depois de rechaçar, até mesmo com excessos de passionalismo, ponderações sensatas de um de seus prestigiosos líderes, vetou integralmente a possibilidade de se iniciar a reestruturação de nossas instituições judiciárias. Tal atitude da minoria da Nação deu ao Governo a certeza de que, dali por diante, ocorreria a inviabilidade de qualquer alteração em nossa Carta Magna, (...) se não se dispusesse a acolher as manobras político-partidárias do MDB. **Não restou ao Presidente Geisel outra alternativa, senão usar de meios excepcionais, mas perfeitamente legais, para se livrar da vontade minoritária e cumprir a vontade majoritária do povo brasileiro** (*sic*) (BRASIL, Congresso Nacional, 1977, p. 745, grifo nosso).

Como se pode ver, estava de alguma forma justificada, pelo governo, a necessidade do uso dos 'meios excepcionais' de força, diante do confronto político da oposição. O que colocou inclusive o Congresso Nacional novamente à margem das decisões do governo e levou a retomada plena do poder do regime militar sobre o processo de distensão.

3.6 Imposição da Emenda Constitucional N° 7, de 1977

No entanto, menos de dois dias depois, o Presidente Geisel decretou, pelo Ato Complementar nº 2, de 1º de abril de 1977, o recesso do Congresso Nacional, que só viria a se findar em 15 de abril seguinte, pelo Ato Complementar n° 3.

Nesse período de aproximadamente duas semanas foram gestadas e publicadas, dentre outras, as Emendas Constitucionais nº 7 e 8, ambas de 14 de abril de 1977, junto de um grupo de normas legais. Todas essas alterações acabaram ficando conhecidas como 'Pacote de Abril', que reformava significativamente a estrutura do Judiciário e do sistema eleitoral brasileiro.

Na área eleitoral, as mudanças foram feitas pela Emenda Constitucional nº 8, de 1977. E também pelo Decreto-lei nº 1.538, que alterou o art. 250 (propaganda eleitoral gratuita no rádio e na televisão) da Lei nº 4.737, de 15 de julho de 1965, que havia instituído o Código Eleitoral; pelo Decreto-lei nº 1.539, que mudou a Lei Complementar nº 15, de 13 de agosto de 1973, sobre a composição e funcionamento do colégio que elegia o Presidente da República; Decreto-lei nº 1.540, referente ao funcionamento do colégio eleitoral que nomeava o Governador de Estado; pelo Decreto-lei nº 1.541, que instituía sublegendas para as eleições de senador e prefeito; o Decreto-lei nº 1.542, que alterava a Lei Complementar nº 5, de 29 de abril de 1970 (casos de inelegibilidade); e, ainda, pelo Decreto-lei nº 1.543, sobre a eleição de senador, prevista no § 2º do art. 41 da Constituição, todos editados em 14 de abril de 1977.

Portanto, foram alteradas substancialmente as eleições para governador, as quais seriam indiretas, ampliando-se o Colégio Eleitoral que escolheria esse chefe do Executivo. Também as eleições passariam a ser indiretas para cada uma das três vagas das três para senadores por Estado – o que foi nominado de forma pejorativa de senadores 'biônicos'[43] – mantendo-se a eleição popular direta para as duas vagas restantes. Se não bastasse, as sublegendas foram instituídas na eleição direta para senador, o que permitiu aos partidos apresentarem mais de um candidato; nesses casos, os votos dados às

[43] Senadores e governadores eleitos indiretamente ficaram conhecidos como 'biônicos'. Logo após as alterações eleitorais de 1977, nas disputas de 1978 uma das duas vagas abertas de senador passou a ser indicada por um colégio eleitoral composto pelos 'membros da respectiva Assembleia Legislativa e de delegados das Câmaras Municipais do respectivo estado'. Forma idêntica a ser usada na escolha dos governadores. Como não tinham sido escolhidos pelo voto popular, eram considerados um artifício para interferir nos rumos políticos do país. O termo 'biônico' era uma referência ao seriado de televisão norte-americano *O Homem de Seis Milhões de Dólares*, (ABC, 1974-1978) em que a personagem principal teve seu corpo reconstituído por meio de implantes 'biônicos', já que havia sido mutilado em razão de um acidente. Duas reportagens da Revista **Veja** nos dão uma dimensão do que foram os Governadores e Senadores 'biônicos', respectivamente. **Veja**, ed. 508, de 31 de maio de 1978, p. 28-29. "BIÔNICOS. Um belo emprego. Onde estão as sumidades que nos prometeram? Em março, na mensagem ao Congresso que assinalou a abertura do ano legislativo de 1978, o presidente Ernesto Geisel mostrou-se especialmente ácido com as críticas à instituição do senador "biônico" – um "qualitativo ridicularizante", segundo o presidente. Em defesa da novidade introduzida no "pacote de abril", Geisel atribui-lhe o dom de conduzir ao Senado "personalidades brilhantes e altamente representativas dos respectivos Estados, embora sem bases populares ou mesmo votos que bem as qualificassem para o prélio das urnas, mas que só enobreceriam aquele alto cenáculo e prestariam valiosíssima contribuição à vida política nacional, com sua experiência, inteligência e cultura". **Veja**, ed. 698, de 20 de janeiro de 1982, p. 26-27. "Senado. Vagas trocadas. Biônicos permutam mandatos com seus suplentes. Contemplados com mandatos de oito anos sem que para tanto tenham conquistado um único voto popular, os senadores biônicos venceram, na semana passada, três quartos da legislatura iniciada em janeiro de 1979 com campeões absolutos da troca de lugares com seus suplentes." Dentre vários motivos a fim de burlar as regras de inelegibilidade.

sublegendas eram somados e a totalidade era atribuída ao candidato mais votado, permitindo ao partido da situação recompor as suas bases de apoio. Ainda, reduziu-se quórum para aprovação de emenda constitucional, passou de dois terços para maioria simples. Ademais, ampliaram-se as bancadas do Norte e Nordeste na Câmara dos Deputados, locais onde a Arena obtinha maioria nos resultados eleitorais[44]. Também aumentou-se o mandato (de cinco para seis anos) do Presidente da República que seria eleito indiretamente em 1978. Ainda, a extensão a todas as eleições estaduais e federais da Lei Falcão, que restringia a propaganda eleitoral em rádio e televisão, criada em 1976, mantida a propaganda somente para as eleições municipais.

Evidentemente que o 'Pacote de Abril' garantiria maioria e ou a vitória do governo nas eleições seguintes, ao mesmo tempo em que era um sinal declarado de que a abertura tardaria a chegar. Vencido nas urnas em 1974 e com nova derrota eleitoral no horizonte, Geisel decidiu conter o avanço do MDB e garantir o controle do colégio eleitoral de 1978. O objetivo era fazer o General João Baptista Figueiredo, chefe do Serviço Nacional de Informações (SNI), seu sucessor. Para acrescentar uma medida popular, o governo acabou com a 'denúncia vazia', um mecanismo que permitia o despejo de inquilinos de imóveis sem qualquer motivação.

3.6.1 'Cartada' de Geisel

Não sem protestos do MDB[45], conforme demonstrado, a rejeição pela oposição parlamentar, no início de 1977, do projeto 29/1976 de reforma do Judiciário foi o pretexto de que o governo se utilizou para refrear o Congresso. O 'Pacote de Abril' neutralizou o poder da oposição congressual em matéria

[44] Em 1975 também houve a fusão do Estado do Rio de Janeiro com o Estado da Guanabara. E em 1978 a criação do Mato Grosso do Sul. Medidas que foram apontadas como expedientes que ajudaram o partido governista, a ARENA, a se fortalecer. Assim, com a criação do estado do Mato Grosso do Sul, criaram-se mais 8 vagas de deputado federal e 3 de senadores em um estado pequeno da Federação. E com a extinção da Guanabara, desapareceram as vagas de senadores e deputados federais em um estado abertamente emedebista.

[45] "Em nenhum país democrático, a rejeição de projeto do Governo pelo Parlamento constitui razão para a decretação do recesso do Poder Legislativo. Muito menos se pode entender a autoritária decretação, pelo Poder Executivo, da medida rejeitada pelo Legislativo". Discurso do senador Franco Montoro, líder do MDB (BRASIL, Congresso Nacional, 1977, p. 743).

constitucional e colocou, mais uma vez, o Parlamento à margem das decisões importantes da política. O governo, por um lado, readquiria o controle sobre o Legislativo, enquanto, por outro, tornava incontrastável o seu poder sobre os limites da 'distensão'.

Ao lado da preocupação com o agravamento da crise econômica – e mais do que com a reforma do Judiciário, o Planalto estava preocupado com as eleições de 1978, em especial para governador, as quais, segundo estipulava a Constituição em vigor, deveriam ser sob o escrutínio direto do eleitor.

O ponto é de salutar importância. Tanto que, em suas memórias, Ernesto Geisel dá uma noção da estratégia de como aproveitou a questão da reforma do Judiciário para assegurar a sucessão do governo e a abertura:

> A oposição votou contra. Assim, não haveria reforma do Judiciário. Qual era a solução que eu tinha? Pensei muito e achei que era um desafio da oposição. Era uma demonstração de força usada em detrimento do real interesse da nação. Eu também estava preocupado em permitir que o meu sucessor pudesse governar em melhores condições. Uma dessas condições estava ligada à eleição dos governadores, em 1978. Eu vinha matutando como isso podia ser feito. Em vez de voltar ao voto direto, eu achava mais conveniente manter o voto em dois níveis. A única maneira de fazer isso era realmente através de um ato de força. Creio que o problema da reforma do Judiciário me incentivou a fazê-lo de uma vez e então juntei as duas matérias. Para realizar a reforma e atender ao problema de viabilizar o novo governo, resolvi colocar o Congresso em recesso e baixar um novo ato que a oposição chamou de "pacote de abril". Há nele muita coisa que hoje em dia pode ser criticada, mas eu tinha reais motivos para fazer o que fiz. Fez-se a reforma do Judiciário, que, entretanto, não deu os resultados que se esperava, mas o general Figueiredo pôde levar avante o problema da abertura, até chegar a dar a anistia. Essa é a história, a gênese da reforma do Judiciário e do pacote de abril. Nele muita gente cooperou, principalmente Golbery, Petrônio, Marco Maciel e Falcão. Nós nos reunimos nos dias da Semana Santa no Riacho Fundo, tivemos muitos debates e por fim fomos redigindo a lei (D'ARAÚJO; CASTRO, 1997, p. 463-464).

A partir de então, seguiu-se uma série de medidas às quais o Parlamento foi submetido. Houve a revogação parcial do AI-5, além da anistia e da reforma partidária. Porém, somente pela Emenda Constitucional nº 22, de 29 de junho de 1982, caminhou-se efetivamente para a restituição das funções e prerrogativas do Legislativo, com a retomada parcial da imunidade parlamentar e a consequente capacidade do Congresso Nacional de fiscalizar o Executivo.

3.7 Mudanças implantadas pela Emenda Nº 7/1977

A emenda, de qualquer forma, acabou por concretizar importantes mudanças no Judiciário. Foram alterados vinte e quatro artigos da Constituição então vigente – a Emenda Constitucional nº 1, de 1969. Acrescentando-lhe outros sete artigos. Abaixo as modificações aglutinadas nas principais áreas.

3.7.1 Justiça Federal, Magistratura Nacional e seu controle interno

A Justiça Federal de primeira instância, restabelecida pelo Ato Institucional nº 2, de 1965, com a competência e organização definidas em lei especial, passou a contar com um incremento no número de magistrados, já que a EC nº 7/1977 extinguiu os cargos de juiz federal substituto, transformando-os em cargos de juiz federal. Ademais, houve melhora nos vencimentos da classe em geral, inclusive mediante a liberação de dotações orçamentárias para reestruturação dos quadros administrativos.

A partir do ano de 1979, houve significativa ampliação do número de varas federais e de cargos de juízes federais por diversas leis. Houve a implantação de varas da Justiça Federal no interior do país, pela qual a instituição e a magistratura ganharam novo perfil, mais tendente à regionalização de suas atividades, característica que se tornou mais evidente a partir da Constituição de 1988.

Além das mudanças na primeira instância, a emenda proporcionou ajustes em diversas questões relacionadas ao processo em geral. Ampliou a competência da União para legislar sobre taxas judiciárias, custas e emolumentos de serviços forenses, registros públicos, juntas comerciais e tabelionatos.

Passou-se a atribuir a homologação de sentenças estrangeiras ao presidente do Supremo Tribunal Federal. Além da proibição de recebimento de custas pelos magistrados e a determinação da competência originária do Tribunal Federal de Recursos para processar e julgar os membros do Ministério Público da União. Como também a fixação de que as declarações de inconstitucionalidade ocorreriam somente por maioria absoluta dos membros do tribunal julgador, o que ficou conhecido como 'reserva de plenário'.

Sucedeu-se, também, a ampliação da competência do Supremo Tribunal Federal e do Tribunal Federal de Recursos em matéria de mandados de segurança e conflitos de jurisdição, como será explicitado adiante.

Ademais, com a inclusão do parágrafo único ao art. 112 da Constituição, estabeleceu-se a possibilidade de ser regulada a organização, o funcionamento, a disciplina, as vantagens, os direitos e deveres da magistratura, mediante lei complementar denominada Lei Orgânica da Magistratura Nacional – LOMAN.

Assim, a novidade foi no sentido da promulgação de uma lei que passou a resguardar a atuação da carreira, além das até então poucas disposições constitucionais. Fazendo surgir uma expectativa de que a implementação da Lei Orgânica da Magistratura Nacional de fato protegesse a independência da atuação judicial – especialmente em face dos outros Poderes, nos seus diversos âmbitos. Tal lei, após intensos debates no Congresso Nacional, em decorrência da atuação firme dos próprios magistrados, foi promulgada em 14 de março de 1979, constituindo-se na Lei Complementar n° 35.

Como corolário, surgiu a necessidade de se melhorar a prestação jurisdicional, retirando de atuação os considerados 'maus' juízes, o que deveria ser feito, como defendiam fortemente os membros do Judiciário, no máximo, de maneira *interna corporis*, pois, do contrário, ficaria enfraquecida a própria função jurisdicional.

A emenda, considerada por muitos como autoritária, instituiu um órgão de cúpula de controle do Judiciário – o Conselho Nacional de Magistratura. Como parte da estrutura do Poder, era composto por sete ministros do Supremo Tribunal Federal, por este escolhidos (art. 120, *caput*, da Constituição de 1967).

O Conselho fora regulamentado pela LOMAN, em seus arts. 50 a 60 e nos arts. 133 a 135. Embora não agisse ele 'de ofício', mas somente por provocação, a competência do órgão consistia em conhecer reclamações contra membros de qualquer tribunal, sem prejuízo da competência disciplinar destes em relação aos seus próprios membros. Poderia avocar processos disciplinares contra juízes de primeira instância e decidir pela remoção, disponibilidade ou aposentadoria de qualquer juiz, com vencimentos proporcionais ao tempo de serviço, conforme passou a normatizar a Lei Orgânica da Magistratura Nacional, em seu art. 112, inciso II, e art. 120, § 1º.

Como ente administrativo de controle da magistratura nacional, seus atos e decisões eram passíveis de controle jurisdicional e cabia ao Supremo Tribunal Federal processar e julgar mandado de segurança impetrado contra ele (art. 119, inciso I, letra 'i', da Constituição de 1967).

De qualquer forma, aqui, também, estarão lançadas as narrativas que construirão a ideia de que um controle, especialmente um externo, enfraqueceria a própria função jurisdicional. O discurso seria utilizado, também, na Constituinte de 1987-88, momento em que sairia ele vencedor. Porém, nos debates que resultaram na Emenda Constitucional nº 45, de 2004, a construção ideacional viria com mais força, já que o ambiente estava muito mais propício à sua reimplantação, como de fato foi, embora mediante a atuação específica de certos atores, como será visto nos itens 5.2 e 5.3 adiante.

3.7.2 Alargamento do Tribunal Federal de Recursos

Ainda, a emenda implementou importantes alterações na estrutura do Tribunal Federal de Recursos, à época, tido como ponto de estrangulamento mais sobrecarregado do Judiciário Federal. Era indispensável que as modificações direcionassem seus esforços a uma solução dessa questão.

Dentre as alternativas, havia a instalação de dois Tribunais Federais de Recursos, em São Paulo e Recife, já previstos na Constituição, assim como a criação de Tribunais Regionais de Recursos, com a transformação do atual Tribunal Federal de Recursos em Tribunal Superior de Recursos ou, por fim, o aumento do número de ministros do próprio TFR. Acabou-se por adotar a última alternativa.

Desta feita, foi elevado o número de ministros da Corte de treze para vinte e sete[46] – com seis vagas preenchidas em 16 de dezembro de 1977[47] e as restantes em 18 junho de 1980 –, o que permitiu a formação de seis turmas, com quatro membros cada, reunidos em duas seções especializadas[48]. Conforme sua Resolução nº 11, de 1977, o presidente, o vice-presidente e o corregedor passaram a não ter função judicante, salvo nos processos de competência do plenário.

Fator interessante, dadas as circunstâncias da promulgação da Emenda, é a limitação da liberalidade do Executivo – dos vários âmbitos – em nomear os membros dos Tribunais. Essa nomeação passou a ser condicionada mediante uma lista tríplice, com a recomendação de cada entidade. No caso do TFR, previu-se, no art. 121, a reserva de quinze vagas pelo critério exclusivo de promoção de juízes federais[49], quatro dentre membros do Ministério Público Federal, quatro dentre advogados e quatro dentre magistrados ou membros do Ministério Público dos Estados e do Distrito Federal. A autolimitação garante, ao menos institucionalmente, certa independência dos membros da Corte.

O Tribunal passou a ser competente para, além das já estabelecidas funções, o julgamento em grau de recurso das causas decididas pelos juízes federais. E, originariamente, nos crimes comuns e nos de responsabilidade dos juízes federais, dos juízes do trabalho e dos membros dos Tribunais Regionais do Trabalho, bem como dos Tribunais de Contas dos Estados e do Distrito Federal e os do Ministério Público da União. Os mandados de segurança contra ato de ministro de Estado, do presidente do próprio Tribunal ou de suas câmaras, turmas, seus grupos ou seções; do diretor-geral da polícia federal

46 Resolução do TFR nº 5, de 4 de maio de 1977, mantém a composição de treze membros para todos os efeitos regimentais, até que se efetive o preenchimento dos novos cargos de ministros.

47 Resolução do TFR nº 13, de 16 de dezembro de 1977, publica a composição das quatro turmas do Tribunal. Não participavam como membros das turmas, mas somente do pleno, o presidente, o vice-presidente e o corregedor geral, conforme Resolução do TRF nº 11, de 20 de junho de 1977.

48 Resolução do TFR nº 19, de 18 de junho de 1980, que altera a composição das seções e turmas. Agora, além do Pleno, o tribunal era composto por duas seções e seis turmas, sendo três turmas para cada seção.

49 A Resolução nº 9, de 8 de junho de 1977, alterada pela de nº 12, de 5 de maio de 1980, regulamenta o processo de indicação pelo Tribunal dos juízes federais para comporem a lista tríplice encaminhada ao Presidente da República, para nomeação de um deles para a vaga de ministro do TFR.

ou de juiz federal. Além dos conflitos de jurisdição entre juízes federias a ele subordinados e entre juízes subordinados a tribunais diversos. E, por fim, o pedido de revisão das decisões proferidas pelos contenciosos administrativos (art. 204).

Novamente, no que se refere à segunda instância da Justiça Federal, em um período após a implantação da reforma, relata o então ministro do TFR, Carlos Velloso, que se manteve a sobrecarga de trabalho. No TFR, em 23 de junho de 1980, estavam tramitando 21.786 processos. Sendo que até 31 de março de 1985, foram distribuídos mais 88.157 processos, que somados resultaram no período em 109.634 feitos. Neste tempo foram julgados 90.309, cerca de 18.500 processos por ano ou 800 processos por ministro. Mantinham-se pendentes no período apurado 19.634 processos (VELLOSO, 1985, p. 46).

Assim, aponta ele que o caminho seguido de aumento do número de membros do TFR não se mostrou suficiente para a solução do crescente número de demandas, o que fez com que ganhasse corpo o pleito da criação de uma Justiça Federal de 2º grau regionalizada, nos moldes da Justiça Eleitoral e do Trabalho, visto que a reforma não resolveu o problema e permaneceu sem solução a "situação de crise no órgão de cúpula da Justiça Federal" (VELLOSO, 1985, p. 45).

Cabe lembrar de um caminho que a própria EC nº 7 franqueou em sua implementação, no sentido de diminuir o número de processos, ou seja, de que fosse instituído um tipo de justiça administrativa paralela, até certo ponto, com a Judicial. Pelo art. 153, § 4º, da Constituição alterava-se para a possibilidade do esgotamento das vias administravas como condição de acesso ao Judiciário. Manteve-se com isso a viabilidade de criação de um órgão contencioso administrativo para causas decorrentes das relações de trabalho dos servidores com a União, das autarquias e das empresas públicas federais, acrescentando ainda questões fiscais e previdenciárias, inclusive relativas a acidentes de trabalho, as quais poderiam ser estendidas aos Estados e Municípios (art. 203). Autorizou-se, mediante a simples edição de lei reguladora, que a parte vencida na via administrativa requeresse a revisão da decisão diretamente ao Tribunal competente (art. 204), isto é, Tribunais de Justiça nos Estados e TFR no âmbito Federal (art. 122, inciso II).

Portanto, seguir esse caminho, como nos lembra Velloso (1985, p. 52), poderia ter originado um grande 'Tribunal Administrativo' ou 'de Direito

Público', o que levaria certamente a um desenvolvimento distinto do da atual estrutura do Judiciário.

Porém, tais medidas não se efetivaram, como é sabido. Optando-se, particularmente os magistrados e a alta cúpula do Judiciário (STF), diante do evidente temor quanto à perda de prestígio e poder, por uma estrutura eminentemente judicial, a qual resiste incólume até hoje.

3.8 Efeitos da Emenda Nº 7/1977

Fato é que houve um grande avanço do Judiciário quando da publicação da EC nº 7/1977, inclusive muito além do que vislumbrava o Supremo Tribunal Federal em seu 'diagnóstico'. E, apesar da forma com que se tenha dado a promulgação, foram atendidos os principais pleitos do STF, como órgão máximo do Judiciário, especialmente, como se verá adiante, pelos efeitos normativos conferidos à Corte por meio de seu Regimento Interno, além de favorecer sobremaneira a base e a estrutura intermediária, particularmente, da justiça federal.

Outrossim, a evolução – que permanece com a mesma regulação até os dias atuais – se deu em relação à inaugural norma de garantia da atuação judicial dos magistrados, em todos os graus e âmbitos, mediante a LC nº 35/1979, a Lei Orgânica da Magistratura, a qual não solucionou todos os problemas envolvendo a independência, mas deu, inclusive naquele momento, um grande passo.

Não é demais lembrar que não estariam completas todas as garantias da magistratura sem que houvesse uma ampla autonomia administrativa e financeira e sua independência de poder político, o que só veio a ocorrer, com segurança, com a Constituição de 1988.

No entanto, chama-se a atenção no sentido de que a proteção jurídica e de aplicação de recursos financeiros e humanos não bastou e não bastaria para a solução dos problemas do Judiciário. Mas, como bem observou Josaphat Marinho (1964), provavelmente a diluição dos obstáculos se aproximaria com a efetiva introdução de inovações tecnológicas para a real modernização da estrutura judicial. Ou melhor, o que pesou – e ainda pesa – é a mentalidade dos operadores do sistema de justiça em geral, em relação às mudanças:

> Exatamente porque o sistema jurídico estabelece diretrizes e formas de comportamento, com repercussão direta nas relações gerais de coexistência, a revisão de suas instituições é intensamente polêmica. Criados, privilégios instituídos, o espírito de rotina, resíduos da formação histórica, o mêdo de inovar interferem para retardar as transformações da ordem jurídica. É assim em todos os países. Mesmo naqueles que operaram grandes mudanças, as instituições que substituíram as esclerosadas tendem também à ossificação. Não há de surpreender, pois, a resistência às reformas no Brasil (*sic*) (MARINHO, 1964, p. 11).

Desta feita, junto dos recursos materiais e técnicos, são necessárias mudanças de comportamento daqueles que compõem a função judicial[50]. Trata-se de uma tarefa nada fácil, como veremos mais adiante, nos debates da Constituinte de 1987-88.

Tal crítica pode ter seus efeitos válidos até os dias atuais, já que, além de diversos aspectos, o Judiciário cresceu muito em tamanho e prestígio. Mas a morosidade e a inefetividade se mantêm como característica relevante e aproveitável, mesmo em face de diversos dispositivos criados para agilizar a prestação jurisdicional, como adiante se apresentará.

3.9 O Supremo Tribunal e a cortesia dos militares

Além das mudanças estruturais apresentadas no item anterior, foi o governo militar que tornou possível um ganho substancial de importância ao Judiciário e, especialmente, ao Supremo, o qual soube capitalizar a crise do acúmulo de processos e galgar ainda mais alto com o aperfeiçoamento do controle de constitucionalidade, pela via concentrada.

O jurista Aliomar Baleeiro lembra do impedimento momentâneo imposto ao Judiciário em 'interpretar as causas recônditas e não apenas aparentes', já que havia um verdadeiro pacto de silêncio vigendo em setores ligados ao

[50] Não se desconhece o relevante impulso na prestação jurisdicional com o pioneirismo e insistência do órgão judicial na implantação do processo eletrônico, a partir de 2006 (Lei nº 11.419, de 19 de dezembro). Porém, o autor desta obra entende que de pouco adianta, **se o *modus operandi* processual continuar como antes.**

Judiciário, em que "alguns dos que tiveram papel decisivo no preparo e desfecho na hora crítica são inteira e voluntariamente ignorados, permanecendo um silêncio intencional, sem que estejam distantes das deliberações atuais" (BALEEIRO, 1968, p. 131). Portanto, não era possível à época perceber a profundidade e radicalidade da história, "no sentido das transformações políticas, jurídicas, enfim, sociais que vem produzindo e, provavelmente, ainda produzirá" (BALEEIRO, 1968, p. 133). Desta feita, pautado pelo entendimento da 'confiabilidade instrumental', os embates entre o STF e o regime não deveriam ser valorados naquele momento, pois se tratava de período excepcional.

O período, segundo nosso entendimento, revelava muitos proveitos, particularmente ao Supremo Tribunal. Ademais, havia possibilitado um aumento de produtividade da Corte e estava se dando um ganho de importância de seu papel[51], em especial quanto aos julgamentos referentes ao controle concentrado de constitucionalidade[52] das leis (EC nº 16, de 1965). Entendia-se que o regime alçara o STF a um papel muito mais relevante do que possuía anteriormente e estava agora inserido no contexto nacional e não mais como mero pacificador de questões locais (BALEEIRO, 1968, p. 133-134).

Em contrapartida, substancialmente, as omissões ou o silêncio da mais alta Corte do Judiciário permite compreender a dimensão de seu papel naquele momento histórico. Fato que certamente pavimentou a relação de confiança do Regime Militar e possibilitou a concessão de autonomia do Supremo em, discricionariamente, definir por meio de seu Regimento Interno as regras de processamento e julgamento dos feitos de competência originária ou recursal

[51] Vem ao encontro dos argumentos de confiabilidade instrumental o poder dado pela EC nº 7/1977, do período militar, a qual atribuiu ao STF o poder de "avocar as causas processadas perante quaisquer juízos ou tribunais", a pedido do procurador geral, em caso de "grave lesão à ordem, à saúde, à segurança ou às finanças públicas", suspendendo os efeitos da decisão proferida e devolvendo o integral conhecimento da lide (art. 119, I, "o") ao Supremo, sobrepondo-se a toda e qualquer instância da Justiça comum e especializada, federal e estadual, coartada a tramitação regular e suprimidos eventuais recursos típicos.

[52] A crítica que se fazia nesse ponto e que permaneceu até a Constituição de 1988 era em relação ao poder discricionário dado à Procuradoria Geral – que integrava o Poder Executivo – em deliberar sobre o encaminhamento ao STF das representações de inconstitucionalidade de lei, pois "a última palavra, sempre, só pode caber ao STF. Necessitamos acabar com o sistema pelo qual é o Governo, em última instância, quem decide o que é ou não inconstitucional, pois o Procurador Geral é nomeado pelo Presidente da República" (REALE, Miguel. **Por uma Constituição brasileira**. São Paulo, Revista dos Tribunais, 1985, p. 28-29).

do pleno e das turmas (art. 115 da Constituição de 1967). Tal poder foi ampliado pela Emenda Constitucional nº 1, de 1969[53], nos casos de recursos extraordinários que contrariassem dispositivo da Carta ou negassem vigência de tratado ou lei federal e dessem a esta interpretação divergente da que lhe tenha dado outro tribunal ou o próprio Supremo.

Assim, com tal autorização constitucional, o Regimento Interno do STF passou a ter força de lei. E o Tribunal, função legiferante neste ponto, sobre a qual os outros poderes, inclusive o Legislativo, estavam impedidos de atuar. Desta feita, a seu critério e alvedrio, o Supremo conseguiu impor um filtro totalmente novo, o qual se denominou 'relevância da questão federal', que passou a ser previsto regimentalmente em 1975 e que somente veio a constar expressamente no texto constitucional, com a Emenda Constitucional nº 7/1977[54].

De qualquer forma, desde 1975, pela Emenda Regimental nº 3 – aperfeiçoada pela Emenda nº 4/1977 e a nº 7 de 1978 –, ao Regimento Interno do STF, de 1970, tal Corte teve o poder para exigir, como requisito do recurso extraordinário, a relevância da questão federal[55], esta que foi mantida no Regimento aprovado em 15 de outubro de 1980.

[53] *In verbis:* "Art. 119. Compete ao Supremo Tribunal Federal: [...] III – julgar, mediante recurso extraordinário, as causas decididas em única ou última instância por outros tribunais, quando a decisão recorrida: *a)* contrariar dispositivo desta Constituição ou negar vigência de tratado ou lei federal; *b)* declarar a inconstitucionalidade de tratado ou lei federal; *c)* julgar válida lei ou ato do govêrno local contestado em face da Constituição ou de lei federal; ou *d)* der à lei federal interpretação divergente da que lhe tenha dado outro Tribunal ou o próprio Supremo Tribunal Federal. *Parágrafo único.* As causas a que se refere o item III, alíneas *a* e *d*, dêste artigo, **serão indicadas pelo Supremo Tribunal Federal no regimento interno, que atenderá à sua natureza, espécie ou valor pecuniário"** (*sic*) (grifo nosso).

[54] "**Art. 119** [...]. **§ 1º As causas a que se fere o item III, alíneas *a* e *d*, deste artigo, serão indicadas pelo Supremo Tribunal Federal no regimento interno, que atenderá à sua natureza, espécie, valor pecuniário e relevância da questão federal.** § 2º O Supremo Tribunal Federal funcionará em plenário ou dividido em turmas. § 3º O regimento interno estabelecerá: a) a competência do plenário, além dos casos previstos nas alíneas *a, b, c, d, i, j, l* e *o* do item I dêste artigo, que lhe são privativos; b) a composição e a competência das turmas; c) **o processo e o julgamento dos feitos de sua competência originária ou recursal e da argüição de relevância da questão federal**; [...]" (*sic*) (grifos nossos).

[55] "Art. 308 – Salvo nos casos de ofensa à Constituição **ou relevância da questão federal**, **não caberá o recurso extraordinário**, a que alude o seu art. 119, parágrafo único, das decisões proferidas: (alterado pela Emenda Regimental n° 3/1975) I – nos processos por crime ou contravenção a que sejam cominadas penas de multa, prisão simples ou detenção,

Assim, dependendo somente da deliberação interna do STF, ele, em 1985, resolveu ampliar a exigência do filtro da relevância da questão federal a todos os casos representados por recursos extraordinários. A pretensão era corrigir as falhas regimentais anteriores, transmutando-se, ainda, a arguição de relevância de uma espécie de ressalva para um nítido pré-requisito de conhecimento do recurso.

Os motivos que engendraram as mudanças não são novos, ao contrário, são os mesmos que vêm acompanhando a evolução da mais alta Corte. Essa foi a ideia defendida pelo então recém-empossado Presidente do STF, Ministro Moreira Alves, que promoveu, logo mais, as ditas alterações regimentais.

isoladas, alternadas ou acumuladas, bem como as medidas de segurança com eles relacionadas; II – nos *habeas corpus*, quando não trancarem a ação penal, não lhe impedirem a instauração ou a renovação, nem declararem a extinção da punibilidade; III – nos mandados de segurança, quando não julgarem o mérito; IV – nos litígios decorrentes: a) de acidente do trabalho; b) das relações de trabalho mencionadas no art. 110 da Constituição; e) da previdência social; d) da relação estatutária de serviço público, quando não for discutido o direito à Constituição ou subsistência da própria relação jurídica fundamental; V – nas ações possessórias, nas de consignação em pagamento, nas relativas à locação, nos procedimentos sumaríssimos e nos processos cautelares; VI – nas execuções por título judicial; VII – sobre extinção do processo, sem julgamento do mérito, quando não obstarem a que o autor intente de novo a ação; VIII – nas causas cujo valor, declarado na petição inicial, ainda que para efeitos fiscais, ou determinado pelo juiz, se aquele for inexato ou desobediente aos critérios legais, não exceda de 100 vezes o maior salário mínimo vigente no País, na data do seu ajuizamento, quando uniformes as decisões das instâncias ordinárias; e de 50, quando entre elas tenha havido divergência, ou se trate de ação sujeita a instância única. [...]. § 2° – Caberá ao Presidente do Tribunal de origem, com agravo do despacho denegatório para o Supremo Tribunal Federal (art. 294), o exame da ocorrência das hipóteses ressalvadas nos incisos II, III, IV, letra *d* e VII, bem como de argüição razoável de ofensa à Constituição. **§ 3° – Caberá privativamente ao Supremo Tribunal Federal o exame da argüição de relevância da questão federal. § 4°- A argüição de relevância da questão federal processar-se-á por instrumento, da seguinte forma**:[...]." *(sic)* (grifo nosso). E prossegue descrevendo o procedimento a ser seguido pelas partes e pelo tribunal quando da propositura do recurso extraordinário, destacando-se, aqui, a previsão de **sessão secreta**, assim declarada no mesmo artigo: "VIII – da ata da sessão do Conselho, que se publicará para ciência dos interessados, constará apenas a relação das argüições acolhidas e rejeitadas; IX – a apreciação em Conselho não comportará pedido de vista, dispensará motivação e será irrecorrível; X – o acolhimento da argüição de relevância será comunicado ao Presidente do Tribunal de origem, para que faça processar o recurso extraordinário, mas não implicará o ulterior Conhecimento deste, pela Turma ou pelo Plenário" *(sic)*.

> Não tenho dúvida, portanto, de que chegou o momento de esta Corte, que dispõe de poderes constitucionais para fazê-lo por meio de reforma de seu Regimento, generalizar o atual sistema da arguição de relevância a todas as causas objeto de recurso extraordinário com fundamento nas alíneas "a" e "d" do inciso III do artigo 119 da Constituição. Só assim poderá este Tribunal desempenhar, com eficiência e sem desvios, o papel que a Carta Magna lhe reserva. Não haverá restrição a questões constitucionais. A defesa penal continuará amplíssima por via do *habeas corpus* [...]. Valorizar-se-á a súmula, que deixará de ser mero expediente de simplificação de julgamento de casos mais freqüentes, para se projetar como instrumento de unificação da ordem jurídica nacional. [...]. A firmeza dessa atitude será o exemplo que o Supremo Tribunal dará para que se enfrentem, também resolutamente, os problemas que continuam a afligir as instâncias ordinárias da Justiça brasileira (*sic*) (ALVES, 1985, p. 2467-68).

Assim, permaneceu no Regimento de 1980 – em seu art. 325 e nos seguintes, alterado pela Emenda n° 2, de 4 de dezembro de 1985[56] – como pré-requisito para recebimento geral dos recursos extraordinários fosse demonstrada e aceita pelos membros da Corte a 'relevância da questão federal'.

Desta feita, passou o Supremo Tribunal, além de inovar no campo dos requisitos recursais do extraordinário, a ditar o conteúdo, em cada caso em concreto, do que seria 'questão federal relevante'. E, embora tivesse como amplo parâmetro o 'interesse público', a válvula da 'questão federal relevante' era moldada em cada caso concreto que chegava à Corte. Passando o Supremo a, por um lado, comedir seus embates na relação com o Regime Militar e, por outro, ser o 'instrumento' que ditava quais questões federais deveriam ser entendidas como relevantes naquele momento histórico brasileiro.

[56] Não é apropriado o paralelo de 'reavivamento' deste instituto com o da 'repercussão geral', criado pela EC nº 45/2004, que incluiu o § 3º no artigo 102 da Constituição atual – o texto original de 1988 não previa a repercussão geral, tendo em vista que esta se faz em relação ao recurso extraordinário 'constitucional' e aquele em relação às questões referentes à lei federal, a qual cuida hoje o recurso especial. A aproximação, a nosso ver, pode sim ser feita no tocante aos graus de abertura e/ou discricionariedade dos termos 'questão relevante' e de 'repercussão geral', enquanto filtros recursais.

Evidencie-se, por fim, que tais prerrogativas obtidas mediante a proximidade e auxílio mútuo entre o regime e o STF possibilitaram a este barganhar na Constituinte de 1987-88 a manutenção de seu desenho institucional, repelindo a criação de uma Corte Constitucional ou mesmo nele de uma seção constitucional. Porém, sem fôlego para, ao mesmo tempo, evitar sua cisão, mediante o nascimento do Superior Tribunal de Justiça, como será demonstrado a seguir.

4. ASSEMBLEIA NACIONAL CONSTITUINTE DE 1987-1988

4.1 Derrocada do regime 'por dentro' ou o acontecimento de uma transição

Como já destacado na parte introdutória, acredita-se ser indispensável a contextualização desse que é um dos mais relevantes momentos na ordem política de uma nação.

A seguir, voltamos, por um instante, aos motivos pelos quais chegou-se ao momento da Assembleia Nacional Constituinte em 1987-88 e o que tal acontecimento representou, em termos de mudanças, para o Judiciário, como foco aqui para o STJ.

4.1.1 Eleições de 1982 e perda de poder dos militares

Após o denominado 'Pacote de Abril' houve movimentos por parte do governo no sentido da distensão. Em 1º de janeiro de 1979 entrou em vigor a Emenda Constitucional nº 11 que, dentre outros, revogou os Atos Institucionais[57] e Atos Complementares que davam sustentação normativa ao regime. Com a emenda, foi retomada a prevalência de uma ordem Constitucional, a de 1967, emendada em 1969. Ademais, decidiu-se pela ampla anistia política, ao editar-se a Lei nº 6.683, de 28 de agosto de 1979, que autorizou também o retorno de exilados políticos.

[57] Dentre os Atos Institucionais revogados constava o de nº 5, de 13 de dezembro de 1968, conhecido como a mais dura expressão do regime militar, pois, dentre outros, instituía a censura e cassava a possibilidade de apreciação do Judiciário do *habeas corpus* nos crimes políticos, contra a segurança nacional, a ordem econômica e social e a economia popular.

Importante passo foi dado a favor da democratização no final 1979. Pela Lei nº 6.767, de 20 de dezembro, uma série de dispositivos foi alterada e eles passaram, embora com considerável regulação, a permitir novamente o pluripartidarismo no Brasil, assim como as eleições diretas para governador, vice-governador, senador e suplentes, deputados federais e estaduais, prefeito, vice-prefeito e vereadores foram marcadas simultaneamente em todo o país para o dia 15 de novembro de 1982[58].

Ao fim desse processo eleitoral, houve a perda da capacidade de o regime militar exercer os diversos atributos de governo, já que a oposição alcançou vitória em dez estados da Federação e obteve maioria parlamentar na Câmara dos Deputados. Isto fez com que os oposicionistas buscassem, "de dentro das instituições do regime, obter sua superação: primeiramente, pela via disruptiva da emenda das 'Diretas já', e, no seu malogro, pelo uso do próprio Colégio Eleitoral – coração da reprodução da ordem autoritária" (ROCHA, 2013 p. 47).

É fato que o movimento das 'Diretas já' originário dos partidos da oposição, em especial o PMDB[59], e, logo depois, propagado como bandeira à sociedade e por ela aderido em reflexo às greves de 1978, foi derrotado em 25 de abril de 1984. Embora a pequena margem na deliberação[60], o resultado da votação evidenciava a mudança na relação de forças no Congresso Nacional e abria a possibilidade de que o governo deixasse de contar com maioria no Colégio Eleitoral (ROCHA, 2013, p. 48), o qual elegia o Presidente da República.

Logo mais, com a dissidência[61] de parte do PDS[62] para a formação da Frente Liberal – PFL, partido que se uniu às demandas do PMDB, Tancredo

[58] Lei nº 6.978, de 20 de janeiro de 1982, que foi alterada pela Lei nº 7.015, em vigor em 20 de maio de 1982.

[59] Institucionalmente, houve a Proposta de Emenda à Constituição – PEC nº 5, subscrita pelo deputado Dante Oliveira, do PMDB-MT, em 2 de março de 1983.

[60] De um total de 479 congressistas, o projeto obteve 298 votos. Eram necessários 320 votos para sua aprovação. Interessante destacar que houve 55 votos do PDS, partido governista.

[61] Ademais, importante acrescer a dispersão das forças conservadoras frente ao progressivo aumento das forças oposicionistas ao regime militar. O que também significou a dispersão das forças conservadoras. Gomes (2006, p. 202) lembra que no início da Assembleia Constituinte os conservadores ainda se encontravam divididos em função da luta sucessória presidencial, o que levou ao esfacelamento do Partido Democrático Social e dos membros associados ao regime.

[62] O Partido Democrático Social – PDS surgiu, em 31 de janeiro de 1980, com a extinção do bipartidarismo vigente durante o regime militar de 1964. Sucessor do então ARENA, partido

Neves[63] e seu vice José Sarney – este que havia sido líder do ARENA, partido do governo militar – seriam eleitos indiretamente para a Presidência da República, em 15 de janeiro de 1985.

Ainda em 1985 foi instalada pelo Congresso Nacional a Comissão interpartidária que reformaria a legislação eleitoral e partidária. Sua finalidade era remover do ordenamento jurídico diversos dispositivos – chamados de 'entulho autoritário' –, institucionalizando uma mais ampla democracia. Destes trabalhos resultou a Emenda Constitucional nº 25, de 15 de maio de 1985, que introduzia a eleição direta, em dois turnos, para Presidente da República e vice-presidente – as quais ficaram previstas para 15 de novembro de 1990. Ademais disso, tal emenda reformou ainda uma vez o Código Eleitoral, porém, sem afetar as mudanças introduzidas em 1979, anteriormente citadas.

Pelo conjunto atualizado das normas, os direitos políticos dos brasileiros estavam plenamente restabelecidos. E, parte do projeto democrático do antigo MDB se materializava, uma vez que haviam sido derrogadas as instituições representativas criadas pelo Regime Militar (ROCHA, 2013, p. 56).

4.1.2 Vigência democrática e Constituição Simbólica

Conforme exposto, o quadro naquele momento da história era o de um civil no comando da República, o que não acontecia desde 1964. Existiam regras de pluralismo partidário em vigência, com eleições para todos os âmbitos

que apoiava o regime, foi o PDS extinto em 1993, com sua fusão com o Partido Democrata Cristão e a criação do Partido Progressista Reformador.

63 Tancredo de Almeida Neves foi advogado, empresário e político brasileiro. Reconhecido como moderado politicamente e grande articulador político, após exercer vários cargos públicos foi eleito deputado federal, em 1962, 1966, 1970 e 1974. Em 1978 foi eleito senador por Minas Gerais pelo MDB. E em 1982 foi eleito governador de Minas Gerais, pelo mesmo partido. Renunciou ao governo do estado em 14 de agosto de 1984, a fim de concorrer à Presidência da República. Com a definição das eleições indiretas e fragmentação do partido do governo, o PDS, Tancredo conseguiu unir as dissidências em torno de sua candidatura, juntamente com o vice José Sarney, ex-ARENA e ex-Presidente do PDS. A chapa emedebista Tancredo-Sarney foi eleita em 15 de janeiro de 1985 com 480 votos – contra 180 do candidato do PDS, Paulo Maluf, com 26 abstenções. Em 15 de março de 1985, Sarney toma posse da Presidência da República, já que Tancredo estava internado e acometido de fortes dores abdominais. Seu falecimento ocorreu em 21 de abril, aos 75 anos de idade, causando grande comoção pública e incertezas políticas.

prestes a ocorrerem. Além de o Executivo e o Legislativo, o Judiciário estava em pleno funcionamento.

Ou seja, afora o autoritarismo *sui generis* vivido até então – uma vez que foram mantidas eleições e renovação representativa tanto para o Congresso como para a Presidência –, um amplo rol de requisitos democráticos estava contemplado.

Sob o ângulo formal e institucional não havia nada a acrescentar. Inclusive estava vigendo uma ordem Constitucional plena, a de 1967. Tanto que Tancredo Neves, nos meses que precederam a sua eleição e mesmo nas semanas posteriores, pensou fortemente em não mais convocar uma Constituinte. Preferindo, talvez, dar continuidade às limpezas constitucionais e às reformas legislativas (MONCLAIRE, 2008).

Porém, com a inesperada morte de Tancredo e a nomeação do vice José Sarney para a Presidência instalou-se um vácuo de legitimidade junto às principais lideranças políticas e até na sociedade – especialmente pela proximidade dele com os militares. Prevalecia, então, a sensação de que o processo de transição se daria sem qualquer ruptura. Aumentadas as expectativas em relação à Constituinte, a convocação de uma assembleia surgiu como um meio de contornar a situação e dar à oposição histórica sua marca democrática junto ao processo de uma nova ordem jurídica.

Com efeito, a ideia de uma nova constituição significava "oferecer a tais ou quais grupos sociais (que os políticos diziam representar) alguns dos bens jurídicos e simbólicos por eles reclamados e, dessa maneira, permitir o fortalecimento da imagem dos representantes, dos laços entre representantes e representados e do princípio de representação" (MONCLAIRE, 2008).

Ademais, juntava-se a pretensão da quase totalidade de atores sociais de que "uma nova Constituição significava, obviamente, a possibilidade de modificar mais rapidamente o que poderia ser limpado por uma série de emendas constitucionais ou pela edição de numerosas leis novas". (MONCLAIRE, 2008).

Por todo esse significado é que se pode afirmar que "ainda que seja um elemento contingente e tardio, o *processo constituinte* não se reduz à *transição*". Ele é algo mais e além, vistas as características aqui destacadas.

De qualquer forma e como se verá logo mais, rapidamente José Sarney "se mostraria favorável a uma nova Constituição, mas sob a condição que fosse escrita pelos membros eleitos da próxima Câmara e do próximo Senado Federal", o que ocorreria em novembro de 1986[64]. Tal solução, "apresentava, para ele e para os políticos moderados ou conservadores, menores riscos de marginalização política" (MONCLAIRE, 2008). Daí o motivo substancial de sua aderência ao projeto.

4.1.3 Estabelecimento das instituições aperfeiçoadas pela ditadura

Com o panorama decidido, o foco voltava-se para a manutenção da coalização que passou a dar sustentação ao governo. Assim, as possibilidades que seriam apresentadas deveriam minimamente convergir e o confronto direto deveria, a todo custo, ser evitado.

Desta maneira é que, após um primeiro momento[65], as divergências sobre o uso e a oportunidade de seu emprego naquela conjuntura logo se diluíram nas disputas seguintes do processo. Instaurada a Assembleia Constituinte, como seria de se esperar, as questões de conteúdo da futura Carta é que passaram a ganhar mais e mais relevância.

A alternativa que acabou sendo estabelecida pelas elites políticas foi a de iniciar o curso como que a partir do zero[66]. Isso significava simbolicamente renunciar sem ambiguidades à herança institucional do passado e, "em termos práticos, era a proposta de uma assembleia constituinte 'livre, soberana

[64] A referência aqui é à EC nº 26, de 27 de novembro de 1985, que convoca o Congresso Nacional para Assembleia Nacional Constituinte, como se demonstra no item 4.3 adiante. Para um aprofundamento do momento aqui apresentado, ver, dentre outros, o ensaio de Raymundo Faoro, editada um pouco antes, i.e., em 1981, e a coletânea de artigos de autoria de Miguel Reale (1985).

[65] Como nos lembra Cícero Araújo (2013), foi que, a convite do Senado, Afonso Arinos de Melo Franco, à época não parlamentar – depois com grande participação na Assembleia Constitucional de 1987-88 –, defendeu proposta de aprovação pelo Congresso de resolução legislativa, "à revelia do Poder Executivo, para convocar uma 'Constituinte instituída' – isto é, autoatribuindo-se funções constituintes – gerou controvérsia no seio dos próprios juristas simpáticos à ditadura, culminando numa polêmica pública entre Arinos e Miguel Reale, nas páginas do Jornal do Brasil, em dezembro de 1982" (ARAÚJO, 2013, p. 330).

[66] A opção de uma grande emenda à Constituição vigente (a Carta de 1967, modificada em 1969), defendida inclusive por juristas simpáticos ao regime, significava simbolicamente "um balde de água fria sobre as altíssimas expectativas democratizantes – inclusive de participação – da sociedade brasileira naquela conjuntura" (ARAÚJO, 2013, p. 366).

e exclusiva', calcada no conceito de um Poder Constituinte ilimitado e incondicionado – o Poder Constituinte 'originário'" (ARAÚJO, 2013, p. 366).

Assim, a fim de consagrar o modelo escolhido, os líderes empregaram uma solução que, como nas 'Diretas Já', incentivava uma ilusória aliança com a sociedade civil, de uma ampla campanha popular, em favor de uma nova Constituição. Essa associação deveria manter ao longo do processo um ajustado foco, isto é "um embate não disperso, mas concentrado no tempo, com começo, meio e fim e uma arena, vale dizer, um espaço bem definido para a encenação dos embates, não fragmentado espacialmente. Em suma: uma Assembleia Nacional Constituinte" (ARAÚJO, 2013, p. 367).

Entretanto, ela não poderia rejeitar de início a herança institucional, modificada ou construída pelo regime autoritário, cuja então oposição "havia logrado alterar e alargar, intervindo de dentro do 'sistema', o que lhe dava latitude para reivindicar como uma obra igualmente sua e não apenas do autoritarismo" (ARAÚJO, 2013, p. 367).

Seja como for,

> a razão para essa aposta era a mesma que havia levado o país ao lento curso da distensão para a democratização. Que nenhum ator político relevante controlava unilateralmente o desdobramento do jogo. A corporação militar continuava influente, mas há tempos não mais exercia tal controle; o ex-partido de oposição, embora forte e numeroso, também não a exercia, por sua própria dualidade interna; enfim, tampouco a sociedade civil, pelo fato mesmo de não consistir de "um" ator, mas de uma pluralidade contraditória de atores. Em suma: ainda vivia-se a *indeterminação* do processo. Se havia naquele momento um Poder Constituinte em operação, essa era sua fonte (ARAÚJO, 2013, p. 378).

Sob esse ponto, a ideia era não invocar uma lei extraordinária, como haviam feito os militares por meio dos atos institucionais. Aqui, a invocação da nova ordem se faria "com fins defensivos, isto é, para propor uma reforma dentro da estrutura constitucional, positivada por esse mesmo poder nos anos autoritários. A ênfase recaía agora sobre a legalidade, e não sobre a legitimidade" (ARAÚJO, 2013, p. 373).

Em suma, o que se propunha era uma intervenção por dentro do quadro institucional vigente – e com seu uso instrumental, com vistas a ultrapassar seus limites.

Logo, a análise desta conjuntura sugere que, ao final, o processo de criação constitucional, como será exposto logo mais, acabou por preservar grande parte das instituições, inclusive e especialmente quanto ao Judiciário, este cuja ruptura institucional não se vislumbra em qualquer momento. A novidade mais próxima a este ramo de Poder, quando revelada a nova Carta, se fez quase que tão somente quanto às liberdades fundamentais. E não com a estrutura e com as instituições então existentes.

4.2 Atuação do STF e da magistratura na constituinte

O contexto da participação do Supremo Tribunal Federal nos debates pré-ANC foi marcado pela ambivalência de ser parte interessada nas diversas questões de desenho institucional envolvidas, como também na possibilidade de virtual árbitro da constituinte, a quem caberia dar a palavra sobre os seus limites (CARVALHO, 2017, p. 41).

Considerando a forma como a Constituinte se deu e a amplitude dos direitos consagrados, tal contingência se manteve tanto no início dos trabalhos como até mesmo depois de aprovada a nova Constituição. O Supremo, portanto, acabaria sendo, de alguma forma, o avalista da nova Constituição. Tudo que levou os membros da mais alta Corte a uma nova compreensão de seu próprio papel na experiência constitucional, especialmente, no pós-1988.

Nessa mesma circunstância se deu a participação dos dirigentes dos tribunais, os quais se empenharam em questões corporativas. Já as associações de juízes ligaram-se a outras profissões jurídicas e associações populares e incorporaram demandas de centro-esquerda, pela ampliação dos direitos e garantias tanto na realização de pressão junto aos Constituintes como logo após, diante do Supremo, promovendo diversos atos que resultaram, inclusive, em novas demandas.

4.2.1 Imediata manifestação do STF por sua valorização

Com a queda do Regime Militar e a eleição mesmo que indireta do Presidente da República, os principais atores junto ao Judiciário compreenderam as oportunidades de valorização e ganhos como um todo que o momento lhes proporcionava.

Afora a preocupação inicial de que o Supremo viesse a ser obrigado a manifestar-se quanto à validade da convocação constitucional[67], isso acabou diluindo-se conforme os acontecimentos. Superada esta fase, entendia-se que "o STF poderia participar do processo como um ator relevante, já que não se discutiria mais o processo e sim o conteúdo da nova Constituição", como deixou claro seu então Ministro Moreira Alves (BRASIL, STF, 1985).

De qualquer maneira, já em 25 de fevereiro de 1985, na seção solene de posse do novo presidente do Supremo ficou visível o esfacelamento das amarras junto a este poder. Em sua manifestação, o sucedido Ministro Cordeiro Guerra afirmou que aquele seria um momento de "intensa emoção, porque se reafirma[va] a confiança no futuro da Pátria e o princípio da autonomia do Poder Judiciário, somente submisso à Constituição e às leis. Felizes os povos que podem aspirar, pelo próprio valor, ao desenvolvimento com liberdade, sob a proteção do Poder Judiciário" (BRASIL, STF, 1985, p. 3).

A relação feita pelo novo presidente de que o futuro da pátria se daria pela autonomia e independência da função judiciária não seria por acaso. Já que

[67] Importante destacar que inicialmente nem todos os atores se colocaram desta maneira. O Ministro Oscar Dias Corrêa considerava injustificada a Constituinte, já que não haveria ruptura da ordem jurídica: "De início, devo repisar o que tenho dito, recentemente: preocupa-me, sobremaneira, nesta hora, a convocação de uma Assembleia Constituinte. Continuo sustentando que a Constituição só se explica quando há ruptura da ordem jurídica, impondo-se reestruturá-la em novos moldes, substancialmente" (*sic*) (CORRÊA, 1985, p. 23). Entendia ele justificada apenas a reforma da Constituição, pois o problema central não era o texto, mas sim sua inexecução. Haveria sim a necessidade de se desmistificar ideologias e demagogias quanto ao momento: "Repito e repito: precisamos deixar de viver de *slogans*, que não só não têm resolvido os nossos problemas, como os têm agravado" (CORRÊA, 1985, p. 24). Após a participação em diversos simpósios e eventos no início de 1985, acabou o ministro por reuni-los num livro denominado **A crise da Constituição, a constituinte e o Supremo Tribunal Federal**, publicado, em 1986, pela Revista dos Tribunais.

se pretendia que esta tomasse o lugar de protetor onipresente das liberdades antes reprimidas.

Ademais, essa construção ideacional, da mesma forma, seria oposta em diversos outros momentos da própria ANC, bem como durante todo o debate da Emenda Constitucional nº 45, de 2004, como se mostrará adiante.

Destarte, o empenho desses agentes já se dava junto às renovadas forças políticas. A fim de garantir a influência da função judicial junto às reformas constitucionais vindouras, neste mesmo evento, o Ministro Sydney Sanches tornou público os anseios ao recém-eleito Presidente da República, Tancredo Neves, de que o Tribunal já havia deixado "claro o desejo e o empenho da Corte em ser ouvida sobre eventuais reformas constitucionais atinentes ao Poder Judiciário, a fim de que possa prestar sua imprescindível colaboração, com oferecimento de sugestões ditadas pela experiência de seus integrantes" (BRASIL, STF, Relatório, 1985, p. 10).

E, na mesma sessão, o novo presidente do Supremo, Ministro Moreira Alves, fazendo coro à pretensões de maior influência e poder, afirmou sua convicção quanto à proeminência do Judiciário, junto ao panorama que se apresentaria, assim:

> Ascendo à Presidência desta Corte em momento delicado como soem ser os em que o País ingressa em nova fase política, referto e dificuldades de natureza vária, e não menos de aspirações e de expectativas. (...). Daí, a responsabilidade que lhe cabe [ao Judiciário e ao STF] – e responsabilidade que resulta da parcela de poder político que detém – nas épocas em que se aguçam as angústias pelos problemas da Justiça, que não se enfrentam com diletantismos, muito menos com experimentações, jamais com os olhos postos no aplauso imediato (*sic*) (BRASIL, STF, Relatório, 1985, p. 24).

Mesmo assim, com a fixação de posição da mais alta Corte junto ao processo que se iniciava, é fato que o debate constituinte também se definiu pela mobilização corporativa da magistratura, que ultrapassava a direção institucional do Supremo.

Também, ao passo que os dirigentes dos tribunais se empenharam em questões corporativas, as associações de juízes ligaram-se às outras profissões jurídicas e associações populares e incorporaram demandas de centro-esquerda, pela ampliação dos direitos e garantias (KOERNER e FREITAS, 2013, p. 145).

Essa 'pluralidade' de atuação dos membros do Judiciário acabou por render-lhes frutos em várias frentes e consagrou sua influência no panorama nacional, como o *alter ego* da nação. Iniciando-se, outrossim, uma construção ideacional da relevância e proeminência do Judiciário como um todo para as liberdades e a salvaguarda dos direitos individuais.

4.2.2 'Sugestão' do Supremo à Comissão Afonso Arinos

Em 30 de junho de 1986, o Supremo Tribunal enviou à Comissão Provisória de Estudos Constitucionais[68], conhecida também como Comissão Afonso Arinos[69], suas sugestões para a reforma do Judiciário na Constituinte que estaria por vir.

Em suas propostas os ministros do STF defenderam a continuidade da forma de organização e atribuições da Corte. Ademais de incorporar opiniões dos magistrados pelo fortalecimento institucional do Judiciário e outras alterações menos relevantes.

De outra banda, a possiblidade de criação de um tribunal que albergasse parte de suas atribuições era vista com forte ressalva pelos membros do STF e da magistratura – especialmente quando se dizia da criação de uma Corte Constitucional.

68 A Comissão Provisória de Estudos Constitucionais, que acabou sendo conhecida pelo nome de seu presidente Afonso Arinos, havia sido uma promessa de Tancredo Neves. José Sarney, após assumir, acabou cumprindo a promessa, criando-a pelo Decreto nº 91.450, de 18 de julho de 1985. Como se verá mais adiante, a fim de se evitar o que se chamava de 'intromissão' do Executivo junto à Assembleia Constitucional, o Presidente da República acabou por arquivar a proposta da Comissão.

69 Afonso Arinos de Melo Franco foi jurista, político e historiador. Foi deputado federal por Minas Gerais de 1947 a 1958. Senador eleito em 1958 – até 1966, pelo antigo Distrito Federal, com afastamentos para assumir o Ministério das Relações Exteriores. Foi nomeado em 18 de julho de 1985 como presidente da Comissão Provisória de Estudos Constitucionais. Foi eleito em 1986, pelo PFL, como senador e como Constituinte para a Assembleia Nacional Constituinte de 1987-88. Nela foi presidente da Comissão de Sistematização. Faleceu em 28 de agosto 1990, aos 84 anos, durante seu mandato de senador.

Preferiam a concepção de um tribunal restrito à justiça federal, nos moldes dos já existentes na justiça especializada, como a do Trabalho e a Eleitoral. Ou seja, diversos tribunais regionais e um tribunal superior no topo. Todos subalternos ao STF.

Os membros do Supremo e da magistratura não aceitavam dividir o prestígio que as então atribuições do Tribunal lhes proporcionavam e buscavam manter consigo todas as questões de natureza federativa – inclusive infraconstitucional – e a última palavra quanto às questões constitucionais. Isso mesmo diante de um discurso que usava da hipertrofia e incapacidade de lidar com o excessivo número de processos.

Com efeito, é o que se denota da mensagem enviada, junto da sua proposta normativa, pelo Supremo à Comissão Provisória, cujos trechos foram mantidos em seus contextos, conforme o Quadro 1 abaixo.

Portanto, de uma construção um tanto inovadora que acabaria se efetivando na Carta, eram os membros do STF explícita e incisivamente conservadores quanto às mudanças na estrutura do Judiciário. E quanto a isso se empenharam ao longo de todo o processo criador da Constituição de 1988.

Quadro 1 – Fragmento da Mensagem da Sugestão do STF enviada à Comissão Afonso Arinos

DJ de 14 de julho de 1986 [...].

II.8. Algumas alterações na atual competência originária do Supremo Tribunal Federal são sugeridas, com base em sua jurisprudência construtiva ou como decorrência de proposta de criação de vários Tribunais Regionais Federais e um Tribunal Superior Federal. [...].

II.11. **Desaprova,** por outro lado, a Corte **a ideia de se criar um Tribunal Superior de Justiça** (abaixo do Supremo Tribunal Federal), **com competência para julgar recursos extraordinários oriundos de todos os Tribunais Estaduais do País.** Isso Afetaria, sobremaneira, a autonomia das Justiças Estaduais, que ficariam sob a jurisdição de um Tribunal Federal, que não seria um Tribunal de toda a Federação como a Corte Suprema. E também essa Corte Judiciária haveria de alcançar proporções gigantescas para dar conta de suas tarefas, com os grandes inconvenientes já realçados.

II. 12. Considerou, ainda, o Supremo Tribunal Federal **injustificável sua transformação em Corte Constitucional**, de competência limitada, estritamente, a temas dessa ordem, **sem o tratamento das relevantes questões de direito federal**. É importante que um Tribunal, de caráter nacional, com jurisdição em todo o País, continue exercendo competência sobre as questões federais de maior repercussão na ordem jurídica. É importante, também, que esse Tribunal seja a própria cúpula do Poder Judiciário Nacional (...).

II.13. O Tribunal Federal de Recursos, com sua competência atual de órgão judiciário único (em todo o País), para julgamento de recursos no âmbito da Justiça Federal (além da originária que lhe é atribuída) está notoriamente sobrecarregado. Impõe-se, na verdade, uma racionalização de trabalho na Justiça Federal de 2ª Instância. Para isso é indispensável a criação de Tribunais Regionais Federais, com sede em algumas Capitais, como, por exemplo, São Paulo, Rio de Janeiro, Recife, Porto Alegre, Brasília, conforme a necessidade do serviço, **transformando-se o Tribunal Federal de Recursos em Tribunal Superior Federal**; todos competência que se especifica no texto da proposta. Em síntese, os Tribunais Regionais Federais, além da competência originária, que lhes é atribuída, teriam também a de julgamento de recursos ordinários no âmbito da Justiça Federal. E **o Tribunal Superior Federal** (afora também sua competência originária) a de **julgar recursos especiais** contra acórdãos dos Tribunais Regionais Federais, em temas envolventes da Constituição Federal, de tratado de lei federal, ou em caso de divergência de julgados, **sempre nos limites da Justiça Federal** e sem prejuízo da competência do Supremo Tribunal Federal. Essa providência seria importantíssima no combate à crise da Justiça Federal de 2ª instância, enquanto a da Justiça Federal de 1ª instância deve ser enfrentada com minúcias pela legislação complementar ou ordinária, para o que a maior autonomia orçamentária e administrativa do Poder Judiciário, nos limites da proposta, contribuiria decisivamente.

Brasília-DF, 30 de junho de 1986. Assinado: Ministros MOREIRA ALVES, Presidente, DJACI FALCÃO, RAFAEL MAYER, NÉRI DA SILVEIRA, OSCAR CORRÊA, ALDIR PASSARINHO, FRANCISCO REZEK, SYDNEY SANCHES, OCTÁVIO GALLOTTI, CARLOS MADEIRA e CÉLIO BORJA (grifos nossos).

Fonte: BRASIL, **Diário da Justiça**, de 14 de julho de 1986, p. 12289-12290.

4.2.3 Proposta de cisão do Supremo no anteprojeto da comissão

A também apelidada de Comissão dos Notáveis acabou por refletir a influência dos juristas no cenário político no final do Regime Militar. Fizeram parte seus expoentes, muitos dos quais viriam a participar em diversas posições na Assembleia Constituinte.

Deste modo, em 26 de setembro de 1986, fora publicado, no Diário Oficial, o 'Anteprojeto Constitucional' da Comissão. O documento prezava por uma concepção comunitária de Constituição, com regime semipresidencialista e ampliação dos mecanismos de participação popular direta.

No respeitante às instituições judiciais, nos lembra Koerner e Freitas que tal proposta se mantinha numa posição mais de 'centro'. Era ela contrária à "ampliação da legitimidade ativa para as ações de controle direto da constitucionalidade, avançavam limitadamente no controle das omissões constitucionais e não ampliavam a participação popular no Judiciário" (2013, p. 146).

Quanto à Suprema Corte, "o anteprojeto mantinha tanto a posição institucional já ocupada pelo tribunal, quanto a forma de organização e as atribuições múltiplas deste, que detinha o controle concentrado e difuso de normas" (KOERNER; FREITAS, 2013, p. 147). Ademais de ter sido cogitada a criação de um tribunal constitucional, pensada por José Afonso da Silva, a Comissão afinal atendeu às demandas e pressões dos ministros do STF, conservando a então estrutura.

Por outro lado, em relação à criação de um tribunal que aliviasse de alguma forma o Supremo, a Comissão Provisória acabou por sugerir, subliminarmente nas considerações, uma espécie de cisão do Supremo.

Neste ponto, o anteprojeto era ousado e inovador. O que, como veremos, acabará por influenciar nos próprios trabalhos da Assembleia Nacional Constituinte, haja vista, afora as declarações dos parlamentares, a própria similaridade entre o texto final da Carta e o apresentado pela Comissão.

O plano da Comissão de Estudos Constitucionais era de criação de um grande tribunal, com trinta e seis membros, com competência sobre todo o território nacional. Os integrantes seriam advindos de órgãos do judiciário, como juízes federais e estaduais, além da advocacia e do ministério público federal e estadual.

Tal pluralidade de membros buscava, por um lado, limitar os poderes do Executivo na nomeação dos integrantes do novo Tribunal, ao mesmo tempo em que inovava na condução de uma diversificação e um prestígio dos diversos órgãos do sistema jurídico, tanto estaduais como federal.

Além do mais, destacava-se em sua competência a revisão de julgados de tribunais federais e estaduais e modernizava no que passaria a ser chamado de 'recurso especial', quando as decisões de quaisquer tribunais da nação ofendessem a unidade da legislação infraconstitucional. Ele seria como o garantidor da compatibilidade e unidade da legislação federal em todo o território nacional. Preservando-se, no entanto, ao Supremo as questões constitucionais, mediante o já conhecido recurso extraordinário.

Desta feita, a proposta era progressista, ao passo que dividia as atribuições do Supremo Tribunal, colocando lado a lado como última instância uma Corte responsável pela legislação infraconstitucional e outra quanto às matérias que exigissem unificação e aplicação da Constituição.

Ao mesmo tempo, a sugestão mantinha com o STF as questões criminais em relação às autoridades políticas, o que lhe garantia a continuidade de grande influência junto aos demais Poderes e o preservava, nesta arena política, como representante e cúpula de todo o Poder Judiciário. Portanto, o que fazia o anteprojeto era suprimir o STF da grande quantidade de questões 'corriqueiras', sem retirar a deferência da autoridade.

Aí a distinção crucial entre as propostas do próprio STF e a da Comissão Afonso Arinos. Esta que, como veremos, acabou, ao final, por ser encampada pela Constituinte. Trata-se aqui da cisão do STF em dois.

O Quadro 2 apresenta as propostas de criação de um novo tribunal, tanto pelo Supremo quanto pela aludida Comissão.

Quadro 2 – Comparativo da sugestão do STF com a Proposta da Comissão Afonso Arinos quanto à composição do novo Tribunal

Sugestão do STF à Comissão Arinos	Proposta da Comissão à ANC
SEÇÃO III – DO TRIBUNAL SUPERIOR FEDERAL Art. 12 – O Tribunal Superior Federal, com sede na Capital da República e jurisdição em todo o território nacional, ***compõe-se de quinze Ministros*** vitalícios, com mais de 35 anos de idade, nomeados pelo Presidente da República, sendo nove dentre juízes dos Tribunais Regionais Federais; três dentre membros do Ministério Público Federal; e três dentre advogados, de notório saber jurídico e idoneidade moral. Parágrafo único. A nomeação só se fará depois de aprovada a escolha pelo Senado, salvo quanto à dos magistrados, que serão indicados ao Presidente da República em lista tríplice pelo próprio Tribunal Superior Federal, sendo obrigatória a nomeação do que figurar em lista pela quarta vez consecutiva.	SEÇÃO – DO SUPERIOR TRIBUNAL DE JUSTIÇA Art. 281 – O Superior Tribunal de Justiça, com sede na Capital da União e jurisdição em todo o território nacional, ***compõe-se de pelo menos trinta e seis Ministros,*** conforme for estabelecido em lei complementar. § 1º – Os Ministros do Superior Tribunal de Justiça serão nomeados pelo Presidente da República, dentre brasileiros, maiores de trinta e cinco anos, de notável saber jurídico e reputação ilibada, depois de aprovada a escolha pelo Senado Federal: *a)* um terço entre juízes da Justiça federal comum; *b)* um terço entre juízes da Justiça estadual ou do Distrito Federal; *c)* um terço, em partes iguais, entre advogados e membros do Ministério Público Federal ou estadual e do Distrito Federal.

Fonte: Elaborado pelo autor, com base nos documentos originais.

No quadro anterior, temos a comparação quanto à estrutura e organização do Tribunal. E por ele pode-se perceber que na proposta da Comissão Afonso Arinos o número de membros é muito maior do que sugeria o Supremo, embora em ambos houvesse a implementação do chamado 'quinto' constitucional, ou seja, o incremento de integrantes provenientes da advocacia e do Ministério Público.

Porém, são nas atribuições ou competências do Tribunal – que reflete em seu poder e influência – que as sugestões mais se divergem.

Mais uma vez, a proposta da Comissão Afonso Arinos é muito mais abrangente e completa do que a do Supremo, conforme destacado no Quadro 3.

Quadro 3 – Comparativo da Sugestão do STF com a da Comissão Afonso Arinos quanto às atribuições ou competências do novo Tribunal

Sugestão do STF à Comissão Arinos	Proposta da Comissão à ANC
SEÇÃO III - DO TRIBUNAL SUPERIOR FEDERAL Art. 13 – Compete ao Tribunal Superior Federal: I – processar e julgar originariamente: *a)* as revisões criminais e as ações rescisórias de seus julgados; *b)* os juízes do Tribunais Regionais Federais e do Trabalho, os juízes federais, os juízes do trabalho, os membros dos tribunais de Contas dos Estados e do Distrito Federal e os do Ministério Público da União, nos crimes comuns e de responsabilidade; *c)* os *habeas corpus* e mandados de segurança contra ato de Ministro de Estado, Presidente do Tribunal ou de seus órgãos e membros, e do responsável pela direção da Política Federal; *d)* os conflitos de jurisdição entre seus órgãos, entre tribunais Regionais Federais, entre os Tribunais Regionais Federais e juízes subordinados a outros Tribunais Regionais Federais, e entre juízes subordinados a tribunais diversos. II – julgar, em recurso ordinário, os *habeas corpus* e mandados de segurança decididos, originariamente, pelos Tribunais Regionais Federais. III – julgar, mediante recurso especial, as causas decididas em única ou última instância pelos Tribunais Regionais Federais, ***quando a decisão contrariar dispositivo da Constituição***, violar letra de tratado ou lei federal, declarar sua inconstitucionalidade, ou divergir de julgado do Supremo Tribunal Federal, do próprio Tribunal Superior Federal ou de outro Tribunal Regional Federal.	SEÇÃO - DO SUPERIOR TRIBUNAL DE JUSTIÇA Art. 282 – Compete ao Superior Tribunal de Justiça: I – processar e julgar originariamente: *a)* os membros dós Tribunais Federais Regionais, dos Tribunais Regionais Eleitorais e do Trabalho e os do Ministério Público da União que oficiem perante Tribunais; *b)* os mandados de segurança e o *habeas data* contra ato do próprio Tribunal ou do seu Presidente; *c)* os *habeas corpus*, quando o coator ou o paciente for qualquer das pessoas mencionadas na letra *a* deste artigo; *d)* os conflitos de jurisdição entre juízes e os Tribunais Federais Regionais; entre juízes e os Tribunais dos Estados ou do Distrito Federal e dos Territórios; entre juízes federais subordinados a Tribunais diferentes; entre juízes ou Tribunais de Estados diversos, incluídos os do Distrito Federal e dos Territórios; *e)* as revisões criminais e as ações rescisórias dos seus julgados; II – julgar em recurso ordinário: *a)* os *habeas corpus* decididos em única ou última instância pelos Tribunais Regionais Federais **ou pelos Tribunais dos Estados, do Distrito Federal e dos Territórios, quando a decisão for denegatória**; *b)* os mandados de segurança decididos em única instância pelos Tribunais Regionais Federais ***ou pelos Tribunais dos Estados, do Distrito Federal e dos Territórios, quando denegatória a decisão;*** III – julgar, em recurso especial, as causas decididas em única ou última instância pelos Tribunais Federais Regionais ***ou pelos Tribunais dos Estados, do Distrito Federal e dos Territórios***, quando a decisão recorrida: *a)* contrariar tratado ou lei federal, ou negar lhe vigência; *b)* **julgar válida lei ou ato do Governo local, contestado em face de lei federal**; e *c)* der à lei federal interpretação divergente da que lhe haja dado outro Tribunal, o próprio Superior Tribunal de Justiça, ou o Supremo Tribunal Federal. Parágrafo único – ***Quando, contra o mesmo acórdão, forem interpostos recurso especial e recurso extraordinário, o julgamento deste aguardará a decisão definitiva do Superior Tribunal de Justiça, sempre que esta puder prejudicar o recurso extraordinário.***

Fonte: Elaborado pelo autor, com base nos documentos originais. Os grifos também são do autor.

De qualquer forma, a proposta da Comissão Afonso Arinos formalmente não foi encaminhada[70] pelo então Presidente da República José Sarney à Assembleia Nacional Constituinte. Embora, no ponto aqui em discussão, saísse ela vencedora na nova Carta Constitucional. O que exigiu um enfrentamento mais direto entre os diversos atores naquela arena nacional.

4.2.4 Recusa do Judiciário ao anteprojeto Afonso Arinos

Logo após a publicação do anteprojeto da Comissão Afonso Arinos, o descontentamento da magistratura se espalhou na imprensa. Já em 20 de setembro de 1986, no X Congresso Brasileiro de Magistrados, com o tema 'O Poder Judiciário e a Constituinte", promovido pela Associação dos Magistrados Brasileiros (AMB), em Recife-PE, expressavam-se, contundentes, os juízes, contra o anteprojeto da Comissão. Buscavam eles marcar posição, especialmente pela independência e autonomia da função judiciária. Pois, segundo o discurso ideacional por eles em difusão, somente assim haveria Justiça e consequentemente democracia. E, no ponto, eram incisivamente contra a criação de um tribunal, nos termos do anteprojeto, como ficou consignado, em seus Anais, na parte referente às 'moções aprovadas na sessão plenária', a aquiescência de seus oitocentos e três juízes, de que:

> 3. O Congresso [dos Magistrados], acolhendo unânime inconformismo expresso pela Associação Paulista de Magistrados, pronuncia-se **contra anteprojeto** elaborado pela Comissão de Estudos Constitucionais,

[70] Apesar de não ter sido formalmente encaminhado à ANC, o Anteprojeto da Comissão Provisória de Estudos Constitucionais era público. Tendo sido utilizado em diversas etapas do processo constituinte, com referências explícitas nas atas das diversas comissões da ANC. A **Folha de S.Paulo** de 18.4.1987, p. A5, no artigo 'Anteprojeto constitucional só é utilizado por alguns congressistas', registra que 'Arinos informou ontem, pelo telefone, do Rio, que muitos constituintes o têm procurado para informá-lo de que estão 'colando' o anteprojeto da comissão. Diplomaticamente, revelou apenas dois nomes. 'Fui eu que o incentivei a isso'. O senador afirmou que seria deselegante revelar todos os nomes de constituintes que estão 'fazendo cola' do anteprojeto. 'Eu poderia me esquecer de alguém'. O senador lembrou ontem que cada constituinte, ao tomar posse, recebeu um 'kit' que tinha, entre outras coisas, uma íntegra do anteprojeto. Ademais, importante lembrar que a obra 'Um pouco de direito constitucional comparado' de 2009, do Prof. José Afonso da Silva, possui o capítulo 'Influência do Anteprojeto da Comissão de Estudos Constitucionais sobre a Constituição de 1988' (LIMA, 2013, p. 9).

> nomeada pelo Executivo, notadamente quanto a dispositivos que se referem à prestação da Justiça, **à criação de mais uma instância com Tribunal Superior de Justiça**, à estrutura de órgãos e funcionamento do Poder judiciário e Ministério Público (AMB, ANAIS, 1986, p. 35, grifos nossos).

Vale destacar a preocupação discursiva em transparecer que os magistrados atuariam em defesa do Judiciário e não em causa própria, quando tratavam de assegurar benefícios de classe. Isso se deu em várias ocasiões do encontro, como se depreende, por exemplo, da fala do presidente da AMB, Desembargador Milton dos Santos Martins.

Logo mais a moção seria encaminhada ao Presidente da República José Sarney, como forma de influir junto à classe política para o atendimento dos pleitos da classe do Judiciário.

Em outra frente de atuação, os ministros do STF também compartilhavam da rejeição ao anteprojeto da Comissão, considerando inaceitável sua transformação em Corte Constitucional[71].

Ressalte-se que o Supremo era quase integralmente composto por ministros nomeados pelo Regime Militar. Dos onze integrantes, seis tinham sido indicados por João Baptista Figueiredo e apenas dois pelo então atual Presidente José Sarney.

Esse fator seria visto com reservas pela Subcomissão do Poder Judiciário e do Ministério Público, em especial por seu relator Plínio de Arruda Sampaio, dentre outros parlamentares, ao considerar que a tarefa de adaptação do ordenamento vigente à nova Carta não poderia ser confiada aos mesmos magistrados do regime autoritário.

De qualquer forma as demandas e as 'sugestões' que o STF havia encaminhado em 30 de junho de 1986 à Comissão Afonso Arinos foram as mesmas que esta Corte levou e se empenhou junto à Constituinte, como veremos nas atuações especialmente do Ministro Sydney Sanches, abaixo.

[71] Importante consignar que estiveram presentes no X Congresso os ministros do Supremo Tribunal, por seu Presidente Moreira Alves e os Ministros Djaci Falcão e Sydney Sanches. Este que, como membro da cúpula do Judiciário e ex-presidente da Associação de Magistrados, se empenharia fortemente junto aos Constituintes para alcançar os objetivos do Judiciário, como será mostrado adiante.

4.3 Convocação para a Assembleia Constituinte e sua organização

Honrando com o principal item do manifesto da 'Aliança Popular Democrática', denominado 'Compromisso com a Nação', o Presidente Sarney encaminhou ao Congresso Nacional, em 28 de junho de 1985, proposta de convocação de uma Assembleia Nacional Constituinte. Em sua mensagem ao Congresso Nacional de nº 48 (nº 330/85, na origem), destacou ele que:

> Da inelutável necessidade de manter e operar as instituições governativas vigentes, harmonizando-as à imperiosa aspiração de instaurar outras mais livres e justas, resulta o texto que ora submeto à deliberação dos Senhores Membros do Poder Legislativo da União. Por isso, nele se prevê a investidura de poder constituinte pleno nos Deputados Federais e Senadores escolhidos pelo sufrágio do povo brasileiro. Evitando tutelar o órgão de tão alta atribuição, a Proposta de Emenda limita-se a prover quanto à direção das sessões de instalação e eleição do Presidente da Assembléia Nacional constituinte e a indicar que ela funcione na sede do Congresso Nacional, como corpo único, sem a divisão própria do sistema bicameral. Esta, contudo, subsistirá nos trabalhos da Legislatura, enquanto Poder constituído e segundo as normas constitucionais em vigor. E, finalmente, fixa a duração da 1ª Sessão Legislativa da 48ª Legislatura para a promulgação da nova Constituição, e o **quorum** da maioria absoluta, que determinará a adoção do projeto e das emendas respectivas. Cumpro o dever assumido com a Nação pela Aliança Democrática. A Assembléia Nacional Constituinte realizará, sem dúvida, o grande e novo pacto nacional, que fará o País reencontrar-se com a plenitude de suas instituições democráticas. Espero que, de agora, a sociedade se mobiliza para criar a mística da Constituição, que é o caminho do **Estado de Direito** (*sic*).

Aprovada a convocação, dela resultou a Emenda Constitucional nº 26, de 27 de novembro de 1985, instituindo, em reunião unicameral da Câmara dos Deputados e do Senado Federal, uma Assembleia Nacional Constituinte com início em 1º de fevereiro de 1987 (art. 1º da Emenda).

Desta feita, sob o pleito que se realizaria em 15 de novembro de 1986, os novos 487 deputados federais e os 49 senadores – e mais 23 dos 25 senadores eleitos em 1982 – em um total de 559 membros se daria o corpo da Assembleia Constituinte. Seria a mais longa das quatro outras Constituintes brasileiras.

Na modalidade congressional, deu-se início aos trabalhos em 1° de fevereiro de 1987 e sua conclusão em 5 de outubro de 1988, quando foi promulgada, por seu Presidente Ulysses Guimarães, a nova Constituição da República.

Quanto à sua organização e distribuição dos trabalhos e funções, logo na sessão solene ocorrida no plenário da Câmara dos Deputados e presidida pelo Ministro Moreira Alves, presidente do Supremo Tribunal Federal, deu-se início aos trabalhos da Assembleia Nacional Constituinte, na conformidade da Emenda nº 26.

Por seu Regimento Interno, aprovado logo mais em 25 de março de 1987 – constante da Resolução nº 2, de 24 de março de 1987, alterado pela Resolução nº 3, de 6 de janeiro de 1988 –, os trabalhos do corpo constituinte se desenvolveriam em sete fases. Estas se desdobrariam em 25 outros momentos distintos. As primeiras grandes fases constavam de: 1. preliminar ou inicial, composta da instalação da ANC, eleição do presidente e a elaboração do regimento interno provisório; 2. elaboração do Regimento Interno; 3. Comissões e Subcomissões Temáticas e Comissão de Sistematização; 4. Reforma do Regimento; 5. a fase junto ao Plenário; 6. Comissão de Redação Final; e 7. a fase final, compreendendo a promulgação e a publicação do texto constitucional.

O formato empreendido para o desenvolvimento dos trabalhos se apresentava eminentemente descentralizado. Iniciava com atividades independentes e simultâneas das subcomissões e era afunilado no sentido das comissões. E, posteriormente, concentrado na Comissão de Sistematização e nos processos de votação em plenário.

Em 1º de abril de 1987 foram instaladas as oito comissões temáticas (arts. 13 e 15 do RI-ANC) e, em 7 de abril, suas 24 subcomissões, sendo três subcomissões por cada uma das comissões[72]. Em 9 de abril, a Comissão de

[72] O art.15 do Regimento Interno define as Comissões e as Subcomissões, assim: I – Comissão da Soberania e dos Direitos e Garantias do Homem e da Mulher, tendo como Subcomissão: a) Subcomissão da Nacionalidade, da Soberania e das Relações Internacionais; b) Subcomissão dos Direitos Políticos, dos Direitos Coletivos e das Garantias; e c) Subcomissão dos Direitos e Garantias Individuais. II – Comissão da Organização do Estado, tendo como Subcomissões:

Sistematização foi instalada. A fase que encerraria estes dois momentos fora inicialmente prevista para 5 e 6 de maio, respectivamente.

Como já assinalado, as atividades iniciaram-se pelas subcomissões, as quais eram responsáveis por apresentar um esboço de texto preliminar em sua respectiva área (arts. 14 e 17 do RI-ANC). Antes deveriam servir de base para suas deliberações as sugestões encaminhadas pelos constituintes e pela sociedade civil, além das reuniões e audiências públicas. Ao final, após a votação das emendas, o relator elaboraria um texto final, contendo um anteprojeto normativo que sofreria escrutínio por maioria simples.

Da mesma maneira seria o procedimento nas comissões temáticas, as quais, de modo independente e simultâneo, receberiam os anteprojetos das suas respectivas subcomissões. E, após oitiva de segmentos da sociedade e sugestões e emendas dos parlamentares, votariam o relatório aglutinado do relator, deliberando sobre um anteprojeto próprio da comissão.

Uma vez esgotadas as oito Comissões Temáticas, estas deveriam encaminhar os oito relatórios a uma nova comissão, a de Sistematização (§ 3º do art. 18 do RI-ANC). Esta era responsável por organizar os relatórios, sem a introdução de novos conteúdos, e propor um Anteprojeto de Constituição (arts. 19 e 20 do RI).

O Anteprojeto de Constituição deveria ser encaminhado ao plenário da Assembleia Nacional Constituinte para discussão, recebimento de emendas,

a) a da União, Distrito Federal e Territórios; b) dos Estados; e c) dos Municípios e Regiões. III – Comissão da Organização dos Poderes e Sistema de Governo, com suas Subcomissões: a) do Poder Legislativo; b) do Poder Executivo; e c) do Poder Judiciário e do Ministério Público. IV – Comissão da Organização Eleitoral, Partidária e Garantia das Instituições e suas Subcomissões: a) do Sistema Eleitoral e Partidos Políticos; b) de Defesa do Estado, da Sociedade e de sua Segurança; e c) de Garantia da Constituição, Reformas e Emendas. V – Comissão do Sistema Tributário, Orçamento e Finanças, com suas Subcomissões: a) de Tributos, Participação e Distribuição das Receitas; b) de Orçamento e Fiscalização Financeira; e c) do Sistema Financeiro. VI – Comissão da Ordem Econômica, e suas Subcomissões: a) de Princípios Gerais, Intervenção do Estado, Regime da Propriedade do Subsolo e da Atividade Econômica; b) da Questão Urbana e Transporte; e c) da Política Agrícola e Fundiária e da Reforma Agrária. VII – Comissão da Ordem Social, com as Subcomissões: a) dos Direitos dos Trabalhadores e Servidores Públicos; b) de Saúde, Seguridade e do Meio Ambiente; e c) dos Negros, Populações Indígenas, Pessoas Deficientes e Minorias. VIII – Comissão da Família, da Educação, Cultura e Esportes, da Ciência e Tecnologia e da Comunicação, com as Subcomissões: a) da Educação, Cultura e Esportes; b) da Ciência e Tecnologia e da Comunicação; e c) da Família, do Menor e do Idoso.

parecer do relator da Comissão de Sistematização e, finalmente, para a proposição de um Projeto de Constituição (ou um Substitutivo). O texto aprovado na Comissão de Sistematização seria, então, o documento a ser encaminhado à Mesa Diretora da Assembleia Nacional Constituinte para discussão e votação em 1º e 2º turno, em plenário (arts. 23 e 29 do RI).

Definido, seria ele remetido a uma Comissão de Redação (art. 12 da Resolução nº 3, de 1988), a qual resolveria o texto a ser promulgado, este em sessão especial, de caráter solene, destinada exclusivamente à promulgação da Constituição, declarando-se, após, a dissolução da Assembleia Nacional Constituinte (arts. 30 e 31 do RI).

4.4 O que de fato aconteceu durante o Processo Constituinte

Como relatado acima, com a definição do Regimento Interno fixou-se a estrutura e o complexo procedimento em que se dariam os trabalhos do processo Constituinte, apimentado pelas peculiaridades do sistema partidário brasileiro quanto ao critério da proporcionalidade partidária na composição das mesas (art. 13, § 2º, do RI-ANC).

As atividades das subcomissões transcorreram sem tropeços. Porém, o cronograma era muito apertado e se dilatava ainda mais com o decorrer dos acontecimentos, sofrendo em todas as instâncias constantes críticas por parte dos parlamentares.

Os textos definitivos das comissões temáticas foram encaminhados em 15 de junho e o primeiro anteprojeto de Constituição foi apresentado em 29 de junho de 1987. Com 501 artigos, após as deliberações regimentais, resultou ele no primeiro Projeto de Constituição ou Projeto-A, em 9 de julho de 1987, com 496 artigos.

Com a publicação do anteprojeto de Constituição e do Projeto-A foram eles fortemente criticados pelos membros do Congresso Nacional, pelo Executivo e pela própria opinião pública. O Projeto-A foi considerado como um documento cheio de decisões incoerentes, grande demais, cheio de particularismos, 'simplesmente terrível', um verdadeiro 'Frankenstein' como ficou conhecido (GOMES, 2006, p. 198).

Após o relator da Comissão de Sistematização Bernardo Cabral propor um novo projeto, este foi aberto a emendas, visando uma conciliação das diferentes forças políticas. Como resultado, surgiu o Primeiro Substitutivo, conhecido como Cabral-I, de 26 de agosto de 1987, com um corte de quase 200 artigos se comparado ao projeto anterior (Projeto-A).

Diante da persistência do impasse entre as diversas demandas das forças conservadoras com as mais progressistas[73], além das do próprio Presidente da República José Sarney, um novo substitutivo, não previsto regimentalmente, foi apresentado pelo relator em 5 de setembro – conhecido como Cabral-II, com 264 artigos.

As propostas constantes do projeto substitutivo Cabral-II forneciam modificações significativas em relação ao da Comissão de Sistematização. E uma solução, ao menos momentânea, acabou sendo costurada, no sentido de lançar as divergências para o futuro e aprovar o que era mais palpável a um entendimento e consequente aprovação.

Assim, em contrapartida, o substitutivo Cabral-II acabou por solucionar "muitas das questões não consensuais de forma a transferir certas decisões para uma (futura) legislação complementar (*Veja*, 2.9.1987; 30.9.1987)" (GOMES, 2006, p. 198 e 200). Ao mesmo passo em que acabava por indeterminar o processo constituinte de 1987-1988 ao longo do tempo.

As três propostas de Constituição, Projeto-A, Cabral-I e Cabral-II, permaneceram em debate por cinco meses e três dias. Até que, em 18 de novembro de 1987, a Comissão de Sistematização procedeu em definitivo sua votação e, em 24 do mesmo mês, aprovou-se, dentre as propostas, o Projeto-A, erigido pela própria Comissão de Sistematização.

Vale lembrar que a decisão desta Comissão de rejeitar as propostas de Cabral acabou por desagradar a ala mais conservadora dentre os Constituintes – haja vista que as propostas do relator atendiam mais às suas demandas.

[73] A "distinção entre conservadores e progressistas é aqui entendida de acordo com o pertencimento a certos grupos políticos durante a transição brasileira. Pertencer a um certo grupo significa ter uma visão política em comum. Membros de um mesmo grupo apresentam preferências e princípios similares. Nesse sentido, essa aliança deve ser entendida como um grupo que agregou pessoas com preferências (e princípios) similares em um período de transição: os membros dessa coalizão preferiam, naquele momento, a democracia ao autoritarismo" (GOMES, 2006, p. 201-202).

Assim, antecipando-se a esse resultado, já em 11 de novembro de 1987, os conservadores se organizaram definitivamente para implementar as alterações no Regimento Interno e possibilitar uma maior influência nos resultados do processo – como será apresentado a seguir.

De qualquer modo, com tal escolha, dentre o período de 24 de novembro de 1987 a 30 de junho de 1988, foi deliberado, em primeiro turno, o aludido Projeto de Constituição-A. Os debates, incrementados pela atuação anterior do 'Centrão', tiveram intensa participação dos constituintes. Ainda durante essa fase instalou-se a Comissão de Redação, com dezenove membros, em 21 de abril de 1988.

O 2º turno de votação durou dois meses – bem mais curto se comparado aos sete meses do 1º turno. Iniciou-se em 5 de julho, com a entrega do Projeto-B pelo Relator à Presidência da ANC e encerrou-se em 2 de setembro, com sua votação. O resultado foi nominado de Projeto-C.

Tal projeto foi encaminhado à Comissão de Redação, a qual o processou durante 19 dias e apresentou como resultado o Projeto-D. Este projeto é o que foi levado ao escrutínio do Plenário da Assembleia Nacional Constituinte em 22 de setembro de 1988.

Sua deliberação foi submetida a turno único, restando somente a fase da promulgação, a qual ocorreu em sessão solene, em 5 de outubro de 1988, com um atraso de 325 dias do cronograma inicial.

4.4.1 Aparecimento do 'centrão' e mudanças na regra do jogo

Sob o aspecto institucional, logo no início dos trabalhos da Comissão de Sistematização, um grupo de parlamentares conservadores percebeu que havia uma sobrerrepresentação das forças progressistas junto a essa Comissão, quando comparada ao Plenário da ANC. Tal desequilíbrio havia se dado quando da fixação das regras regimentais, as quais proporcionavam o poder de as lideranças partidárias indicarem os membros que comporiam a mesa de todas as Comissões (art. 12, § 5º, e art. 13, § 2º, do RI).

E, com a prerrogativa de líder da maior bancada – 54% das cadeiras –, o constituinte Mario Covas havia indicado de forma estratégica os membros mais progressistas para as mesas, notadamente, para a da Comissão de

Sistematização (SOUZA, 2001, p. 520; MARTÍNEZ-LARA, 1996, p. 99; JOBIM, 1994, p. 41, apud GOMES, 2006, p. 202).

A atitude refletida de Mário Covas estava desenhando um texto mais progressista em Direitos do que uma grande parte dos parlamentares aprovavam. E, aliado ao fato de que as próprias regras regimentais impediam a modificação do texto nas últimas fases do processo, exigiram uma resposta dos conservadores (GOMES, 2006, p. 201).

Desta feita, um conjunto de 152 constituintes, independentes da filiação partidária, reuniram-se em um grupo que ficou conhecido como 'Centrão' (Veja, 4.11.1987, apud GOMES, 2006, p. 208).

Sua demanda imediata era a alteração do Regimento Interno, a fim de que fosse possibilitada a apresentação de emendas modificativas, substitutivas e supressivas, além da inversão do quórum de maioria de 280 votos para alterações, passando a ser para inclusão e modificação de qualquer parte do projeto (art. 1º, § 1º, da Res. nº 3/88) e teriam preferência automática. Ou seja, seriam votadas em primeiro lugar, sem a necessidade de apresentação e votação de um requerimento de preferência de votação (art. 1º, § 2º, da Res. nº 3/88). "Eram as chamadas emendas coletivas de que o Centrão pretendia fazer uso para alterações mais substantivas no Projeto-A" (GOMES, 2006, p. 210).

Assim, com a apresentação da proposta de alteração, em 5 de janeiro de 1988 ela foi aprovada 'em globo', alterando o Regimento até então em vigor. Em 6 de janeiro, por meio da Resolução nº 3, foi publicada a alteração no Diário da Assembleia Nacional Constituinte, com total vitória do 'Centrão'.

Como nos lembra Sandra Gomes (2006), as novas regras davam mais espaço às modificações textuais do plenário, o que significava também que o processo constituinte não estava próximo de terminar. Ainda assim, essas mudanças não garantiram todas as vitórias que o 'Centrão' esperava. Pois, os líderes desse bloco logo perceberam que em algumas questões as opiniões e preferências também não eram consensuais dentro do grupo. O 'Centrão' viria a sofrer várias derrotas no decorrer do processo.

> No entanto, ainda que se tenha apresentado como um bloco unido contra as limitações impostas pelo Regimento Interno, o Centrão era um grupo bem heterogêneo quando se tratava de alterar aspectos substantivos do Projeto de Constituição. De fato, o Centrão parece

> ser melhor entendido como uma coalizão de veto que se uniu para a alteração do Regimento Interno – nos termos discutidos por Tsebelis (1997) – e não como um grupo unido e propositivo (GOMES, 2006, p. 211).

Nessa mesma conjuntura de peculiaridade do sistema partidário brasileiro – que revela a indeterminação da política, inclusive no momento fundamental que era a Constituinte –, mesmo o PMDB tendo a maior bancada, ele não se expressava homogeneamente. E com isso possibilitava a criação de alianças de veto e ou de demandas específicas, independentemente da indicação partidária.

Assim, as próprias pressões advindas do jogo democrático forçariam também uma futura descontinuação, uma vez que se tornou claro que as preferências políticas dentro do maior partido na ANC haviam se distanciado o suficiente para arregimentar membros que preferiram romper com o governo e formar um novo partido político – o Partido da Social Democracia Brasileira – PSDB, de oposição ao governo Sarney (GOMES, 2006, p. 202).

De mais a mais, outra evidência que sugere não ter havido ruptura institucional quando do processo Constituinte, em particular no Judiciário, como argumentado aqui no item 4.1.3, é que justamente os embates e a posterior 'dispersão' do 'Centrão' deram-se eminentemente por motivos relacionados à heterogeneidade de interesses voltados ao quadro de direitos e liberdades individuais e atuação estatal na sociedade a que estava sendo configurado naquele momento. Restando amplamente conciliados com o entendimento da continuidade das instituições moldadas pelo Regime Militar.

4.5 Debate na ANC sobre a criação do Superior Tribunal de Justiça

4.5.1 Subcomissão do Poder Judiciário e do Ministério Público

Para uma melhor análise, após uma apresentação da formação e dinâmica dos trabalhos da Subcomissão do Poder Judiciário e do Ministério Público, ela foi dividida em cinco tópicos, a saber: a fase das audiências públicas, a da apresentação do primeiro relatório ou anteprojeto, os debates relativos ao anteprojeto, as emendas modificativas daquele texto e a apresentação do relatório final e sua deliberação.

Seguindo o Regimento da ANC, em sessão do dia 7 de abril de 1987 foram eleitos para presidir a subcomissão o Constituinte José Costa, do PMDB-AL, tendo como 1º vice Jairo Carneiro, do PFL-BA, e como 2º Vice Plínio Martins, do PMDB-MS. Como relator, Plínio de Arruda Sampaio, do PT-SP (BRASIL, Diário da ANC, 1987, p. 94).

Ao todo ocorreram nove reuniões ordinárias e dez extraordinárias, totalizando vinte reuniões, computando-se entre elas a designada para eleição da mesa. Ademais, foram catalogadas cerca de duas mil sugestões[74] de pessoas do povo referentes aos temas debatidos na Subcomissão do Judiciário e do Ministério Público.

Já neste momento inicial estava claro para os parlamentares que se faria necessário realizar contatos diretos entre e com os diversos atores que buscavam influenciar a subcomissão, como se expressou o relator Plínio de Arruda Sampaio, na 3ª reunião ordinária, de 14 de abril de 1987. Ademais, deixou ele explícito que as diversas questões, caso não fossem atendidas na subcomissão, teriam chance de serem acatadas em momento posterior (BRASIL, Diário da ANC, 1987, p. 125).

Nesse sentido, importante destacar também a ampla presença[75] de representantes de diversos segmentos e classes relacionados à temática da

[74] O Presidente da Subcomissão Constituinte José Costa-PMDB fala ainda em um banco de dados de 70 mil sugestões da sociedade, as quais foram encaminhadas ao presidente da Constituinte. Tendo papel relevante na gestão dessas informações o Prodasen – Centro de Informática e Processamento de Dados do Senado Federal (DIÁRIO ANC, supl.79, junho/1987, p. 120-121).

[75] Por exemplo, na 1ª reunião extraordinária, em 13 de abril de 1987, a do Procurador-Geral da República, Sepúlveda Pertence, os "representantes do Ministério Público de quinze Estados brasileiros, além de Procuradores-Gerais dos Estados, Corregedores-Gerais, Juízes do Trabalho, Ministério Público do Trabalho, Delegados de Polícia e advogados". Na 7ª reunião extraordinária, em 28 de abril de 1987, a "presença do ministro Tenente Brigadeiro-do-Ar Antonio Geraldo Peixoto, Presidente do Superior Tribunal Militar, ministro Marcelo Pimentel, Presidente do Tribunal Superior do Trabalho; e ministro Sidney Sanches, representando o Presidente do Supremo Tribunal Federal". Na 6ª reunião ordinária, em 24 de abril de 1987, "registro com muita satisfação e com muita honra a presença de nosso Relator-Geral Egídio Ferreira Lima, (...) e, bem assim, o Presidente do Conselho Federal da Ordem dos Advogados do Brasil, Dr. Márcio Thomas Bastos".

subcomissão, os quais acompanharam as audiências públicas e os debates junto a ela[76]. Isso se deu pelo momento único de influenciar nas deliberações das pautas. Como autoridades públicas, muitas delas eram convidadas a comporem a mesa durante a sessão e assim gozavam de seu prestígio perante os demais.

Relativamente à dinâmica dos trabalhos, saliente-se que a subcomissão funcionou composta por dezoito membros, sendo que nem todos os partidos preencheram suas vagas. E, ademais, muitos dos parlamentares se faziam ausentes às reuniões, pela opção de estarem em outras subcomissões ou mesmo comissões e ou em razão da continuidade dos trabalhos congressuais paralelamente aos da ANC.

No geral, os membros desta subcomissão buscaram já de início emplacar os interesses que defendiam (para manter e/ou para alterar o já disposto) e dentre as variadas demandas estavam a da criação da Justiça Agrária, a melhora da Justiça do Trabalho como um todo e dos Tribunais Militares, das garantias do Ministério Público e Defensorias Públicas, a estatização das serventias extrajudiciais e questões relativas às polícias. O que depois, com o 'sentir dos passos' entre os diversos atores, foi-se diluindo em questões às quais se identificavam mais prementes.

Igualmente, logo de início, foram testados os limites da própria subcomissão quanto aos caminhos dos trabalhos que se seguiriam. De forma inaugural, foram colocadas em discussão matérias como a da dualidade ou unidade do Judiciário – que abarca o sistema federativo etc., o que logo mais se dissipou, concentrando-se em questões mais efetivas, independentemente das temáticas prefixadas, inclusive quanto aos assuntos das audiências públicas.

Preocupados com a necessidade de se dar operacionalidade, muitos constituintes sugeriram fossem os trabalhos pautados, informalmente, no projeto da Comissão de Estudos Constitucionais Afonso Arinos, como fez o parlamentar Leite Chaves, do PMDB-PR. Porém, peso maior nesta subcomissão tiveram as 'Sugestões' encaminhadas pelo Supremo Tribunal aos parlamentares, frequentemente referenciada por eles em suas falas.

[76] Foram agendados no mesmo período em Brasília-DF encontros organizados pelos diversos grupos sociais que visavam, de alguma maneira, persuadir a seu favor várias temáticas da ANC. São eles, dentre outros, V Encontro de Presidentes de Tribunais de Justiça, nos dias 13 e 14 de maio de 1987 e o da Ordem dos Advogados do Brasil no mesmo mês.

Quanto ao objeto deste estudo, tiveram destaque nesta subcomissão, como membros constituintes, além do próprio relator Plínio de Arruda Sampaio, do PT-SP, o parlamentar Maurício Corrêa, do PDT-DF – que, como veremos adiante, tornou-se ministro do Supremo entre dezembro de 1994 e maio de 2004 – e Michel Temer, do PMDB-SP, todos com intensa participação nos debates e nas articulações com outros atores, como veremos no decorrer deste capítulo.

4.5.1.1 Audiências públicas sob o foco do Judiciário e a criação do STJ

Na fase das audiências públicas, foram ouvidos diversos segmentos da sociedade[77], com intensa participação de grupos organizados ou corporações. Cada um buscava benefícios próprios, muitas vezes diretamente desvinculados de um interesse público maior.

Uma das primeiras a falar foi a Associação dos Magistrados do Brasil, representada por seu presidente, Desembargador Milton dos Santos Martins, que defendeu posição já conhecida e em comum acordo com os demais segmentos da magistratura, inclusive o STF. Formalizou publicamente na audiência pública (2ª reunião extraordinária, em 14.04.1987) a entrega à subcomissão de projeto elaborado por ela, a qual buscaria ganhasse votos durante o processo (BRASIL, Diário da ANC, 1987, p. 128 e ss.).

Tal Associação foi enfática ao defender que a demora na prestação jurisdicional e seu alto custo não decorreriam de culpa dos magistrados, "que se

[77] No dia 14 de abril de 1987, na 3ª reunião ordinária, foram ouvidas a Ordem dos Advogados do Brasil, a Associação Brasileira dos Magistrados, a Confederação Nacional do Ministério Público e a Associação dos Serventuários da Justiça. No mesmo dia, mas como 2ª reunião extraordinária, falou o senhor Antonio Carlos Faccioli Chedid, Presidente da Associação Nacional dos Magistrados do Trabalho, ANAMATRA, o Desembargador Milton dos Santos Martins, Presidente da Associação Brasileira dos Magistrados e Dr. Reginald Felker, Presidente da Associação Brasileira dos Advogados Trabalhistas. Na 6ª reunião ordinária, ocorrida no dia 27 de abril de 1987, palestraram os professores José Lamartine Corrêa de Oliveira, Roberto de Oliveira Santos e Luis Pinto Ferreira, sobre 'Corte Constitucional'. Na 5ª reunião extraordinária, em 27 de abril de 1987, houve a exposição dos professores José Joaquim Calmon Passos e Roberto de Oliveira Santos. Na 6ª reunião extraordinária, em 22 de abril de 1987, palestraram os professores Fábio Comparato, Raul Machado Horta e Doutor Antonio Pessoa Cardoso, sobre a "Unicidade ou dualidade da Justiça". E, em 28 de abril de 1987, na 7ª reunião extraordinária, foi ouvido o ministro da Justiça, Senador Paulo Brossard.

dedicariam além de suas forças em prol do judiciário". Porém, para ela a solução paradoxalmente viria dos próprios juízes, através de sua independência funcional, administrativa e principalmente financeira[78] (BRASIL, Diário da ANC, 1987, p. 128 e ss.). Sem qualquer forma de fiscalização – somente a *interna corporis* – inclusive com a extinção da previsão normativa sobre o Conselho Nacional de Magistratura.

No ponto, eram fortemente contrários à criação de um novo tribunal. Afirmavam que a criação de um tribunal intermediário, um Tribunal Superior de Justiça, faria com que houvesse mais demora na solução dos processos, "Mais uma instância, justamente quando estamos falando que os processos demoram! Mais um tribunal ainda!" (BRASIL, Diário da ANC, 1987, p. 128 e ss.).

Articulados com o Supremo, corroboravam no sentido de que o STF deveria manter-se como órgão de cúpula do Judiciário.

E para engendrarem alguma modificação na Corte, valiam-se da ideia de "integração de mais seis magistrados, eleitos pelo Congresso Nacional por sete anos, formando, com o Supremo Tribunal Federal, uma corte constitucional para resolver a matéria constitucional". Além disso, indicavam, junto dos diversos tribunais, a criação de Cortes regionais federais, com a manutenção do Tribunal Federal de Recursos acima deles e com a estrutura que se encontrava à época (BRASIL, Diário da ANC, 1987, p. 128 e ss.).

Em prosseguimento, o convidado professor José Lamartine Corrêa de Oliveira, em 27 de abril de 1987, ao falar do tema 'Corte Constitucional' afirmou que na proposta da OAB havia duas formulações de Corte – uma elaborada por ele e outra pelos advogados do Rio Grande do Sul. Baseando-se a dele nas sugestões a partir da crise do Supremo, que seria "principalmente, uma crise do recurso extraordinário". Já que, no Brasil, "como se sabe, admite-se

[78] Sob esse aspecto, muitos dos atores eram contra essa (demasiada) liberdade dos membros do Judiciário. Dentre eles, o expositor Roberto Araújo de Oliveira Santos, que se manifestou da seguinte maneira: "(...) mas eu queria, enfim, esclarecer minha posição em dar pleno apoio à ideia do Constituinte Plínio de Arruda Sampaio no sentido de que os juízes não devem ser senhores de estabelecer os seus próprios vencimentos e, em casos concretos, não devem ser senhores de julgar seus próprios interesses administrativos".- No mesmo sentido, José Joaquim Calmon de Passos: "(...). Insisto no fato de que não creio em nenhum controle *interna corporis* do Judiciário. Ou o controle é externo ou não haverá controle algum, é a mesma panaceia de sempre. (...)" (ambos na 6ª reunião extraordinária, em 27.04.1987, BRASIL, Diário da ANC, Sup. 81, jun./1987, p. 70).

que a nossa Suprema Corte ou o nosso Supremo Tribunal Federal tenha três atribuições: a de Tribunal da Federação, a de Tribunal Ordinário e a de Corte Constitucional. O nosso Supremo está acumulado por um trabalho exaustivo" (BRASIL, 1987, p. 111).

Para resolver a situação, propunha ele a criação de um Supremo Tribunal de Justiça competente para julgar todas as matérias que não a constitucional. Seria um grande tribunal, com cinquenta a sessenta juízes, um órgão uniformizador da jurisprudência, composto por magistrados de carreira, o qual, após a decisão do STF, julgaria o resíduo da matéria ordinária.

Ademais, segundo Corrêa de Oliveira, o STF dedicava-se muito mais à guarda da legislação ordinária, o que justificaria a criação de um novo tribunal que envolvesse parte da então competência da Corte. Deixando para um outro tribunal, não vitalício, estritamente às questões constitucionais.

Assim expressou ele:

> Queiramos ou não os Ministros do atual Supremo Tribunal Federal, até por estatística, lembrada por Roberto Santos e creio eu com absoluta verdade, aquilo que eles fazem em noventa por cento do tempo é julgar recursos extraordinários, que só raramente ocupam matéria constitucional. Quer dizer, os Ministros do Supremo Tribunal Federal, por hábito, são homens que julgam litígios que quase sempre envolvem uniformização de jurisprudência ou violação de lei federal. É com isto que eles estão acostumados. Sua sensibilidade profissional está voltada para o julgamento das questões ordinárias. Por isso não entendo, com a devida vênia, que o coração do Supremo Tribunal seja o de guarda da Constituição. Teoricamente é na Constituição, mas, na realidade não porque o Supremo funciona quase sempre como um Tribunal uniformizador de jurisprudência e como um Tribunal julgador da violação de leis federais. É por isso que mantenho estas atribuições para os atuais Ministros do Supremo Tribunal, incorporando-os a um tribunal maior, que seria o Supremo Tribunal de Justiça, e atribuo as funções de guarda da Constituição a um tribunal não vitalício. Muito obrigado (*sic*) (José Lamartine Correa de Oliveira) (BRASIL, Diário da ANC, 1987, p. 120-121).

Já o expositor Roberto Araújo de Oliveira Santos recomendava a manutenção do formato do Supremo, ou seja, sem a criação de uma Corte Constitucional. Nesta mesma estrutura do STF seriam estabelecidas "novas turmas com aumento moderado do número de juízes. Em vez de se criar um tribunal superior de justiça, com cinqüenta e seis membros, faríamos apenas um aumento, de onze para dezessete, num tribunal já existente" (*sic*) (BRASIL, Diário da ANC, 1987, p. 113).

Rui Machado Horta, pressentindo os efeitos de um novo tribunal ao lado do STF, fez um alerta quanto à divisão da competência do STF, sendo que a iniciativa diminuiria em prestígio a Corte como tribunal de federação.

> Outra concepção que inova o modelo constitucional brasileiro é a que propõe a criação do Superior Tribunal de Justiça, com o deslocamento para o Superior Tribunal de Justiça da competência de julgar em recurso extraordinário, como concebem algumas propostas, ou em recurso especial, como formulam outras propostas, as causas decididas em última instância pelos tribunais federais regionais ou pelos tribunais dos Estados e do Distrito Federal, quando a decisão recorrida contrariar tratado ou lei federal, ou negar-lhe vigência, julgar válida a lei ou ato do governo local contestado em face de lei federal e der à lei federal interpretações divergentes da que lhe haja dado outro tribunal, o próprio Superior Tribunal de Justiça, ou o Supremo Tribunal Federal. (...). A solução de um Superior Tribunal de Justiça, com a competência em grau de recurso, para apreciar decisões de tribunais estaduais de Segunda Instância, em matéria de lei federal, diminui o Supremo Tribunal Federal como Tribunal da Federação e cinde a competência do Supremo, eliminando um dos fundamentos de sua própria existência, qual seja a de assegurar o primado da lei federal em sua aplicação e interpretação (...) (BRASIL, Diário da ANC, 1987, p. 78).

Lembra Machado Horta, ainda, que já houve uma tentativa dessa iniciativa na Primeira República. E a proposta que tramitou no Congresso Nacional sofreu forte resistência do próprio Supremo – à época quanto à criação de tribunais regionais federais – defendendo fortemente os integrantes da mais alta Corte que as iniciativas eram contrárias à Constituição.

Outrossim, reiterando a posição já conhecida do Supremo desde a elaboração de suas "sugestões", na exposição do Ministro Sydney Sanches, em 28 de abril de 1987, insistiu ele na firme posição de que na hipótese de se desenhar um novo tribunal ou até dois novos tribunais, estes deveriam estar abaixo do STF na estrutura judiciária.

> Então já começo a pensar: não seria conveniente a criação de tribunais regionais federais nas grandes capitais do País, para resolverem os recursos ordinários contra as decisões dos juízes federais de Primeira Instância e o recurso especial, ou o recurso extraordinário para o Tribunal Superior Federal – este seria o nome – apenas para uniformizar o tratamento entre os tribunais: Tribunal Federal de Recursos, Tribunal Superior Eleitoral, Superior Tribunal Militar, Tribunal Superior Trabalhista e Tribunal Superior Federal, este, competente só para as causas da Justiça Federal, isto é, aquelas em que há interesse da União? (...). Senão a criação, também nesse nível, de um Tribunal Superior de Justiça, que seria a terceira instância da Justiça dos Estados. (...). . E se persistir o dissídio jurisprudencial entre esses tribunais superiores, a respeito de direito federal, aí, sim, através do recurso extraordinário, o acesso ao Supremo Tribunal Federal. Só na hipótese de dissídio entre decisões de tribunais superiores, na interpretação de direito federal (BRASIL, Diário da ANC, 1987, p. 89).

E reiterava que essa era a maneira de aliviar a cúpula do Judiciário. Sem deixar de ser o STF o último acesso "em matéria de direito federal, se houver divergência entre os tribunais superiores". "Se não houver divergência, melhor, não há necessidade de se chegar ao Supremo. Mas, **se houver, convém que vá para uma corte única, o Supremo Tribunal Federal**. Isso aliviaria, creio, metade do serviço do Supremo" (BRASIL, Diário da ANC, 1987, p. 89, grifo nosso).

Assim, em face da exposição dessas diversas opiniões, os parlamentares já expressavam sua preferência pela manutenção da estrutura, especialmente, do Supremo. E na simples criação de tribunais regionais federais.

Esta foi a fala, dentre outros, do parlamentar Maurício Corrêa, do PDT-DF, que se posicionava abertamente "pela manutenção do Supremo Tribunal

Federal como a Corte adequada para o julgamento das questões constitucionais". Como também de Paes Landin, do PFL-PI, no sentido de que "Confesso (...) que – não sei se é uma preocupação de preservar o Supremo Tribunal Federal – eu já temeria um pouco a criação do Tribunal Superior de Justiça. Acho que os Estados deveriam remeter as controvérsias de Direito Privado e esses conflitos de entendimento de vários tribunais estaduais diretamente ao Supremo" (BRASIL, Diário da ANC, 1987, p. 88 e 91).

Encerrada a etapa das audiências públicas, em 13 de maio de 1987, na 7ª reunião ordinária, o relator Plínio de Arruda Sampaio apresentava seu primeiro relatório. O texto, naquele momento, ainda era sujeito ao debate e a emendas.

Em seu parecer, pontuou o relator ter deixado lacunas deliberadas, pois não chegado a conclusões sobre todos os temas. Ainda, lembrou que recebeu "nada menos do que quinhentos e sessenta e cinco sugestões – algumas de uma página, outras de vinte, e outras, ainda, de um capítulo inteiro" (*sic*) (BRASIL, Diário da ANC, 1987, p. 117).

Além do mais, havia "incorpora[n]do quase todas as sugestões recebidas das Associações de Magistrados". Construindo sua posição em prol de todas as garantias clássicas da magistratura, como também de sua autonomia e independência.

E, logo no segundo capítulo, opinou pela criação de um Tribunal Constitucional, sob o fundamento da imprescindibilidade para o sucesso da nova Constituição a inauguração de um novo tribunal que a guardasse e amplamente a promovesse.

> Uma Justiça que tem de julgar agora direitos novos a uma Justiça que precise de estímulo, precisa de uma chamada e precise estar atenta a esse fato. Isso também não está no registro mental de ninguém do aparelho de Justiça. A tendência será a de se julgar de acordo com a dinâmica. Essas conversões, essas mudanças não são fáceis, sobretudo porque estão marcadas pela mentalidade das pessoas. Então, o Tribunal Constitucional[79] tem, basicamente, a tarefa de facilitar a todos

[79] Art. 13 – O Tribunal Constitucional é composto de nove ministros: três escolhidos pelo Presidente da República, três escolhidos pelo Congresso Nacional e três escolhidos pelo Tribunal Superior de Justiça.

> – desde o juiz da primeira instância até os cidadãos – a consultas ao tribunal supremo, a busca da interpretação da nova Constituição. Este é o espírito (BRASIL, Diário da ANC, 1987).

Portanto, com base nesse primeiro relatório, a estrutura do Judiciário ficaria ordenada com o Supremo Tribunal Federal, com o nome de Superior Tribunal de Justiça[80] e com a competência de apreciar as matérias de interpretação da lei federal e a da unificação da jurisprudência dos outros tribunais superiores. Ele estaria num nível superior ao dos outros tribunais superiores, mantendo-se os juízes federais, o Tribunal Superior Federal, que é o Tribunal Federal de Recursos, e criando ainda os tribunais regionais federais, para descarregar a Justiça Federal.

4.5.1.2 Debates sobre o anteprojeto e posterior delimitação das discussões

O anteprojeto[81] do relator foi recebido pelos parlamentares com duras críticas. A 8ª reunião extraordinária, ocorrida em 15 de maio de 1987 e a 9ª reunião ordinária, de 19 de maio de 1987, foram reservadas para discussões preliminares e apresentação de emendas.

Vocalizando a manutenção do *status quo*, o constituinte Paes Landin, do PFL-PI, expôs suas objeções à criação de um Tribunal Constitucional e a transformação do STF em Superior Tribunal de Justiça. Pois, era contra a ideia que, segundo ele, buscavam-se fixar, principalmente os juristas de São Paulo, de que o STF "não tem tido a sua função constitucional plenamente

[80] Art. 15 – O Superior Tribunal de Justiça é composto de quinze ministros, nomeados pelo prazo de doze anos, vedada a recondução (...).

[81] Importante apontar que os embates entre as diversas forças pressupunham, no funcionamento da ANC, uma apartidarização dos interesses. Isso se evidencia explicitamente na discussão ocorrida na 8ª reunião extraordinária, de 15.05.1987, entre o constituinte Maurício Corrêa e o relator Plínio de Arruda Sampaio, a qual transcrevemos: "Maurício Corrêa: Relator acaba de mencionar que realmente fez um trabalho reproduzindo o pensamento de seu partido político. Pelo menos foi o que entendi há pouco. Isto me leva a constatar que, mais uma vez, o Regimento pecou. Obrigou que examinássemos, trabalhássemos, estudássemos e fizéssemos essas propostas e posteriormente as encaminhássemos para, no final, nem serem consideradas. (...). Plínio de Arruda Sampaio: No único ponto, onde havia dúvida entre várias propostas, optei pela posição do meu partido. Foi a do Tribunal Constitucional. (...)" (BRASIL, Diário da ANC, 1987, p. 102).

consolidada ou plenamente usada no Brasil". Antes, entendia ele que deveriam ser modernizados mais os processos, os procedimentos, do que acusar o Supremo de omissão. E finalizou afirmando que "Não nos iludamos – digo sempre – a criação do Tribunal Constitucional não vai resolver o problema da estabilidade das instituições democráticas. (...). Então, nesse sentido, oponho-me frontalmente ao parecer do ilustre Sr. Relator. Acho que o Supremo Tribunal Federal é parte integrante hoje da consciência do País, é o guardião da Federação" (BRASIL, Diário da ANC, 1987, p. 99).

Como expoente dos interesses dos então integrantes do Supremo, na 8ª reunião extraordinária, em 15 de maio de 1987, também se manifestou o parlamentar Maurício Corrêa, do PDT-DF, no sentido de que

> A eliminação do Supremo Tribunal Federal é uma ruptura difícil de ser digerida neste momento. Basta que diminuamos as atribuições do Supremo Tribunal Federal. Vamos manter o seu nome, tirar a questão da relevância, diminuir as suas atribuições no que tange ao recurso extraordinário, para que ele – o Supremo Tribunal – não fique afogado (BRASIL, Diário da ANC, 1987, p. 102).

E, em nova manifestação, em 19 de maio de 1987, na 9ª reunião ordinária, esforçava-se o parlamentar do PDT mais contundentemente na articulação e no convencimento dos colegas. Porém, já dava indícios de que o próprio Supremo, diante da conjuntura do momento, aceitaria dividir seu poder, mediante a manutenção de certas prerrogativas.

> Acabar com o Supremo Tribunal Federal seria uma medida extremamente traumática. Sabemos que aquela Corte, ao longo da sua história, se acocorou, se subjugou à prepotência do poder, mas foi uma situação conjuntural. O Supremo Tribunal Federal tem belíssimas passagens históricas. (...). Acredito, portanto, que é importante minimizar, ou melhor, atenuar as funções do Supremo Tribunal Federal, que se encontra **sobrecarregado por uma série de atribuições, que poderão perfeitamente passar para o Superior Tribunal de Justiça.** Mantenha-se portanto, o nome Supremo Tribunal Federal, e ele ficará, evidentemente, como uma Corte Constitucional, como querem muitos

> dos que defendem esse ponto de vista, sem evidentemente violentar essa **tradição que faz lei**, no meu modo de entender. (...). Não digo que o Poder Judiciário seja o mais conservador, mas, no que tange às transformações, é o mais difícil de se penetrar em seu âmago, para promovê-las (BRASIL, Diário da ANC, 1987, p. 105, grifo nosso).

Igualmente atuando para a conservação de máximos poderes aos membros do STF, Michel Temer, do PMDB-SP, posicionando-se diversamente de sua base, acabou por interceder no sentido de que "talvez não conviesse simplesmente acabar com o Supremo Tribunal Federal. **Seria o caso de mantê-lo**" (BRASIL, Diário da ANC, 1987, p. 104). Defendendo, ademais, que era preciso entender as postulações em torno de uma Corte Constitucional. Posição pública da Ordem dos Advogados do Brasil que "insistem eles na tese de uma Corte separada do Supremo Tribunal Federal. Insistem na tese de um Tribunal Constitucional" (BRASIL, Diário da ANC, 1987, p. 104).

Ainda na 9ª reunião ordinária ficou consignado o recebimento de 593 emendas ao anteprojeto do relator. As emendas constavam de diversas propostas de alterações[82] que acabaram por concentrar seu foco no STF. Isso implicava a possibilidade de criação de um novo tribunal, ao estilo do atual Superior Tribunal de Justiça. Ou, dependendo do desenho dado ao STF – se, por exemplo, mediante nova corte constitucional – na rejeição do surgimento de qualquer nova Corte Superior.

De qualquer modo, houve forte indicação para a criação de um Tribunal Constitucional. Por essa ideia haveria a manutenção do Supremo Tribunal como até então estava na estrutura judicial, preservando-se ou não sua denominação. Buscavam a aprovação dessa proposta os constituintes Jairo Carneiro, do PFL, emendas 3C0039-1; Plínio Martins, do PMDB, emenda 3C0042-1; Maurício Nasser, do PMDB, emenda 3C056-1; Gastone Righi, do PTB, emendas 3C0193-1 e 3C194-0 e somente com a criação de um Tribunal Constitucional, sua emenda 3C0190-7; Ivo Vanderline, do PMDB, emenda

[82] Como se nota pelos debates, havia uma grande preocupação em relação às vagas destinadas ao quinto constitucional, defendidas tanto pela OAB quanto pelo MP, como também fortemente pela Magistratura. Pois, também com foco nessas vagas, as diversas forças buscavam conjuntamente uma redução das influências da Presidência da República na nomeação dos juízes junto aos Tribunais.

3C0284-9; Brandão Monteiro, do PDT, emenda 3C0386-1; Vivaldo Barbosa, do PDT, emenda 3C0509-1.

O 'rebaixamento' da cúpula do Judiciário do Supremo Tribunal encontrava forte resistência dentre os constituintes. Alegavam estes que se perderia a tradição e a experiência cumulada ao longo do tempo pelo Supremo.

Mais uma vez o mais expressivo e combativo parlamentar nessa questão foi Maurício Corrêa, o qual chegou a propor emenda, a de número 3C0387-0, em 20 de maio de 1987, no sentido de que

> A presente emenda tem como objetivo manter a atual denominação do Supremo Tribunal Federal. Essa Corte quase centenária, na vida republicana, é uma das mais expressivas instituições. Sua **alteração somente poderia ocorrer com a ruptura de um sistema político ou social**. Seu excesso de trabalho já está remediado pelo projeto do Relator com a criação do Supremo Tribunal de Justiça que julgará Significativo número de Recursos Extraordinários, dando ao Supremo Tribunal mais comodidade para o exame da matéria constitucional, que muito impressiona os juristas, mas não tem o relevo, na prática, pois, o Supremo Tribunal em 1986 proferiu 85 (oitenta e cinco) acórdãos em matéria constitucional, que constituem 1,662% do total de acórdãos do STF (...). Diga-se, ainda, que a matéria constitucional não sofre qualquer restrição regimental. Somente foram julgadas 42 argüições de inconstitucionalidade. Portanto, a matéria Constitucional não tem essa expressão numérica, que leva a transformar o Supremo em Tribunal Constitucional ou muito menos em Corte Constitucional. Aliás, esta proposta coincide com a manifestação do ilustre Prof. Miguel Reale: "A necessidade de acentuar-se a destinação constitucional do Supremo Tribunal Federal, **desvencilhando-o de atribuições no que se refere à aplicação das leis federais – que, como veremos passariam para o Supremo Tribunal de Justiça"**. É a justificação para esta emenda que esperamos seja adotada (*sic*) (BRASIL, Diário da ANC, 1987) (grifo nosso).

Este argumento aparece em diversos momentos dos debates e irá fincar vozes entre os parlamentares – ao encontro das 'Sugestões' do STF –, que apenas queriam uma adequação ou modernização, especialmente, na composição do Supremo, preservando-se tudo o mais. Com isso se evitaria uma 'injustiça' com relação ao mais tradicional tribunal brasileiro, o qual teria sido combativo durante toda sua história na prestação da justiça, necessitando somente um alívio na sua então carga de trabalho.

Desta feita, outros constituintes intentavam a criação somente de uma seção constitucional dentro do próprio Supremo Tribunal Federal. Mantendo-se, quanto ao mais, a sua mesma competência. Eram eles Jairo Carneiro, do PFL, emenda 3C0039-1; Plínio Martins, do PMDB, emenda 3C0042-1; José Carlos Grecco, do PMDB, emenda 3C0108-7; Saulo Queiroz, do PFL, emenda 3C0152-4; José Carlos Martinez, do PMDB, emenda 3C0183-4; Francisco do Amaral, do PMDB, emenda EC0236-9; Adhemar de Barros Filho, do PDT, emenda 3C0211-2; Silvio de Abreu, do PMDB, emenda 3C0565-1 e Michel Temer, do PMDB, emenda 3C0581-3.

Em um plano ainda mais conservador, havia os que defendiam tão somente um aumento no número de integrantes da Suprema Corte. Dos então 11 ministros, as sugestões variavam de 16 até 21 membros, conservando-se a vitaliciedade ou implementando-se mandatos para os integrantes. Mantendo-se, em qualquer caso, intacto o mesmo arranjo na estrutura judicial. Eram eles, Gustavo de Faria, do PMDB, emenda 3C0232-6; Messias Goes, do PFL, emendas 3C0529-5 e 3C0541-4; Prisco Viana, do PMDB, emenda 3C0553-9; Inocêncio de Oliveira, do PFL, emenda 3C0558-9 e Nelson Carneiro, do PMDB, emenda 3C0574-1.

O fato é que a manutenção do Supremo, com pequenas variações – com a seção constitucional ou não – abria a possibilidade, paralelamente ao STF, de se criar um tribunal que absorvesse parte de sua competência, particularmente no que diz respeito às questões relativas à interpretação das normas infraconstitucionais.

Neste sentido é que se tornou viável realizar propostas que criassem um grande tribunal, com 36 membros ou mais, variando na composição entre os vitalícios e eleitos por prazo determinado. Caminhavam nesse sentido as orientações de Vilson Souza, do PMDB, emendas 3C0088-9 e 3C0090-1, esta com aumento exponencial da estrutura do Judiciário; Messias Goes, do PFL, emendas 3C0531-7 e 3C0532-5, que propunha a manutenção dos 11 ministros no STF, haja vista que o Superior Tribunal de Justiça seria responsável pelo maior volume de feitos até então naquela Corte, e Nilson Sguarezi, do PMDB, emenda 3C0562-7.

Se não bastasse, estruturado com outras emendas, buscaram também – conforme havia o próprio STF recomendado em suas 'Sugestões' – manter o Supremo com a mesma estrutura e competência, com a criação abaixo dele de um tribunal superior – com competência igual a dos outros tribunais superiores, cada um em sua área de atuação – com tribunais regionais a este ligado, todos especificamente para a justiça federal. Assim foram as emendas dos constituintes Paes Landim, do PFL e Adolfo de Oliveira, do PL, emendas 3C0325-0, 3C0326-8 e 3C0327-6. No mesmo sentido, Simão Sessim, do PFL, emendas 3C0326-8 e 3C0353-5, e a de Sigmaringa Seixas, do PMDB, emenda 3C0358-6. E Ronaldo Aragão, do PMDB, emenda 3C0369-1. Humberto Lucena, do PMDB, emenda 3C0414-1, Vivaldo Barbosa, do PDT, emenda 3C0507-4 e Messias Goes, do PFL, emenda 3C0530-9.

Ainda, algumas emendas separadas, mas interligadas a outras, queriam manter o STF, criar o STJ para desafogar o STF e ainda criar o Tribunal Superior Federal e os Tribunais Regionais Federais para modernizar a Justiça Federal. Como, ao final, as propostas de Maurício Corrêa, do PDT, emendas 3C0387-0, 3C0394-2, 3C0400-1, 3C0409-4, Moysés Pimentel, do PMDB, emendas 3C0455-8, 3C0457-4, 3C0460-4, 3C0462-1, 3C0464-7.

No demais, complementando as propostas relacionadas aos tribunais superiores, encaminharam-se emendas para a transformação, algumas na manutenção do Tribunal Federal de Recursos (ou Tribunal Superior Federal) com o surgimento de Tribunais Regionais Federais abaixo dele – como fez Messias Goes, do PFL, emenda 3C0534-1. E outros com a transformação do TFR em TRF's, dentre eles, Maurício Corrêa, do PDT, emenda 3C0391-8; Humberto Lucena, do PMDB; Messias Goes, do PFL, emenda 3C0539-2 e Silvio de Abreu, do PMDB, emenda 3C0564-3.

4.5.1.3 Apresentação do relatório e sua aprovação

Em 23 de maio de 1987, agora na 9ª reunião extraordinária, foi apresentado o relatório com as emendas acatadas pelo Relator. Os destaques seriam votados logo após. E, caso fossem aprovados, obrigatoriamente deveriam ser incluídos no relatório final, que, submetido ao colegiado, seria votado.

Logo de início, o Relator Plínio Sampaio expôs as alterações que fizera desde a última versão do relatório. Afirmou ele que fundamentalmente abandonou a ideia de um Tribunal Constitucional. Deu relevo ao entendimento que se expressava majoritário na subcomissão – e das críticas que sofreu da imprensa – para "manter só um órgão de cúpula, no Poder Judiciário, em área até de uma tradição muito nossa" (BRASIL, Diário da ANC, 1987, p. 3).

Para tanto acolheu a emenda do constituinte Michel Temer, do PMDB-SP, que colocou o Supremo Tribunal como órgão de cúpula e aumentou o número de ministros, "fazendo-se duas seções básicas: uma Seção Constitucional e uma Seção Especial", amalgamada aquela junto ao pleno da Corte.

Importante foi a posição de destaque a que deu o relator, por mais de uma vez, relativa à necessidade de se inovar na organização da Justiça. Já que reputava "impossível também o fato de virmos para cá, recebermos todas as queixas e **críticas a respeito da Justiça e sairmos daqui com a mesma organização**" (BRASIL, Diário da ANC, 1987, p. 4, grifo nosso).

Quanto ao mais, acatou a ideia básica sentida em todas as emendas "de dar plena autonomia à Magistratura, ao Poder Judiciário, e plena autonomia ao Ministério Público, com os controles sociais realizados através desta Casa, através do Legislativo, porque é este que recebe do povo a representação popular para exercer a fiscalização".

Isto posto, restavam duas questões: a manutenção do Supremo ou a criação nele de uma seção constitucional para aplicar a nova Constituição.

A primeira era defendida, particularmente, por Maurício Corrêa, do PDT-DF. E a segunda, encampada agora pelo relator que cedera a uma posição conciliadora proposta por Michel Temer, do PMDB-SP.

Nas palavras de Maurício Corrêa:

> Quando apresentamos a ideia da manutenção do Supremo Tribunal Federal, tínhamos diante de nós a proposta do anteprojeto Plínio Arruda Sampaio, que criava o Supremo Tribunal de Justiça. De modo que o Supremo teria a sua competência reduzida, porque passaria para o Superior Tribunal de Justiça grande parte da matéria que hoje está afeta a ele. (...).
> A opinião, Sr. Presidente, que trago aqui, **na qual posso ser vencido, mas que vou sustentar até o final, e tenho certeza que essa tese**

> **vai ser engrossada, é a de manter o Supremo Tribunal Federal tal qual ele foi concebido**: que os Ministros sejam vitalícios, para que tenham independência, e valor moral de julgar tanto o Governo do Sr. Geisel como o Governo do Sr. Sarney, quando violentarem a nossa Constituição. Precisamos, sim, fortalecer a instituição do Poder Judiciário, através da excelsa Corte, o Supremo Tribunal Federal e não criar Tribunais constitucionais que podem servir muito bem a outros países, mas **certamente não servirão à regra, ao estilo, à formação, à tradição do Direito no Brasil** (BRASIL, Diário da ANC, 1987, p. 4, grifos nossos).

Por outro lado, era a tradição do STF e a consideração a seus ministros posta em relação à necessidade de inovação exigida pelo momento e pela sociedade, isto que foi, por reiteradas vezes, ressaltado pelo relator Arruda Sampaio.

Interessante colocar que uma proposta conciliadora – ou limitadora a duas hipóteses – não era unânime naquele momento. Isto é, havia ainda os que pregavam a necessidade de se inovar na questão de cúpula do Judiciário, haja vista a vigência da nova Carta que estaria por vir. Nesse sentido, o Constituinte Vivaldo Barbosa:

> E o Tribunal Constitucional tem muito a ver com tudo isto, Sr. Presidente. O Tribunal Constitucional será uma Corte comprometida com a nova democracia que se quer implantar. O Legislativo, com a eleição da Assembleia Nacional Constituinte, rompeu com o autoritarismo do passado. O Executivo marcará esse rompimento com a próxima eleição à Presidência da República que se quer seja o quanto antes. **E o Tribunal Constitucional marcaria o novo tempo do Judiciário no País com os compromissos democráticos, marcando nova etapa também na vida do Judiciário do País,** porque também não podemos esconder, foi muito afetado pelo período autoritário. Hoje, a Ordem dos Advogados do Brasil, a consciência jurídica do País, clama para que a Assembleia Nacional Constituinte aponte esse caminho, crie o Tribunal Constitucional para desempenhar esse papel (*sic*) (BRASIL, Diário da ANC, 1987, p. 7, grifo nosso).

Nas palavras de Michel Temer, do PMDB e do próprio Presidente José Costa (BRASIL, Diário da ANC, 1987, p. 7):

> **Constituinte Michel Temer**: O meu temor, portanto, é de que a tese mais radical – permita-me chamá-la assim – expressiva, significativa, mas mais radical, de um Tribunal Constitucional possa ser derrotada no plenário. E uma tese – também peço permissão para chamá-la assim – um pouco mais tímida, que é a manutenção do Supremo Tribunal Federal tal como hoje se acha organizado, também não tenha sucesso no plenário, e, se tiver, **não o terá perante o povo, a classe jurídica que exige, na verdade, uma inovação** (grifos nossos).
>
> **Presidente José Costa**: (...). Retiro o meu destaque e adiro completamente à solução encontrada pelo Relator e pelo Constituinte Michel Temer, porque acho que preserva o Supremo Tribunal Federal e, ao mesmo tempo, altera a sua estrutura e a sua competência de modo a **dar ao País exatamente aquilo que é uma aspiração: a modernização da nossa Suprema Corte**, que viria pela introdução de uma seção constitucional no atual Supremo Tribunal Federal (grifos nossos).

De qualquer forma, naquele momento, na Subcomissão do Judiciário, a tradição do Supremo Tribunal foi vencida pela exigência da inovação. Porém, como se sabe, o conservadorismo defendido, dentre outros, por Maurício Corrêa sairá vitorioso ao final do processo.

Também naquele momento estava vencida qualquer proposta de criação de outro tribunal ao feitio do que viria a ser o STJ. Pois, esclareça-se, o STF se manteria com a mesma organização e competência, acrescida de uma seção constitucional e com um total de dezenove membros. O que dispensava uma nova Corte.

Por derradeiro, na 10ª reunião extraordinária, no dia 25 de maio de 1987, deliberou-se sobre o relatório final do constituinte Plínio de Arruda Sampaio, do PT-SP, o qual foi aprovado. E logo mais encaminhado ao presidente da Comissão de Organização dos Poderes e Sistema de Governo, o Constituinte Oscar Corrêa – este que, adiante-se, havia sido dos quadros da ARENA e, àquele momento, fazia parte do PFL-MG.

4.5.2 Comissão de Organização dos Poderes

Mantendo a ordenação utilizada no item anterior, para uma melhor análise trabalhos da Comissão da Organização dos Poderes e Sistema de Governo, os estudos foram divididos em cinco tópicos: apresentação de sua formação e dinâmica; as audiências públicas; a mudança de posição do Constituinte Maurício Corrêa e as articulações do STF – que engloba as emendas aos textos vindos das subcomissões; o primeiro anteprojeto do relator e a posição 'mais pura' do STF; e, por fim, a votação dos destaques das emendas e a aprovação do Substitutivo da Comissão, onde se apresenta o embate de Plínio de Arruda Sampaio e Maurício Corrêa.

Ao final, é trazida uma tabela que abarca parte objetiva do texto final aprovado pela Comissão, a fim de se ter uma ideia mais ampla, além de possibilitar comparações com outros tópicos deste trabalho.

Para o início dos trabalhos da Comissão de Organização dos Poderes e Sistema de Governo, atendendo-se ao acordo entre as lideranças, foram eleitos, em 1º de abril de 1987, os integrantes da mesa. Sendo seu presidente o parlamentar Oscar Corrêa[83], do PFL-MG, o 1º vice-presidente Maurício Corrêa, do PDT-DF, e como 2º vice Dalton Canabrava, do PMDB-MG. Como relator foi designado o constituinte Egídio Ferreira Lima, do PMDB-PE.

Ao todo ocorreram sete reuniões ordinárias, muitas das quais, pelo tempo de duração, foram cindidas. Além de duas reuniões de audiência pública, totalizando dez reuniões, somada àquela da eleição da mesa.

Relativamente à dinâmica dos trabalhos, saliente-se que a Comissão funcionou composta por 63 membros. Despertando mais interesse dos seus integrantes do que a participação nas Subcomissões.

Ademais, importante salientar também que seu funcionamento resultou um pouco mais dinâmico do que o da Subcomissão do Judiciário, já que não

[83] Oscar Dias Corrêa Júnior nasceu em Belo Horizonte em 1949. Deputado estadual em 1978 pela Arena, então partido governista, e deputado federal, em 1982, pelo PDS. Em 1986 elegeu-se deputado e constituinte pelo PFL. É filho do então Ministro Oscar Dias Corrêa, do Supremo Tribunal Federal, à época da ANC de 1987-88 e que havia sido membro da Comissão encarregada de elaborar as 'Sugestões' do Supremo à Constituinte. Este era ferrenho crítico à Assembleia Nacional Constituinte e ao texto da Constituição, como vê por exemplo no **Jornal do Brasil**, de 27.09.1988, p. 9 e na **Folha de S.Paulo**, de 09.08.1988, p. A-6.

foi necessário construir um primeiro texto. Partindo-se diretamente à etapa dos debates e emendas ao anteprojeto vindo das subcomissões.

Em 29 de abril de 1987, enquanto ocorriam os debates nas subcomissões, inclusive na do Judiciário e do Ministério Público, o então Presidente da Ordem dos Advogados do Brasil, Márcio Thomaz Bastos, discorreu na Comissão sobre o tema 'Poder Judiciário e o Ministério Público na nova Constituição'.

Ao expressar a opinião da OAB, defendia que a mudança do Judiciário ocorresse desde a base até a cúpula, "com modificações sérias, com modificações estruturais e fundamentais". Acatava a ideia da autonomia financeira e orçamentária, mas sujeito a "uma forma de controle independente de seus controles internos, que seja um controle exterior"[84], com a participação da sociedade – oportunidade que teria de defender e articular para a efetiva criação do Conselho Nacional de Justiça, como demonstra-se no item 5.2.3.

No demais, sustentava a criação de um Tribunal Constitucional. E, ao lado deste, "se criaria alguma coisa parecida com uma Corte de Cassação, que é o Superior Tribunal de Justiça, este, sim, formado por juízes de carreira, em grande parte; estes, sim, com a missão específica de julgar as questões que lhes forem levadas ao conhecimento" (BRASIL, Diário da ANC, 1987, p. 14).

Com 56 juízes, dos quais 42 (3/4) seriam escolhidos dentre ocupantes de cargos da magistratura, 7 (1/8) dentre os integrantes do ministério público, e os últimos 7 (1/8) dentre os advogados no pleno exercício da profissão, este tribunal, além de julgar originariamente, nos crimes comuns, o Presidente da República, ministros e congressistas, decidiria sobre os *habeas corpus* envolvendo essas altas autoridades.

A fórmula da OAB tomava grande parte do prestígio do até então Supremo Tribunal. Se não bastasse, alcançaria a maior parte das demandas que chegavam ao STF, haja vista que tal Corte seria a responsável pelos recursos que envolvessem a violação de lei federal e a pacificação de interpretações

[84] Sob este ponto, o expositor do próximo dia, 6 de maio de 1987, Sidney Sanches, utilizando-se da autoridade de ministro do Supremo Tribunal Federal, afirmou perante a Comissão que: "Todavia, se chegarem os Srs. Constituintes à conclusão de que deva existir um controle disciplinar externo da Magistratura – integrante, que é, do Poder Judiciário – penso que deverão, por simetria, criar órgãos com idêntica função nos Poderes Executivo e Legislativo. Não tem sentido admitir que só os órgãos de um dos Poderes carecem de controle disciplinar externo" (BRASIL, Diário da ANC, 1987, p. 27).

divergentes quanto a tratados ou leis federais. As questões constitucionais ficariam a cargo do Tribunal Constitucional, resultado da transformação do STF.

O segundo dia relativo às audiências públicas, em 6 de maio de 1987, foi tomado por diversos representantes de corporações judiciárias[85], haja vista a já esperada defesa da conservação do Judiciário conhecida do palestrante, Ministro Sydney Sanches, do STF. Já que, como antes salientado, ele havia sido o relator das 'Sugestões' enviadas à Comissão Afonso Arinos e posteriormente encaminhadas à ANC.

Reafirmando a posição do Supremo de tão somente se implementar cosméticas alterações na competência originária, apoiava Sanches, porém, a criação de Tribunais Regionais Federais e de um Tribunal Superior Federal, todos com competência sobre casos que envolvessem exclusivamente a Justiça Federal.

Ainda, a desaprovação da criação de um tribunal que se incumbisse de parte da competência do Supremo, como a de "julgar recursos extraordinários oriundos de todos os Tribunais Estaduais do País". Tal se dava sob o discurso de que "isso afetaria, sobremaneira, a autonomia das Justiças Estaduais, que ficariam sob a jurisdição de um Tribunal Federal", além de que o número de membros deste tribunal, segundo o ministro, inviabilizaria sua própria existência (BRASIL, Diário da ANC, 1987, p. 23-24).

E, em continuação, argumentou que "não é bom, a meu ver, que uma Corte controle apenas a aplicação da Constituição e outra, a do direito federal". Defendendo incisivamente que uma só Corte, a mais alta, a mais equidistante e afastada da influência dos poderes públicos em qualquer nível da Federação, cuide de ambas as coisas. "Assim, o Supremo Tribunal Federal conservaria competência para as questões jurídicas mais importantes para o País a nível constitucional ou do direito federal. Efetivamente, então, seria Tribunal da Federação".

85 O presidente da Comissão Oscar Corrêa fez anunciar a presença de diversas autoridades do Poder Judiciário, entre elas do Desembargador Luís Vicente Cernicchiaro, presidente do Tribunal de Justiça do Distrito Federal, Dr. Carlos Faccioli Chedidi, presidente da Associação Nacional dos Magistrados do Trabalho, Cel. Cleber Guimarães, subchefe de gabinete do Superior Tribunal Militar, Desembargador Milton dos Santos Martins, presidente da Associação Brasileira de Magistrados, e Cel. Laurentino de Andrade Filocre, presidente da Associação dos Magistrados das Justiças Militares Estaduais (BRASIL, Diário da ANC, 1987, p. 22).

E, por fim, justificou a participação do STF nos debates da ANC, da forma já registrada acima, no sentido de que o Supremo "somente se animou a propor inovações aconselhadas pela experiência ou resultantes da firme convicção de sua conveniência para distribuição da Justiça no País". Sustentando que se houvessem de reformar o Judiciário, o foco deveria ser a 1ª instância, não os tribunais superiores: "Isso considero indiscutível. Pode-se pensar em qualquer solução na 2ª, na 3ª instâncias, mas se a 1ª não estiver bem aparelhada, a Justiça será sempre morosa e prestada a destempo" (*sic*) (BRASIL, Diário da ANC, 1987, p. 29).

Logo em seguida, ao comentar a exposição do Ministro Sydney Sanches, o relator Egídio Ferreira Lima criticou a posição conservadora do Judiciário. Para ele o "Poder Judiciário, de modo geral e sobretudo no Brasil, tem-se mostrado impermeável à modernização e à assimilação da evolução técnica e cultural quanto a sua organização e funcionamento. É fundamental que se promovam grandes inovações" (BRASIL, Diário da ANC, 1987, p. 29).

Em contraste, manifestaram-se, também, os constituintes que defendiam a posição tradicional do Supremo. Como fizera, no ponto aqui em objeto, o constituinte Paes Landim ao declarar que a estrutura do STF, "com as corrigendas que o projeto encerra, com a sugestão que o Supremo trouxe, assim como a própria Comissão Arinos, no que diz respeito à criação do Tribunal Superior Federal, que seria a substituição do Tribunal Federal de Recursos (...) é a solução mais acertada". E, mais especificamente, afirma que "Quando da arguição do Ministro Paulo Brossard V. Exa. interferiu e defendeu o Superior Tribunal de Justiça. Tenho receio de que ele comece a invadir a esfera federativa nos seus julgamentos, papel este que deve ser destinado exclusivamente ao Supremo Tribunal Federal" (*sic*) (BRASIL, Diário da ANC, 1987, p. 35).

4.5.2.1 Mudança de posição de Maurício Corrêa e a negociação do STF

Na 5ª reunião ordinária, em 9 de junho de 1987[86], o relator apresentou seu parecer sobre os anteprojetos vindos das subcomissões – entregue avulso

[86] O presidente registrou ainda a presença de diversos representantes de Associações e entidades de classe ligadas ao Poder Judiciário que, segundo o parlamentar, "durante todo o desenrolar dos nossos trabalhos prestaram, com a colaboração dos seus membros, inestimáveis serviços para a consecução final do relatório do substitutivo agora apresentado pelo

aos membros em 6 de junho de 1987. Para a elaboração do relatório, foram antes analisadas 1.454 emendas aos textos que chegaram, as quais buscaram emplacar os pontos que não tiveram sucesso na Subcomissão do Judiciário.

Sob o discurso ideacional da 'tradição' dos órgãos judiciais, do seu conhecimento pela sociedade e contra o 'gigantismo' dos tribunais, muitas das propostas visavam a preservação de sua mesma estrutura – como nas emendas sobre o STF de Humberto Lucena, do PMDB, emenda 300215-2; Nilson Gibson, do PMDB, emenda 300354-0; Inocêncio Oliveira, do PFL, emenda 300770-7; Mário Maia, do PDT, emenda 300971-8, e, ainda, de Nilson Gibson, do PMDB, emenda 300358-2, esta para a manutenção do TFR.

Outros constituintes insistiam na criação de um Tribunal Constitucional, com a transformação do STF em uma espécie do que hoje é o STJ, como na emenda 300812-6, de Vilson Souza, do PMDB, e na 301089-9 de Gastone Righi, do PTB.

Ainda, com sugestões mais 'ousadas', como a criação de um Tribunal Superior de Justiça, a fim de harmonizar a jurisprudência de todos os Tribunais de Justiça dos Estados – emendas 300522-4 e 300523-2 de Joaquim Bevilacqua, do PTB – ao lado de um Tribunal Superior Federal, como emenda 300143-1 de Paes de Andrade, do PMDB; emenda 300260-8, de Enoc Vieira, do PFL; de Expedito Machado, do PMDB, emenda 300281-1; de Bonifácio de Andrada, do PDS, emenda 300656-5; Alexandre Costa-PFL, emenda 300628-2; de Nelton Friedrich, do PMDB, emenda 301147-0; e de Michel Temer, do PMDB, emendas 301448-7 e 301449-5.

Porém, o entendimento que se consolidava era quanto à criação de Tribunais Regionais Federais[87] em cinco regiões. Alguns, nesse momento, buscavam que uma das sedes fosse em seu estado de origem.

Constituinte Egídio Ferreira Lima. Tenho a satisfação, hoje, de agradecer a todos os Senhores e a todas as entidades aqui presentes os relevantes serviços prestados à comissão e, tenho certeza, ao Brasil também". Ainda, anunciou a presença do Procurador-Geral da República, Sepúlveda Pertence, o qual foi convidado a tomar assento à mesa da Comissão.

87 Anotam-se as emendas propostas por Humberto Lucena, do PMDB, emenda 300216-2; Maurício Corrêa, do PDT, emenda 300389-2 e 300392-2 – que lembre-se, negava a necessidade de criação de um Tribunal Superior Federal específico para a Justiça Federal; José Dutra, do PMDB, emenda 300513-5; Paulo Roberto Cunha, do PDC, emenda 301043-1; Lucia Vania Abrão Costa, do PMDB, emendas 301124-1, 301125-9, 301126-7 e 301127-5 – destacando sua

Relevante para o objetivo deste trabalho destacar a posição conjugada[88] de Maurício Corrêa, do PDT-DF, e de Nelson Jobim[89], do PMDB-RS, neste momento – este com as emendas 301059-7 e 301061-9 – que teriam, ambos, sucesso para além da aprovação na ANC das questões sobre o Judiciário[90].

Já que Maurício Corrêa, atuante na Subcomissão do Judiciário, mudou sua postura então arraigada ao conservadorismo do sistema judicial para, em um eventual ajuste com os membros do STF, advogar a criação de uma estrutura abaixo deste, desde que fosse mantida a influência e o prestígio do Supremo como cúpula do Judiciário. Isto é, a promover a ideia que mais bem atendesse aos seus interesses, a qual passava então a ser a aceitação da origem do Superior Tribunal de Justiça em troca da derrubada dos pontos já aprovados na Subcomissão – isto é, o mandato dos membros do STF e nele uma sessão constitucional.

Ademais, era palpável a ideia, diante da grande influência dos progressistas nas fases seguintes da ANC, que se avançasse na proposta já fixada na Subcomissão e se aprovasse uma Corte eminentemente Constitucional, com a última palavra nas questões jurídicas e como cúpula de poder.

Portanto, passaram a defender esses parlamentares que o Judiciário deveria ser exercido, no ponto, pelo Supremo Tribunal Federal, pelo Superior Tribunal de Justiça e pelos Tribunais Regionais Federais e seus juízes. E que

discordância quanto à criação de um Tribunal Superior Federal; Paulo Macarini, do PMDB, emenda 301239-5. E, por fim, Michel Temer, do PMDB, emenda 301430-4.

[88] Não se desconhece a posição favorável à manutenção do STF de Paes Landin, do PFL – emenda 300899-1, ou com pequenas mudanças para caber o STJ, como as de Leur Lomanto, do PFL, emenda 300964-5. No entanto, não se conseguiu encontrar elementos que evidenciassem alguma interlocução com outros atores, a não ser a convicção deles próprios.

[89] Nelson Azevedo Jobim nasceu em 1946, em Santa Maria-RS. Advogado e professor universitário. Como político, foi deputado federal em duas legislaturas – 1987 a 1995, como também constituinte na Assembleia de 1987-88. Indicado pelo Presidente Fernando Henrique Cardoso foi aprovado pelo Senado como ministro do Supremo Tribunal Federal, com posse em 15 de abril de 1997, aposentando-se voluntariamente em 29 de março de 2006. Foi nomeado ministro da Defesa pelo Presidente Luís Inácio Lula da Silva, em 25 de julho de 2007, deixando o cargo em 4 de agosto de 2011.

[90] Como destacado em nota anterior, assim como Maurício Corrêa, Nelson Jobim também viria a ocupar uma cadeira como ministro do Supremo Tribunal Federal. O que talvez possa indicar um fino alinhamento de interesses dos ministros do Supremo à época da ANC, com os de Maurício Corrêa e Nelson Jobim, para a preservação do poder e do prestígio da Corte.

a competência tanto para a última palavra em questões constitucionais como legislativas se mantivesse com o STF.

Vejamos sua justificativa na emenda 300377-9 de Maurício Corrêa:

> Conveniente será, entretanto, a criação, no âmbito do Poder Judiciário da União, do Superior Tribunal de Justiça, ao lado dos Tribunais Regionais Federais e dos Juízes Federais, substituindo o Tribunal Superior Federal, previsto no Anteprojeto, ao qual se deslocariam competências, hoje, exercidas pelo Supremo Tribunal Federal, especialmente, no que concerne a recursos, quando a decisão, de única ou última instância de Tribunais Federais Regionais ou de Tribunais dos Estados ou do Distrito Federal e Territórios contrariar tratado ou lei federal, ou negar-lhe vigência, ou, ainda, julgar válida lei ou ato do governo local, contestado em face de lei federal, ou dando à lei federal interpretação divergente da que lhe haja dado outro Tribunal, o próprio Superior Tribunal de Justiça, ou o Supremo Tribunal Federal. Com isso, reserva-se ao Supremo Tribunal Federal, de forma ainda mais ampla, o controle da constitucionalidade das leis e atos de governo (...). A guarda da Constituição terá, assim, no Supremo Tribunal Federal, ampliados os mecanismos de sua exceção. O Superior Tribunal de Justiça substitui, ademais, o Tribunal Federal de Recursos, cuja estrutura administrativa pode ocupar (BRASIL, Diário da ANC, 1987, p. 102).

E, em um conjunto articulado de emendas, capitaneadas por Maurício Corrêa, foi proposto um leve aperfeiçoamento da competência do STF – emenda 300388-4; a criação e o aumento para 36 o número de membros do STJ – emenda 300390-6; disciplina a competência do Superior Tribunal de Justiça – emenda 300391-4; e o aproveitamento dos ministros do TFR para o STJ – emenda 3004006-6. Além da criação dos Tribunais Regionais Federais, pela emenda 300389-2.

Ainda, corroboram com o entendimento aqui delineado as justificativas de tais emendas (BRASIL, Diário da ANC, 1987, p. 101 e ss.), no sentido de que foi impresso um esforço por estes parlamentares para que, de alguma forma, se vinculasse o futuro STJ com a estrutura do então Tribunal Federal de Recursos. Tal se deu, com a finalidade de amarrar a ideia de que o Superior Tribunal de Justiça seria criado abaixo hierarquicamente ao Supremo.

4.5.2.2 Primeiro anteprojeto do relator e posição 'mais pura' do STF

É bom lembrar que, após o resultado desse momento, ainda o texto passaria por debates e sugestões dos constituintes, além de novas emendas. Ao final é que se formaria o texto definitivo da Comissão, o qual seria encaminhado, após aprovação, à Comissão de Sistematização.

No ponto, o texto de 6 de junho de 1987 manteve o STF – somente aumentando para dezesseis o número de seus membros (arts. 72 e 73 do Substitutivo) – e criou um Superior Tribunal de Justiça (arts. 76 e 77 do Substitutivo). Este que, na concepção do relator, haveria de ser "indispensável, de há muito, na constelação de nossos Tribunais". Já que teria ele a competência para a interpretação da lei federal e para a unificação da jurisprudência no conflito entre Tribunais" (BRASIL, Diário da ANC, 1987, p. 3).

Com a explicação, pelo relator, da manutenção do Supremo Tribunal como uma 'Corte mais pura e ao estilo americano', passava a ganhar corpo, além da permanência do STF, a criação do STJ, a partir da cisão de parte da competência daquele:

> Quero, antecipando-me, dizer ao Constituinte Leite Chaves que a Corte Constitucional foi criada. Não mudei o nome da Corte. (...). A Corte ficou perfeitamente constituída, densa, uma bela Corte Constitucional. Ficou com as atribuições originarias, tiradas apenas algumas de menor importância, ficou com o pleno controle constitucional, inclusive no caso de omissão, podendo ela própria suprir, se o poder competente não vier a fazê-lo, em prazo determinado; deu-se uma importância, um alcance notável a questão da relevância. Essa questão, até hoje, era um expediente para evitar o excesso de trabalho do Supremo Tribunal Federal. **Hoje, todos os recursos extraordinários de outrora – a interpretação da lei federal, a unificação da jurisprudência – ficam com o Superior Tribunal de Justiça.** Preservou-se a relevância com outro alcance e com outro caráter. Naquelas questões de alta relevância, na interpretação da lei federal, o Supremo Tribunal

> Federal pode evocar ou, provocado, decidir a questão. Ele passou a ser um tribunal nobre, denso. Realmente, agora ele se aproxima do modelo americano, que imitou; aproxima-se tendo em vista a realidade nacional, dando a relevância, a meu ver, uma precisão grande (BRASIL, Diário da ANC, 1987, p. 8, grifo nosso).

No mais, instituíam-se os Tribunais Regionais Federais (arts. 78, 79 e 80 do Substitutivo), ensejando a descentralização do julgamento da matéria recursal concernente à Justiça Federal – ficando, ainda, acordado que lei complementar designaria os locais de suas sedes. E, por fim, garantia-se a independência e a autonomia financeira da função judiciária em todo o território nacional.

4.5.2.3 Aprovação do substitutivo e debate de Plínio Sampaio e Maurício Corrêa

Com a apresentação das emendas ao substitutivo do relator, os dias 12, 13 e 14 de junho de 1987 – 7ª reunião ordinária – foram reservados à sua votação e dos destaques. Por proposta do Constituinte Bocayuva Cunha, do PDT-RJ, o relator elaborou um novo texto, incorporando as emendas que acolhera e sobre este os debates se prosseguiram.

Com a deliberação e aprovação do substitutivo do relator[91], a votação se deu em relação às emendas, objeto dos destaques, os quais, lembre-se, poderiam alterar substancialmente diversos pontos do relatório.

Com o destaque da emenda nº 265, de Plínio de Arruda Sampaio, do PT-SP, buscou retomar a organização do Supremo Tribunal Federal em duas Sessões (art. 72 do Relatório), como havia sido aprovado na Subcomissão e inicialmente adotado pelo Relator Egídio. Em sua fala, afirma Plínio de Arruda Sampaio a mudança inusitada do Relator Egídio, que, inicialmente, havia apoiado uma Suprema Corte com uma sessão constitucional e nela juízes eleitos:

> Fico entristecido por saber que o Relator, que havia inicialmente colocado na sua concepção um tribunal temporário, com juízes de doze

[91] Votaram 61 parlamentares. Destes, apenas dois – Bocayuva Cunha e Vivaldo Barbosa, ambos do PDT – foram contrários ao substitutivo do relator.

> anos, renováveis de quatro em quatro, voltou atrás em sua posição e aceitou o juiz vitalício. Por que o Supremo Tribunal Federal, o mais alto, precisa ser temporário? Porque o tribunal mais alto não é apenas um tribunal técnico, que julga causas patrimoniais; é um tribunal político no senso mais nobre e mais amplo da palavra, é aquele que sintoniza a positividade do Direito com o clamor, o sentimento da Nação (BRASIL, Diário da ANC, 1987, p. 45).

Reiterou, por ainda mais uma vez, Plínio Sampaio, como necessário motivo para a aprovação, que se estaria fazendo uma Constituição nova. E para que fosse aplicada essa nova institucionalidade eram necessários novos juízes.

> Essa Constituição vai criar direitos novos, que não estão nos registros mentais de nenhum de nós nem nos registros mentais dos juízes. Imediatamente, no dia seguinte à aprovação da Constituição, vamos começar um processo em que a lei ordinária, a lei positiva vai chocar-se com o novo texto constitucional. E esta é a hora em que se afirma, jurisprudencialmente, uma Constituição, sobretudo uma Carta que vai incluir, no seu texto, a representação da inconstitucionalidade por omissão. (...). Portanto, não está no registro mental da Magistratura, de todo o sistema de jurisdição. É preciso, então, aparelhar imediatamente o Poder Judiciário, para que possa sintonizar-se com a nova institucionalidade jurídica, com a institucionalidade que ainda não é lei positiva e que vai ser uma lei positiva inconstitucional, que precisa ser revista. (...) (BRASIL, Diário da ANC, 1987, p. 44-45).

Falando por delegação do relator na defesa da manutenção do Supremo Tribunal, Maurício Corrêa, do PDT, foi intenso na defesa dos interesses dos ministros do STF. Aduziu que a pretensão de Plínio Sampaio "seria transformar o Supremo (...) numa Corte desfigurada no que diz respeito à **sua tradição**, à sua formação histórica no Brasil" (grifo nosso). E complementa, dizendo que "Querer agora transformá-lo em duas Câmaras (...) é não conhecer a realidade atual daquela Corte, que, diminuída nas suas atribuições, terá condições de examinar com mais profundidade e abrangência as matérias constitucionais" (BRASIL, Diário da ANC, 1987, p. 44).

E a motivação de Maurício Corrêa para manter o STF como na estrutura anterior era justamente a criação do Superior Tribunal de Justiça. Em suas palavras:

> Sabemos que o Supremo Tribunal Federal, hoje, pelo conceito que o Relator Egídio Ferreira Lima deu, é, na verdade, uma Corte Constitucional, porque, com a criação do Superior Tribunal de Justiça, passou a existir uma Corte intermediária entre o Supremo Tribunal Federal e as outras Cortes, para que o Superior Tribunal de Justiça receba os recursos ordinários, os recursos especiais. Deste modo, tendo o Supremo Tribunal Federal, a sua competência reduzida, ficando, portanto, com o leque mais amplo para receber e interpretar as questões constitucionais, passou a ser quase tão somente uma Corte Constitucional. (...). Portanto, mantenho-me perfeitamente em consonância com o que está no relatório do ilustre Relator Egídio Ferreira Lima. (BRASIL, Diário da ANC, 1987, p. 44).

Submetida à deliberação, ficou vencida[92] a matéria que empregava a divisão do STF em duas sessões (art. 72, § 7º, do relatório) por 34 votos contrários à mudança do relatório (votos de 'não') e 23 a favor, totalizando 57 votos.

Importante consignar ainda, embora com reflexos bem menores do que a configuração do Supremo Tribunal, a rejeição da emenda nº 266, também de autoria de Plínio de Arruda Sampaio. O texto visava acrescer ao relatório um Tribunal Federal de Recursos que se vinculasse à Justiça Federal. Todos constituídos na estrutura do Judiciário que, naquele momento da votação, era composto pelo STF e o STJ, ademais da proposta do Tribunal Federal de

[92] Votaram "**sim**" os seguintes Srs. Constituintes: Acival Gomes, Agassis Almeida, Eduardo Bonfim, Farabulini Júnior, Francisco Amaral, Hélio Manhães, Itamar Franco, Jairo Carneiro, Jorge Hage, José Costa, José Fogaça, Leite Chaves, Leopoldo Perez, Michel Temer, Nelson Wedekin, Nilson Sguarezi, Osvaldo Macedo, Plínio de Arruda Sampaio, Plínio Martins, Raul Ferraz, Rubem Branquinho, Vinícius Cansação, Vivaldo Barbosa, Ibsen Pinheiro, Tito Costa, Costa Ferreira e Marluce Moreira Pinto. Votaram "**não**" os seguintes Srs. Constituintes: Alberico Filho, Alexandre Costa, Aloysio Teixeira, Álvaro Antônio, Bonifácio de Andrada, Carlos Vinagre, César Cais Neto, Dalton Canabrava, Egídio Ferreira Lima, Erico Pegoraro, Expedito Machado, Genebaldo Correia, Henrique Córdova, Henrique Eduardo Alves, Hugo Napoleão, Humberto Souto, Jorge Leite, José Jorge, Jutahy Júnior, Leonardo Bessone, Leur Lomanto, Lúcio Alcântara, Luiz Viana, Manoel Ribeiro, Maurício Corrêa, Maurício Pádua, Miro Teixeira, Oscar Corrêa, Paes Landim, Ronaro Corrêa, Sílvio Abreu e Victor Faccioni.

Recursos e dos Tribunais Regionais Federais e os Juízes Federais, conforme a redação dos arts. 18 e 20 da emenda.

O argumento principal do autor da emenda era que "vamos ter Juízes Federais espalhados em cinco regiões do País, sem nenhum órgão controlador, sem nenhum órgão unificador na cúpula" (BRASIL, Diário da ANC, 1987, p. 46).

Ao esclarecer sua posição, o relator Egídio Lima fortalece a posição do Superior Tribunal de Justiça ao atribuir a ele a cúpula de toda a Justiça Federal, esvaziando a tese da emenda.

> Criei a Suprema Corte Constitucional – pouco importa o nome – que é o Superior Tribunal Federal. Depois dele vem o Superior Tribunal de Justiça e, abaixo deste, os Tribunais Estaduais e os Tribunais Regionais Federais. E desaparece o atual Tribunal Federal de Recursos, um tribunal que passa a ser de segunda instância, distribuído pelas regiões. A sua cúpula é o Superior Tribunal de Justiça, que foi criado, completando-se com isso a constelação da cúpula dos tribunais superiores. A solução é técnica, é precisa política e juridicamente (BRASIL, Diário da ANC, 1987, p. 47).

Rejeitando a emenda de Plínio Sampaio, votaram 'não' 42 parlamentares – dentre eles Maurício Corrêa, do PDT, Michel Temer, do PMDB e Oscar Corrêa, do PFL. E 'sim' outros 13, com duas abstenções.

Por fim, com a manutenção do Supremo Tribunal Federal nos termos que o relator havia, por fim, disposto – sem mudanças em sua organização – prevaleceu, vinculado a isso, a criação do Superior Tribunal de Justiça com a parte infralegal da atribuição de poder que era do STF. E abaixo deles e no mesmo nível dos Tribunais Estaduais, cinco Tribunais Regionais Federais. Para a adequação desse sistema, disciplinaram-se regras de transição nos arts. 150 a 152 do anteprojeto que foi encaminhado à Comissão de Sistematização da ANC (BRASIL, Diário da ANC, 1987).

Assim, o Capítulo IV, referente ao Judiciário, ficou disposto conforme consta do Quadro 4 abaixo. Conforme se vê de seu início, o art. 88 disciplina quais são os órgãos do Poder Judiciário. Para em seu art. 100 regular a estrutura e a 'nova' competência do Supremo Tribunal Federal. O Quadro está organizado em duas colunas, da esquerda para a direita.

Quadro 4 – Parte referente ao STF do Anteprojeto da Comissão da Organização dos Poderes e Sistema de Governo

CAPÍTULO IV - DO JUDICIÁRIO

SEÇÃO I – DISPOSIÇÕES GERAIS

Art. 88 – São órgãos do Judiciário:
I – Supremo Tribunal Federal;
II – Superior Tribunal de Justiça;
III – Tribunais Regionais Federais e Juízes Federais;
IV – Tribunais e Juízos do Trabalho;
V – Tribunais e Juízes Eleitorais;
VI – Tribunais e Juízos Militares;
VII – Tribunais e Juízes dos Estados, do Distrito Federal e dos Territórios;
VIII – Tribunais e Juízos Agrários. (...).
Art. 97 – Ao Judiciário são asseguradas autonomias administrativa e financeira.
§ 1º - os Tribunais elaborarão propostas orçamentárias próprias, sendo-lhes repassado o numerário correspondente a sua dotação, em duodécimos, até o dia dez de cada mês, sob pena de crime de responsabilidade; (...).

SEÇÃO II – DO SUPREMO TRIBUNAL FEDERAL

Art. 100 – O Supremo Tribunal Federal compõe-se de dezesseis Ministros, escolhidos dentre brasileiros, com mais de trinta e cinco e menos de sessenta e cinco anos de idade, de notável saber jurídico e reputação ilibada.
§ 1º - Após audiência pública e aprovação pelo Senado Federal, por voto de dois terços de seus membros, os Ministros serão nomeados pelo Presidente da República, sendo:
I – cinco, indicados pelo Presidente da República;
II – seis, indicados pela Câmara dos Deputados, pelo voto secreto da maioria absoluta dos seus membros;
III – cinco, indicados pelo Presidente da República, dentre os integrantes de listas tríplices, organizadas para cada vaga, pelo Supremo Tribunal Federal.
§ 2º - O provimento de cada vaga observará o critério do seu preenchimento inicial.

Art. 101 – Compete ao Supremo Tribunal Federal:
I – processar e julgar, originariamente:
a) nos crimes comuns, o Presidente da República, o Primeiro-Ministro e os Ministros de Estado, os seus próprios Ministros, os Deputados e Senadores e o Procurador-Geral da República;
b) nos crimes comuns e de responsabilidade, os membros do Superior Tribunal de Justiça, dos Tribunais Superiores e os do Tribunal de Contas da União, os desembargadores dos Tribunais de Justiça dos Estados, do Distrito Federal e dos Territórios, e os Chefes de Missão Diplomática de caráter permanente;
g) a extradição requisitada por Estado estrangeiro, a homologação das sentenças estrangeiras e a concessão do "exequatur" às cartas rogatórias, que podem ser conferidas ao seu Presidente, pelo Regimento Interno;
h) o "habeas corpus", quando o coator ou o paciente for Tribunal, autoridade ou funcionário cujos atos estejam sujeitos diretamente à jurisdição do Supremo Tribunal Federal, ou se trate de crime sujeito à mesma jurisdição em única instância, e ainda quando houver perigo de se consumar a violência, antes que outro juiz ou Tribunal possa conhecer do pedido;
i) os mandados de segurança e o "habeas data" contra atos do Presidente da República, do Primeiro-Ministro, dos Ministros de Estado, das Mesas da Câmara e do Senado Federal, do Supremo Tribunal Federal, do Tribunal de contas da União, ou de seus Presidentes, do Procurador-Geral da República, bem como os impetrados pela União contra atos de governos estaduais ou do Distrito Federal;
j) as reclamações para preservação de sua competência e garantia da autoridade de suas decisões;
l) a representação por inconstitucionalidade, nos casos estabelecidos nesta Constituição;
m) julgar a representação do Procurador-Geral da República, nos casos definidos em lei complementar, para interpretação de lei ou ato normativo federal;
n) as revisões criminais e as ações rescisórias de seus julgados;
o) a execução de sentença, nas causas de sua competência originária, facultada a delegação de atos processuais;
p) as ações em que todos os membros da magistratura sejam, direta ou indiretamente, interessados e nas em que mais de cinquenta por cento dos membros do Tribunal estejam impedidos;
II – Julgar em Recurso Ordinário:
a) os "habeas corpus" decididos em única ou última instância pelo Superior Tribunal de Justiça e pelos Tribunais Superiores da União, se denegatória a decisão;
b) os mandados de segurança e o "habeas data" decididos em única instância pelo Superior Tribunal de Justiça e pelos Tribunais Superiores da União, quando denegatória a decisão;
c) os crimes políticos;

c) os litígios entre os Estados estrangeiros, ou organismos internacionais, e a União, os Estados, o Distrito Federa e os Territórios; d) as causas e conflitos entre a União e os Estados, a União e o Distrito Federal, ou entre uns e outros, inclusive as respectivas entidades da administração indireta; e) os conflitos de jurisdição entre o Superior Tribunal de Justiça e os Tribunais Superiores da União, ou entre estes e qualquer outro Tribunal; f) os conflitos de atribuições entre autoridades administrativas e judiciárias da União, ou entre autoridades judiciárias de um Estado e as administrativas de outro, ou do Distrito Federal, ou entre as deste e da União;	III – julgar, mediante recurso extraordinário as causas decididas em única ou última instância por outros Tribunais, quando a decisão recorrida: a) contrariar dispositivo desta Constituição; b) declarar a inconstitucionalidade de tratado ou lei federal; c) julgar válida lei ou ato do governo local contestado em face da Constituição; IV – Julgar recurso extraordinário contra decisões definitivas do Superior Tribunal de Justiça e dos Tribunais Superiores da União, nos mesmos casos de cabimento do recurso especial, quando considerar relevante a questão federal resolvida. Art. 102 – Todo julgamento será público e fundamentado. Art. 103 – São partes legítimas para propor ação de inconstitucionalidade: (...).

Fonte: Elaborada pelo Autor, com base nos documentos originais da Assembleia Nacional Constituinte de 1987-88.

Na sequência do Quadro 4, e logo após o Supremo Tribunal, surge, no art. 104, a estrutura do Superior Tribunal de Justiça. Após a normatização de sua composição, verifica-se a competência do novo tribunal, em que chamamos a atenção para o inciso III do art. 105, referente ao recurso especial, matérias estas que se deslocaram do STF para o STJ.

No mesmo Quadro 5, aproveitamos para expor a estrutura da Justiça Federal (art. 106) e das disposições transitórias (art. 150), esta que determina, dentre outros, o aproveitamento dos membros do Tribunal Federal de Recursos como novos ministros do STJ.

Por fim, no § 2º do art. 105, lembramos da manutenção, agora junto ao Superior Tribunal, do Conselho da Justiça Federal, órgão de gestão, com atribuição de supervisão administrativa e orçamentária de toda a Justiça Federal.

Quadro 5 – Parte referente ao STJ do Anteprojeto da Comissão da Organização dos Poderes e Sistema de Governo

SEÇÃO III – DO SUPERIOR TRIBUNAL DE JUSTIÇA

Art. 104 – O Superior Tribunal de Justiça compõe-se de, no mínimo, trinta e seis Ministros.

§ 1º – Os Ministros do Superior Tribunal de Justiça serão nomeados pelo Presidente da República, dentre brasileiros, maiores de trinta e cinco anos, de notável saber jurídico e reputação ilibada, depois de aprovada a escolha pelo Senado Federal, sendo:

a) um terço, dentre juízes da Justiça Federal;

b) um terço, dentre juízes da Justiça estadual ou do Distrito Federal;

c) um terço, em partes iguais, entre advogados e membros do Ministério Público Federal ou Estadual e do Distrito Federal.

§ 2º – O Superior Tribunal de Justiça funcionará em Plenário ou dividido em Seções e Turmas especializadas.

Art. 105 – Compete ao Superior Tribunal de Justiça:

I – processar e julgar originariamente:

a) os membros dos Tribunais Regionais Federais, dos Tribunais Regionais Eleitorais e do Trabalho e os do Ministério Público do União que oficiem perante Tribunais;

b) os mandados de segurança e o "habeas data" contra ato do próprio Tribunal ou de seu Presidente;

c) os "habeas corpus", quando o coator ou o paciente for qualquer das pessoas mencionadas na letra "a" deste artigo;

d) os conflitos e jurisdição entre juízes e os Tribunais Regionais Federais; entre juízes e os Tribunais dos Estados ou do Distrito Federal e dos Territórios; entre juízes federais subordinados a Tribunais diferentes; entre juízes ou tribunais de Estados diversos, inclusive os do Distrito Federal e Territórios;

e) as revisões criminais e as ações rescisórias de seus julgados.

f) as causas sujeitas à sua jurisdição processadas perante quaisquer Juízes e Tribunais, cuja avocação deferir, a pedido do Procurador-Geral da República, quando decorrer imediato perigo de grave lesão à ordem, à saúde, à segurança, ou às finanças públicas, para que suspendam os efeitos da decisão proferida e para que o conhecimento integral da lide lhe seja devolvido;

III – julgar, em recurso especial, as causas decididas, em única ou última instância, pelos Tribunais Regionais Federais ou pelos Tribunais dos Estados, do Distrito Federal e dos Territórios, quando a decisão recorrida:

a) contrariar tratado ou lei federal, ou negar-lhe vigência;

b) julgar válida lei ou ato do Governo local, contestado em face de lei federal;

c) der à lei federal interpretação divergente da que lhe haja atribuído outro Tribunal, o próprio Superior Tribunal de Justiça, ou o Supremo Tribunal Federal.

§ 1º – O julgamento do recurso extraordinário interposto juntamente com recurso especial, aguardará o julgamento do Superior Tribunal de Justiça, sempre que a decisão puder prejudicar a do Supremo Tribunal Federal.

§ 2º – Funcionará junto ao Superior Tribunal de Justiça o Conselho da Justiça Federal, cabendo-lhe, na forma da lei, exercer a supervisão administrativa e orçamentária da Justiça Federal de primeiro e segundo graus.

SEÇÃO IV – DOS TRIBUNAIS REGIONAIS FEDERAIS E DOS JUÍZES FEDERAIS

Art. 106 – São órgãos da Justiça Federal:

I – Tribunais Regionais Federais;

II – Juízes Federais. (...)

CAPÍTULO VII – **DAS DISPOSIÇÕES TRANSITÓRIAS**

SEÇÃO III – DO JUDICIÁRIO E DO MINISTÉRIO PÚBLICO

Art. 150 – A composição inicial do Superior Tribunal de Justiça far-se-á:

I – pelo aproveitamento dos Ministros do Tribunal Federal de Recursos;

II – pela nomeação dos Ministros que sejam necessários para completar o número estabelecido na lei complementar, na forma determinada nesta Constituição.

g) reclamação para a preservação de sua competência e garantia da autoridade das suas decisões. II – julgar, em recurso ordinário: a) os "habeas corpus" decididos em única ou última instância pelos Tribunais Regionais Federais ou pelos Tribunais dos Estados, do Distrito Federal e dos Territórios, quando a decisão for denegatória; b) os mandados de segurança decididos em única instância pelos Tribunais Regionais Federais ou pelos Tribunais dos Estados, do Distrito Federal e dos Territórios, quando denegatória a decisão; c) as causas em que forem partes Estados estrangeiros, ou organismo internacional, de um lado, e, do outro, Município ou pessoa residente ou domiciliada no País;	§ 1º – Para os efeitos do disposto nesta Constituição os atuais Ministros do Tribunal Federal de Recursos serão considerados pertencentes à classe de que provieram, quando de sua nomeação. § 2º – O Superior Tribunal de Justiça será instalado sob a Presidência do Supremo Tribunal Federal. § 3º – Até que se instale o Superior Tribunal de Justiça, o Supremo Tribunal Federal exercerá as atribuições e competência definidas na ordem constitucional precedente. Art. 151 – Dos cinco cargos de Ministros do Supremo Tribunal Federal criados, por esta Constituição, dois serão indicados pelo Presidente da República três pela Câmara dos Deputados, sendo nomeados após aprovação do nome pelo Senado Federal. (art. 100 desta Constituição.) Art. 152 – São criados, devendo ser instalados no prazo de seis meses, a contar da promulgação desta Constituição, Tribunais Regionais Federais com sede nas capitais dos Estados a serem definidos em lei complementar. § 1º – Até que se instalem os Tribunais Regionais Federais, o Tribunal Federal de Recursos exercerá a competência a eles atribuída em todo o Território Nacional, competindo-lhe, ainda, promover a instalação dos mesmos e elaborar as listas tríplices dos candidatos a composição inicial (art. 108, § 1º) § 2º – Fica vedado, a partir da promulgação desta Constituição, o provimento de vagas de Ministros do Tribunal Federal de Recursos. (...).

Fonte: Elaborado pelo autor, com base nos documentos originais da Assembleia Nacional Constituinte de 1987-88.

Esses são os resultados dos debates ocorridos junto à Comissão de Organização de Poderes e Sistema de Governo, no referente às estruturas orgânicas e de poder do Judiciário até então aprovadas. Como se verá nos próximos itens, referentes às demais fases da ANC, o arranjo acima passará incólume às discussões, restando no texto final da Constituição de 1988.

4.5.3 Comissão de Sistematização

A Comissão de Sistematização foi instalada em 9 de abril de 1987, ocupando o auditório 'Nereu Ramos', no anexo II da Câmara dos Deputados, sendo eleitos para a mesa os constituintes Afonso Arinos, do PFL-RJ, como Presidente e para primeiro Vice-Presidente Aluízio Campos, do PMDB-PB, e seu segundo Vice-Presidente Brandão Monteiro, do PDT-RJ. Para a relatoria da Comissão foi indicado o senador Bernardo Cabral, do PMDB-AM.

Os trabalhos da Comissão, com seus 93 membros[93], desenvolveram-se até 24 de setembro de 1987, resultando em 22 reuniões ordinárias e de 32 reuniões extraordinárias. Lembrando que, conforme o Regimento Interno, a função desta Comissão era a de aglutinar os projetos resultantes das diversas comissões temáticas e apresentar o anteprojeto que seria deliberado, em dois turnos, pelo Plenário da ANC, como descrito no item 4.4 acima, com as especificidades ocorridas pelas alterações promovidas pelo 'Centrão'.

Relativamente ao escopo deste trabalho, sopesavam, nesse momento da ANC, propostas de pequenos ajustes na estrutura do Supremo Tribunal, dada, ademais, pela criação do STJ.

Tal se deu, como, por exemplo, pela emenda do cada vez mais proeminente e progressista Constituinte Nelson Jobim, do PMDB-RS, de alteração da forma e no número de nomeações dos ministros do STF. Era a proposta de emenda nº 32215.

93 Como membros titulares, do PMDB: Abigail Feitosa; Ademir Andrade; Almir Gabriel; Alfredo Campos; Artur da Távola; Carlos Mosconi; Carlos Sant'Anna; Celso Dourado; Cid Carvalho; Cristina Tavares; Egídio Ferreira Lima; Fernando Bezerra Coelho; Fernando Gasparian; Fernando Henrique Cardoso; Fernando Lyra; Francisco Pinto; Haroldo Sabóia; Ibsen Pinheiro; João Calmon; João Herrmann Neto; José Fogaça; José Freire; José Geraldo; José Ignácio Ferreira; José Paulo Bisol; José Richa; José Serra; José Ulisses de Oliveira; Manoel Moreira; Mário Lima; Milton Reis; Nelson Carneiro; Nelson Jobim; Nelton Friedrich; Nilson Gibson; Osvaldo Lima Filho; Paulo Ramos; Pimenta da Veiga; Prisco Viana; Raimundo Bezerra; Renato Vianna; Rodrigues Palma; Severo Gomes; Sigmaringa Seixas; Theodoro Mendes; Virgildásio de Senna; Wilson Martins. Do PFL: Alceni Guerra; Aloysio Chaves; Antonio Carlos Mendes Thame; Arnaldo Prieto; Carlos Chiarelli; Christóvam Chiaradia; Edme Tavares; Eraldo Tinoco; Francisco Dornelles; Francisco Benjamin; Inocêncio Oliveira; José Jorge; José Lins; José Santana; José Thomaz Nonô; Luís Eduardo; Marcondes Gadelha; Mário Assad; Oscar Corrêa; Osvaldo Coelho; Paulo Pimentel; Ricardo Fiúza; Sandra Cavalcanti. Do PDS: Antonio Carlos Konder Reis; Darcy Pozza; Gerson Peres; Jarbas Passarinho; José Luiz Maia; Virgílio Távora. Do PDT: José Maurício; Lysâneas Maciel. PTB: Francisco Rossi; Gastone Righi; Joaquim Bevilácqua. Do PT: Luís Ignácio Lula da Silva; Plínio Arruda Sampaio. Do PL: Adolfo Oliveira. Do PDC: Siqueira Campos. Do PC do B: Haroldo Lima. Do PCB: Roberto Freire. Do PSB: Jamil Haddad. Do PMB: Antonio Farias. Ademais, dos suplentes designados proporcionalmente.

Sobre tal emenda, mediante mais um uso da construção ideacional da tradição que havia se consolidado na mais alta Corte do Judiciário, manifestando-se contrariamente a essa emenda, defendeu o relator Bernardo Cabral que:

> De qualquer forma, chamaria a atenção da Casa para aquilo que o Constituinte José Ignácio colocou em relevo: **a tradição e a experiência** do que foi ao longo dos anos, a partir da consagração do *habeas corpus*, a postura do Supremo Tribunal Federal permite que ele deva continuar como está. E foi por esta razão que a Relatoria manteve no texto tal qual se encontra a sua formação (BRASIL, Diário da ANC, 1987, p. 982, grifo nosso).

O ajuste também ocorreu em relação à até então vigente possibilidade de o STF avocar de outros órgãos do Judiciário questões que envolvessem 'imediato perigo de grave lesão à ordem, à saúde, à segurança ou às finanças públicas'. Saiu vencedor o destaque nº 004690-87, de Nelson Jobim, suprimindo da Corte a chamada 'avocatória' (BRASIL, Diário da ANC, 1987, p. 987).

Porém, relevante que o cerne das disputas, especificamente quanto objeto deste trabalho, desenvolveu-se em relação à objeção de que, com a criação do STJ, pudesse ser entendido existir um acréscimo de ainda mais uma instância na estrutura do Judiciário. Ou seja, de que com a inclusão desse tribunal intermediário, o STF poderia se constituir em uma quarta instância.

Nesse ponto, os debates na Comissão de Sistematização deram-se por diversos constituintes. Entre eles, defendeu Nelson Jobim que os recursos que chegassem ao STJ não pudessem ser levados à discussão no STF. Já que os julgamentos, perante a competência de cada uma dessas Cortes, deveriam encerrar-se nessa instância. Afirmou ele que

> o Supremo Tribunal Federal, assoberbado de trabalho, começou hoje a vedar no seu Regimento Interno a possibilidade de acesso ao recurso extraordinário, que era o terceiro grau de jurisdição, e criou a válvula da questão de relevância federal para possibilitar que determinadas causas, que ele entendesse relevante questão federal, fosse o Supremo examinar em terceiro grau. Pois bem, onde o projeto de Constituição está usando o mesmo mecanismo para atribuir o quarto grau

> de recurso, ou quarto momento de conhecimento. Sr. Presidente, é fundamental que tenhamos a competência de preservar o Supremo Tribunal como Corte Constitucional. Se assim não o fizermos, estaremos voltando novamente ao sistema e trazendo para o Supremo Tribunal Federal, pela via de relevante questão federal, todas as causas da competência do Superior Tribunal de Justiça. E o que acontecerá? **Será inútil a criação do Superior Tribunal de Justiça porque criaremos um quarto grau de jurisdição** (BRASIL, Diário da ANC, 1987, p. 993, grifo nosso).

A ideia de uma certa celeridade na resolução das causas jurídicas vinha sendo discutida desde o início da Constituinte. E o destaque de Jobim não teve dificuldades em sair vencedor. Foram favoráveis 72 parlamentares, contra 19 contrários.

Portanto, estava mais uma vez consagrada a posição de ambos os tribunais, Supremo e Superior Tribunal de Justiça, lado a lado e com competências distintas e autônomas na estrutura judicial.

Porém, haveria uma questão, contrariamente às ideias aqui demonstradas e defendidas pelos próprios constituintes, em que o Supremo se manteria como uma quarta instância. Uma vez que teria a prerrogativa de rever a posição do STJ.

Como já assinalado anteriormente, a forma como essa proeminência do STF manteve-se acaba por sugerir uma certa barganha dos ministros com os parlamentares da ANC. Já que a construção e a defesa da ideia de celeridade sofrem uma injustificada ruptura.

É o que vemos pelo destaque nº 001354-87 proposto pelo constituinte Vivaldo Barbosa, que fortemente defendia uma 'purificação' do STF como o mais perto de um Tribunal Constitucional.

Assim, na linha de ajustes das atribuições do Supremo, defendeu ele que "**Não devemos permitir que se atribua ao Supremo Tribunal Federal o nível de quarta instância**, porque não apenas se exageram as possibilidades de recursos, como também se extrapolam os níveis de decisão e, acima de tudo, se perturba a sua função precípua" (BRASIL, Diário da ANC, 1987, p. 989, grifo nosso). E, para tanto, as suas razões eram justamente a "criação de um Tribunal Superior de Justiça [STJ], para onde convergirão os recursos que alcançam o nível de uma terceira instância, um terceiro nível de revisão de qualquer decisão judicial" (BRASIL, Diário da ANC, 1987, p. 989).

O assunto que permanece incólume até a atualidade em nossa Constituição trata de *habeas corpus*, mesmo os vindos das primeiras instâncias de todo o País. Defendia o mesmo parlamentar que

> ... o inciso II, **ao lhe atribuir o primeiro nível de quarta instância**, perturba a sua função de intérprete fiel e guardião da Constituição, que é o mínimo que a esta altura nós podemos esperar que esta Assembleia Nacional Constituinte possa fazer. A emenda tem o alcance, portanto, de suprimir a alínea a do inciso II, que dá ao Tribunal, em grau de recurso, o conhecimento e o julgamento do *habeas corpus*. Mesmo o *habeas corpus* que venha lá de baixo, do juiz de primeira instância, batendo nos diversos recursos, ainda não vitorioso, pararia no Supremo Tribunal Federal. Se queremos ter a visão de uma Corte investida de atribuições precípuas de ordem constitucional, que seja intérprete primeira da nossa Constituição, a guardiã de nossa Constituição, **não podemos soterrar esse Tribunal com atribuições de Direito Civil ou Penal**, o que sem dúvida alguma irá perturbar o seu funcionamento límpido em matéria constitucional (BRASIL, Diário da ANC, 1987, p. 989, grifos nossos).

No entanto, a proposta sequer chegaria a ser votada pela Comissão, pois, mediante um acordo entre os próprios parlamentares, cujos motivos não restaram publicizados, Vivaldo Barbosa a retiraria de deliberação, sob a justificativa de seu atendimento aos pedidos de diversos constituintes.

> O SR. CONSTITUINTE VIVALDO BARBOSA: – Sr. Presidente, **atendendo a ponderações de vários colegas Constituintes**, simplificadas pela argumentação sempre judiciosa e brilhante do Senador Nelson Carneiro retiro o destaque. (Palmas) (BRASIL, Diário da ANC, 1987, p. 989, grifo nosso).

De qualquer forma, dados os debates da Comissão de Sistematização, não haveria, nas seguintes fases da ANC – plenária, redação e promulgação –, discussão sobre a concepção do Superior Tribunal de Justiça. Restando garantido este tribunal como um novo ator na estrutura do Judiciário, tanto à frente dos demais Poderes como quanto internamente ao próprio Supremo Tribunal Federal e à Justiça Federal, bem como quanto aos diversos órgãos das Justiças Estaduais.

5. ESTABELECIMENTO DO STJ E A OPORTUNIDADE DA REFORMA DE 2004

Neste capítulo será abordada a propagação das construções ideacionais anteriores e sua disposição nos embates políticos nos primeiros momentos da existência do Superior Tribunal de Justiça. Ainda aqui, será demonstrado como tais narrativas foram utilizadas durante os debates envolvendo a Reforma do Judiciário, a qual resultou na Emenda Constitucional nº 45, do final de 2004, e em posteriores momentos de alterações legislativas.

5.1 Papel do TFR na criação do STJ

Nessa perspectiva discursiva-ideacional, sobressai, naturalmente, o comportamento de certos atores, os quais podem acabar por liderar a fixação dos padrões mentais dos caminhos que a instituição seguirá.

Assim, a seguir, serão destacados como e quais atores se destacaram nessas atividades para o surgimento do Superior Tribunal de Justiça e nos primeiros passos de seu estabelecimento.

5.1.1 Ministro Pádua Ribeiro e a Comissão da Constituinte do TFR

De antemão, importante lembrar que houve comunicações oficiais da posição do Tribunal Federal de Recursos, logo no início do funcionamento dos trabalhos da Assembleia Nacional Constituinte de 1987-88, quanto à criação de um tribunal superior.

Nelas, o presidente, Ministro Mauro Leitão, expõe a vontade de seus integrantes em ver o TFR transformado em um órgão superior, aos moldes do Tribunal Superior do Trabalho (TST) e do Tribunal Superior Eleitoral (TSE), os quais já funcionavam, a tempos, abaixo da estrutura do Supremo Tribunal Federal. Dessa mesma forma, acreditavam os membros do TFR ser pertinente a instituição, do mesmo modo, de vários Tribunais Regionais Federais de 2º grau.

Tal posição consta em dois ofícios enviados, quase que sequencialmente, ao Deputado José Costa, presidente da Subcomissão do Poder Judiciário. São os ofícios nº 161/GP, de 14 de abril de 1987, e nº 220/GP, de 19 de maio de 1987.

> O Tribunal Federal de Recursos entende que é de seu dever passar às mãos de Vossa Excelência, com este, a sua proposta de reforma constitucional, no que concerne à Justiça Federal de 2ª Instância, para consideração da douta Comissão presidida por Vossa Excelência. Essa proposta, antiga pretensão desta Corte, foi adotada pelo Egrégio Supremo Tribunal Federal ("DJ" de 14.07.86). Em linhas gerais, o que o Tribunal Federal de Recursos propõe é a instituição de Tribunais Regionais Federais de 2º grau, com a simultânea transformação do Tribunal Federal de Recursos em instância de recurso especial, não ordinário, segundo o modelo das jurisdições eleitoral e trabalhista (TREs e TSE; TRTs e TST). (TFR, Ofício nº 161/GP).
>
> Tomo a liberdade de passar às mãos de Vossa Excelência, com este, cópia da proposta de reforma constitucional, no que concerne a Justiça Federal de 1º e 2º grau, elaborada por esta Corte e que foi submetida à douta Subcomissão do Poder Judiciário.
>
> Essa proposta, antiga pretensão desta Corte, foi adotada pelo Egrégio Supremo Federal ("DJ" de 14.07.86.). Em linhas gerais, o que o Tribunal Federal de Recursos propõe é a instituição de Tribunais Regionais Federais de 2º grau, com a simultânea transformação do Tribunal Federal de Recursos em instância de recurso especial, não ordinário, com o nome de Tribunal Superior Federal, segundo o modelo das Jurisdições Eleitoral e do Trabalho (TREs e TSE; TRTs e TST). (TFR, Ofício nº 220/GP).

Essas duas exposições, pelo que se pôde verificar, não foram precedidas de quaisquer outros movimentos do Tribunal. Elas podem ser interpretadas como uma formalidade do TFR, que não via como adequado influenciar diretamente aquele momento de construção Constitucional.

De qualquer forma, o papel mais relevante ao presente estudo foi desempenhado pelo Ministro Antônio de Pádua Ribeiro, que, embora integrante do tribunal, apoiou tecnicamente e influenciou diversos parlamentares na tal Assembleia Constituinte.

Pádua Ribeiro teve sua vida acadêmica e profissional desenvolvida em Brasília, no Distrito Federal[94]. Próximo aos principais centros de decisão da República, desempenhou funções nos três Poderes. Entre 30 de abril de 1962 e 4 de março de 1970 trabalhou na Câmara dos Deputados, como Assessor da Mesa Diretora e, depois, como Procurador Jurídico da Casa.

A vivência com a política e com os políticos garantiu-lhe certa influência e consideração junto aos diversos grupos de poder, como será apresentado adiante.

Mesmo como ministro do TFR, indicado em 23 de junho de 1980, Pádua Ribeiro agiu de forma autônoma como conselheiro informal de diversos parlamentares no período da última Constituinte. Com autoridade para influenciar em muitas questões sobre o Judiciário, com reflexos que moldaram o STJ[95].

94 Antônio de Pádua Ribeiro nasceu em Torneiros, Município de Pará de Minas-MG, em 22.10.1940. Tendo cursado Direito na Universidade de Brasília, prestou serviços junto à Câmara dos Deputados (de 30.04.1962 a 04.03.1970), onde exerceu atividades como assessor da Mesa da Câmara e Procurador do órgão. Foi secretário jurídico do Supremo Tribunal Federal, de 05.03.1970 a 31.07.1972 e assessor especial do ministro da Justiça entre 06.09.1972 a 20.11.1972. Como integrante do Ministério Público Federal (22.11.1972 a 24.08.1979) foi assessor do procurador-geral da República e titular da Subprocuradoria-Geral da República, atuando no Supremo Tribunal Federal e nas Cortes Superiores. Em 23.06.1980, tomou posse como ministro do Tribunal Federal de Recursos, deixando esta função, em 20.09.2007, como ministro do Superior Tribunal de Justiça. Como ministro, foi Presidente do STJ entre 02.04.1998 e 2.4.2000, além de corregedor-geral da Justiça Federal, de 23.06.1989 a 23.06.1991, e ministro do Tribunal Superior Eleitoral, de 26.05.1994 a 26.05.1996. Foi o primeiro corregedor-geral do Conselho Nacional de Justiça, no período de 14.06.2005 a 13.06.2007. Aposentou-se do STJ em 20.09.2007.

95 É o que vemos, por exemplo, na seguinte passagem: "Nesse período, além de propugnar pela aprovação das emendas mencionadas, a Comissão lutou pela rejeição da Emenda 2T 01053-2 (Destaque nº 1.164), do deputado José Costa, que suprimia o cabimento do recurso especial, pelas letras a e b, para o Superior Tribunal de Justiça, e, ainda, das emendas 2T

Seus principais interlocutores, neste período, foram os constituintes Egídio Ferreira Lima, relator da Comissão de Organização dos Poderes e Sistema de Governo, Bernardo Cabral, relator da Comissão de Sistematização, bem como Nelson Jobim e Michel Temer, estes que incisivamente induziram o desenho do Judiciário e da Corte, junto com Maurício Corrêa.

Com sua proximidade com o relator Egídio Ferreira Lima, Pádua Ribeiro colaborou livremente quanto às sugestões de emendas a que os parlamentares fariam uso, visando aperfeiçoar o substitutivo. Tendo sucesso em diversas delas.

> O **Ministro Antônio de Pádua Ribeiro, em contato telefônico com o Deputado Egídio Ferreira Lima, foi honrado com pedido deste no sentido de oferecer sugestões de emendas ao seu substitutivo**. Tendo em vista o pequeno prazo dado para apresentar as sugestões (apenas a parte da manhã do dia 09.06.87, último dia para apresentação de emendas), o Ministro Antônio de Pádua Ribeiro, após contatos telefônicos com alguns colegas, **encaminhou-lhe 13 (treze) propostas de modificações do substitutivo** (ver a correspondência anexa – Documento nº 7). Endossando 9 das sugestões oferecidas, o Constituinte José Jorge apresentou ao substitutivo as Emendas nº 3S-1112-0, 3S 1113-8, 3S 1114-6, 3S 1115-4, 3S 116-2, 3S 1117-1, 3S 1118-9, 3S 1119-7 e 3S 1120-1 (Documento nº 8). Todas as emendas foram aprovadas pela Comissão de Organização dos Poderes, segundo se verifica na Redação Final do Anteprojeto, de 15.06.87 (Documento nº 9, anexo) (BRASIL, TFR, 1989, p. 44, grifos nossos).

01672-7 (Destaque nº 215), do deputado José Maurício e 2T 00746-9 (Destaque nº 759), do deputado José Francisco, que suprimiam o Conselho da Justiça Federal (ver documentos nº 24, 25 e 26). Sensibilizados pelos argumentos apresentados contra a aprovação das proposições citadas, os seus dignos autores retiram os seus destaques, que, por isso mesmo, sequer chegaram a ser votados, prevalecendo, em decorrência, os textos respectivos constantes do Projeto de Constituição (B). A atitude dos dignos constituintes, já no final dos seus trabalhos, traduziu, em última análise, mais um ato de grande consideração e respeito pelo posicionamento assumido por esta Corte sobre as matérias" (BRASIL, TFR, 1989, p. 470).

Da mesma forma, suas opiniões colaboraram para facilitar a implantação dos Tribunais Regionais Federais, os quais se constituiriam pelo desmembramento do Tribunal Federal de Recursos. Bem como persuadiu ele fortemente para que não fosse criado um órgão de controle externo ao Judiciário.

> Nessa fase, a atuação da Comissão concentrou-se em obter a aprovação dos destaques supressivos da "arguição de relevância para o Supremo" (art. 121, IV, "a", do 2º Substitutivo) (ver documentos nºs 17 e 18) e do Conselho Nacional de Justiça (art. 144 do 2º Substitutivo) e, ainda, de dois destaques visando a facilitar a implantação dos Tribunais Regionais Federais (Destaques nºs 52 e 53, assinados pelo Deputado Paulo Pimentel). Todos eles foram aprovados, com exceção da supressão do Conselho Superior de Justiça, só aprovada em fase posterior (BRASIL, TFR, 1989, p. 46)

Assim, com desprendimento, o ministro fez variadas propostas aos Constituintes, as quais tinham como referência seu entendimento individual, conforme a seguir:

> SUGESTÕES DE EMENDAS, OFERECIDAS PELO MINISTRO ANTÔNIO DE PÁDUA RIBEIRO, AO SUBSTITUTIVO DO DEPUTADO EGIDIO FERREIRA LIMA. Brasília, 09-06-87.
> Eminente Deputado Egídio Ferreira Lima, Atendendo a honroso pedido de V. Exa., apresento-lhe, **em nome próprio**, as seguintes sugestões de emendas ao seu douto Substitutivo oferecido à Comissão da Organização dos Poderes e Sistema do Governo, que, segundo se verá, visam, apenas, a alertá-lo sobre alguns tópicos do referido Substitutivo, trabalho lúcido e coerente, razão por que deverão ser objeto de especial meditação para não comprometer-lhe a harmonia (BRASIL, TFR, 1989, p. 145, grifo nosso).

Dirigindo-se, ademais, diretamente na defesa de suas ideias junto aos membros da ANC, como consta, por exemplo, em 27 de julho de 1988, em mensagem enviada ao deputado Nelson Jobim.

> SUGESTÃO PARA APROVAÇÃO DE EMENDAS SUPRESSIVAS AO PROJETO DE CONSTITUIÇAO (B) – 2º TURNO. Brasília, 27 de julho de 1988. **Caro Deputado Nelson Jobim**:
> Para o aperfeiçoamento do Projeto de Constituição (B), aprovado em Primeiro Turno, é aconselhável, salvo melhor juízo, a supressão da alínea "j" do inciso I do art. 108 (representação de interpretação da lei federal) e, na alínea "d" do inciso I do art. 108, da expressão "do Superior Tribunal de Justiça". Sobre os temas, já do seu amplo conhecimento, foram apresentadas diversas emendas, devidamente justificadas, que mereceram pareceres favoráveis do Relator e foram destacadas. Eis a sua relação: (...). (BRASIL, TFR, 1989, p. 377)

Mais tarde, revelando a estreiteza com o Deputado Jobim, Pádua Ribeiro se referiria a ele como "incansável e dedicado (...), que, na qualidade de Vice-Líder e, depois, Líder do PMDB na Constituinte, prestou, como competente jurista, valioso auxílio, assinando diversas emendas e atuando no Colégio de Líderes e em Plenário" (BRASIL, TFR, 1989, p. 54-55).

De qualquer maneira, a postura do Ministro Pádua Ribeiro acaba por sugerir não ter havido um comportamento institucionalizado do então Tribunal Federal de Recursos para a promoção de seus interesses naquele momento político. Embora seja razoável pensar ter havido diálogos entre os ministros.

Quanto a tal interpretação, esclarece, em sua entrevista o Ministro Eduardo Ribeiro (Anexo B, 2018) que, "na verdade, a influência do Tribunal Federal de Recursos na estruturação do Superior Tribunal de Justiça foi menor do que lhe parece [a este autor], segundo se depreende das indagações formuladas". Tendo o TFR constituído "uma comissão, formada por ministros, que se encarregou da interlocução com os constituintes. **Não se efetuou interlocução com o Executivo nem com o Supremo Tribunal**". Embora tivessem os membros do TFR se postado "em uma posição de atenção quanto à Constituinte, dada sua evidente importância. Mais de uma vez reuniu-se em sessão plenária para cogitar dos temas considerados relevantes, concernentes ao Judiciário em geral e, especialmente, os que dissessem respeito ao órgão incumbido de decidir os recursos em que interessada a União" (*sic*). (Anexo B, 2018, grifo nosso).

É por isso que foi elaborada, pelo TFR, tão somente *a posteriori*, uma Comissão encarregada de acompanhar os trabalhos da Constituinte. Portanto, sugerindo não ter havido articulação institucionalizada.

É fato que o Tribunal somente veio a editar o ato normativo, instalando a aludida Comissão, às vésperas do encerramento dos trabalhos da ANC, em 22 de setembro de 1988. O Ato do Presidente, Ministro Gueiros Leite, de nº 1.126, criou a "Comissão encarregada de apresentar estudos e sugestões à Assembleia Nacional Constituinte". Sua composição se fez pelos Ministros Antônio de Pádua Ribeiro (presidente), Flaquer Scartezzini, Carlos Thibau, Nilson Naves, Eduardo Ribeiro e Ilmar Galvão.

O destaque fica por conta de que constou no Ato norma que fez retroagir seus efeitos jurídicos para 4 de julho de 1987, data escolhida para logo após o início dos registros dos contatos de Pádua Ribeiro com os parlamentares e do começo dos trabalhos da Comissão de Organização dos Poderes. Buscando induzir ao público que as atividades de acompanhamento institucional do Tribunal iniciaram-se há mais de um ano antes da feitura do Ato.

Tal tentativa de convalidação acaba por demonstrar que, de fato, a Corte não se havia empenhado institucionalmente para influenciar os resultados da Constituinte, seja para obtenção de ganhos para si ou para a magistratura, especialmente a da alçada Federal, sob sua influência direta. Mas deixando para outros órgãos e atores, e para as corporações, o envolvimento no referido momento político. É o que conta, em realidade, da parte final do relatório da Comissão de acompanhamento:

> Posteriormente, o relacionamento da Comissão com a Constituinte foi tornando-se cada vez mais cordial, chegando mesmo ao ponto de estabelecer-se grande entrosamento entre os seus membros e numerosos parlamentares, que passaram a adotar as suas sugestões e a lutar pela sua aprovação. Isso derivou do fato de o Tribunal Federal de Recursos gozar de excepcional conceito entre os Constituintes de todas as tendências, da extrema-esquerda à extrema-direita, e, ainda, da circunstância de que toda a atuação da Comissão objetivou sempre o interesse público. **Nenhuma reivindicação de ordem pessoal foi por ela patrocinada. Entendeu-se que eventuais interesses classistas deveriam ser defendidos pelas Associações de Magistrados,**

> **ficando o seu encargo adstrito à parte institucional** (BRASIL, TFR, 1989, p. 54, grifo nosso).

Portanto, restou revelado que o TFR acabou por se abster em influenciar, sob qualquer ponto, a ANC de 1987-88, seja por seus interesses já estarem atendidos – como veremos a seguir – seja por entender que não cabia ao Tribunal, enquanto instituição, a defesa de interesses outros, como o da magistratura. Seja por lhe convir ambas as situações.

Esse comportamento pode ter aberto caminho para atividades independentes e individuais como a de Pádua Ribeiro[96], que, baseado em seu conhecimento (do) político, acabou por alcançar e obter certos ganhos para o Judiciário e indiretamente para seus pares e para o então TFR.

Reconhece parcialmente essa interpretação o relator da Comissão de Sistematização, o Constituinte Bernardo Cabral, embora enviesado pela institucionalidade aqui já exposta:

> Percebe-se, portanto, que na criação do Superior Tribunal de Justiça foi fundamental a colaboração da cúpula de então da Justiça Federal, por meio da Comissão presidida pelo Ministro Antônio de Pádua Ribeiro. Em íntima sintonia com a Assembleia Nacional Constituinte e com seu Relator-Geral, a Comissão influiu decisivamente no Capítulo da Carta Magna concernente ao Poder Judiciário. Assim sendo, alegra-me sobremaneira a feliz coincidência de que o novo Tribunal, criado em 1988 e cuja primeira década de funcionamento estamos agora comemorando, seja hoje presidido pelo ilustre magistrado que, àquela época, tanto batalhou por sua criação (*sic*) (CABRAL, 1999, p. 58-59).

Porém, como veremos a seguir, esses movimentos não foram determinantes para a criação do Superior Tribunal de Justiça, mas garantiram, no decorrer

[96] Relate-se que, em 27 de agosto de 2018, foi feito contato com o ex-Ministro Antônio de Pádua Ribeiro, a fim de que ele concedesse entrevista, explanando sobre este ponto. Ou seja, sobre sua participação e os bastidores do TFR no momento da ANC de 1987-88 e no da Reforma do Judiciário de 2004. Porém, em 1º de setembro de 2018, o ministro respondeu declinando da entrevista. No mesmo período, declinaram igualmente da entrevista os ex-Ministros Carlos Velloso, Carlos Thibau, Nilson Naves, Paulo Costa Leite, Edson Vidigal e Asfor Rocha.

do tempo, certa influência e poder para a nova Corte como um todo, com foco no cenário nacional.

5.1.2 Decisão adversa da Constituinte quanto aos poderes do STJ

Retomando o argumento apresentado no item 2.4.3, a ideia de um tribunal superior abaixo do STF, ao estilo do TST e do TSE, teve como marco inicial a sugestão de Alfredo Buzaid, em 1960, e de José Afonso da Silva, em 1963, ganhando adeptos de ainda mais peso, após 1965, com as mesas-redondas organizadas pela FGV. No despontar da ANC de 1987-88 alcançou mais importância tanto junto ao Supremo Tribunal, revelada por suas "Sugestões" e demais interlocuções, quanto pela concordância do próprio Tribunal Federal de Recursos, como demonstram os ofícios nº 161/GP, de 14 de abril de 1987, e nº 220/GP, de 19 de maio de 1987, enviados logo no início à ANC.

A rigor, a questão apresentou-se indefinida até o momento da Subcomissão do Poder Judiciário, já que parlamentares buscaram aprovar a transformação do Supremo em concentrado Tribunal Constitucional, ou até mesmo a criação de uma Corte Constitucional em aumento à estrutura já existente. As duas propostas, se acatadas, inviabilizariam a ideia da instituição de um novo tribunal superior, como era o TST e o TSE, mas para a justiça comum ou não especializada.

Embora alguma insistência no decorrer do processo constituinte, a questão de 'rebaixar' o STF na estrutura do Judiciário enfrentou fortes resistências, especialmente, por parte de seus ministros, o que, por outro lado, fez com que a proposta da criação de um tribunal superior 'abaixo' dele acabasse por emplacar.

Tal situação ganhava ares definitivos já na Comissão de Organização dos Poderes, inclusive pelo apoio externo que a ideia recebera do Supremo e do próprio Tribunal Federal de Recursos.

> Encerrada a fase da Subcomissão do Poder Judiciário, a Comissão da Constituinte entrou em contato, inicialmente, com os Deputados Oscar Corrêa e Egídio Ferreira Lima, respectivamente Presidente e Relator da "Comissão da Organização dos Poderes e Sistema de Governo". Nessa oportunidade, **o ilustre Relator, desde logo, adiantou**

> **o seu ponto de vista no sentido da criação do "Superior Tribunal de Justiça", com aproveitamento, na sua composição inicial, dos atuais Ministros do Tribunal Federal de Recursos** (BRASIL, TFR, 1989, p. 43-44, grifo nosso).

Daí que a questão não exigia mais grandes esforços por parte de ambos os Tribunais – pois contemplados em seus interesses. O STF manteve seu prestígio como órgão de cúpula do Judiciário e com a responsabilidade de 'guardar' a Constituição, além de, por certo, ter como atribuição julgar as maiores autoridades do País. E, inclusive, daquele que se sobressaiu no aconselhamento dos Constituintes, em diversas questões de adaptação do Judiciário, e que apoiava fortemente a fragmentação do TFR em diversos tribunais regionais – e apoiava, por consequência, a criação de um tribunal superior: o Ministro Pádua Ribeiro.

Mais tarde, em 2015, o então ex-deputado constituinte e ministro aposentado do Supremo, Nelson Jobim, esclareceria a ampla concordância no ponto da criação do STJ, durante os trabalhos da ANC:

> O STJ foi uma... Primeiro, já era uma coisa que o Supremo queria. O pessoal do Supremo queria, para tirar os... diminuir o problema do volume de trabalho. Por outro lado, ***o Tribunal Federal de Recursos queria, porque a criação do STJ era uma promoção***, não é? O Tribunal Federal de Recursos era um tribunal de segundo grau. Tu tinhas Justiça Federal de primeiro grau e Tribunal Federal de Recursos. Então, o que é que se fez? Tu pegou esse pessoal que está *aqui*, ó, e jogou para um terceiro grau e criou os tribunais regionais federais, que substituíram o Tribunal Federal de Recursos. Perfeito? Mas esse povo todo aqui virou... E quem defendia isso aqui, e foi o que trabalhava muito pelo... que foi a única coisa que o... que a Justiça Federal fez, que o Tribunal Federal de Recursos fez, ***era a criação do STJ***. E o grande, digamos, o personagem que fazia a discussão, porque ele tinha sido assessor na Câmara no passado, foi o... (...) o Pádua Ribeiro. O **Pádua Ribeiro era o sujeito... E eu era o auxiliar deles lá, porque eu também concordava com a criação do [STJ]**. O Moreira Alves era contra a criação. Aí, é problema de outro... O Moreira Alves era contra porque o

> Supremo perdia competência em matéria de direito civil, que era o grande domínio dele, né? Então... Nada é gratuito, viu? [...]. (*sic*) (JOBIM, 2015, p. 123, grifos nossos).

O que acabou acontecendo, como conhecido, foi que o final do processo constituinte de 1988 resultou por superar as expectativas dos integrantes do então TFR e, inclusive, as do próprio Supremo, já que a configuração final não foi a mesma dos outros Tribunais Superiores. Mas sim um desmembramento de parte da competência do Supremo Tribunal em que a porção descolada permaneceu com o atributo da 'última palavra' e na autonomia do STJ em não ter suas decisões revisadas, quando as questões envolvessem somente o direito infraconstitucional. O que, conforme será apresentado posteriormente, o STF insistiria em violar a fim de manter seu poder.

Como visto pelos debates constitucionais, a razão para tal deferência é que não se conceberia à época alteração da estrutura da justiça comum, para que fosse criada uma quarta instância recursal. Visto que, com um prolongamento do fim dos processos judiciais, uma nova instância não ajudaria em nada na ideia de resolver o problema da 'crise do Supremo'.

E, aqui, o ponto é eminentemente de disputa de poder e de influência, fato que guia muitos dos discursos dos membros das Cortes Superiores. Isto é, na possibilidade de 'escolher' os recursos a que se tem a prerrogativa de revisão sobre os demais tribunais. Tal concorrência emerge categoricamente no depoimento do ministro do TFR e, depois, do STJ, Eduardo Ribeiro. Ele revela, como já apontado por Jobim, ter havido resistência por parte do Supremo quanto à perda de poder sobre parte dos assuntos que estavam sendo transferidos ao Superior Tribunal.

> Nas reuniões do TFR suscitavam-se os temas tidos como importantes, valendo destacar o do não cabimento de recurso, para o Supremo, das decisões tomadas a propósito de questões para as quais seria competente o novo Tribunal, salvo se envolvessem tema constitucional. Em relação a esse ponto **houve alguma resistência por parte de Ministros do Supremo Tribunal, que defendiam o cabimento de recurso,** em certas hipóteses, **das decisões do STJ, mesmo em temas que dissessem apenas com a legislação ordinária**. Ao que me

> recordo, chegou a ser formalizada, na Constituinte, uma proposta nesse sentido. Fizemos chegar nosso entendimento a alguns constituintes, que se convenceram da inconveniência de se introduzir mais um recurso e sobrecarregar o Supremo. Observando-se o volume de serviço nesses dois Tribunais é manifesto que seria de todo inadequado fosse admitido mais esse recurso (Anexo B, Ribeiro de Oliveira, 2018, grifos nossos).

Portanto, a 'promoção', sobre a qual falou Nelson Jobim (2015), foi um benefício proporcionado autonomamente pelos constituintes, os quais acabaram por surpreender os integrantes tanto do TFR quanto do STF.

Tal acontecimento fez surgir certa reação dos membros do Supremo, como revela o Ministro Eduardo Ribeiro quando narra que "**houve uma resistência**, muito pequena, a que os ministros do TFR **passassem a compor o STJ**. Logo foi superada. A solução encontrada foi muito bem recebida pelo TFR" (*sic*) (Anexo B, 2018, grifo nosso).

No entanto, a objeção, mesmo que pequena, não fora percebida por seu colega Barros Monteiro, que começou a fazer parte da Corte em 18 de maio de 1989, já encerrada a Constituinte. Pois, quanto ao ponto, afirma que: "Não houve, em tempo algum, questionamento sobre a manutenção dos Ministros do extinto Tribunal Federal de Recursos". Opinando, na sequência, que quanto à nova Corte "só teve a favorecê-la com o aproveitamento dos Ministros que até então compunham o TFR, não só pela experiência e preparo que ostentavam, mas também pela estrutura organizacional que constituíram e que mantinham na Corte anterior" (Anexo A, Monteiro Filho, 2018).

Sobre tal concorrência entre as Cortes, importante apontar a busca, particularmente, de Pádua Ribeiro quanto ao estabelecimento da ideia fixada na ANC de que o STJ era a "Corte máxima da aplicação e interpretação da lei federal". Como registrado no Relatório da 'Comissão de acompanhamento da ANC':

> Enfim, com o novo texto constitucional, criou-se uma nova Corte, o Superior Tribunal de Justiça, que absorveu parte da competência do Supremo Tribunal Federal. Passou este a exercer a importante função de Corte Constitucional e **o novo Tribunal *a de Corte máxima* da**

> **aplicação e interpretação da lei federal. Seguiu-se a *tradição*, pois o Tribunal Federal de Recursos, também, fora criado para exercer parte da competência da Corte Maior.**
> Em tal contexto, não se pode deixar de salientar que o Tribunal Federal de Recursos, em sua substância, não se extinguiu. Desdobrou-se em vários Tribunais Regionais Federais, cedendo os seus Ministros para a composição inicial do Superior Tribunal de Justiça. Em outras palavras, não morreu e sim transformou-se. Brasília, 6 de outubro de 1988 (BRASIL, TFR, 1989, p. 55, grifo nosso).

Tal entendimento, por certo, passou a gerar uma disputa velada e subliminar entre os órgãos superiores do Judiciário, já que se acabou por lançar um novo ator 'judicial', com relevantes poderes no tabuleiro político nacional. Passando a exigir uma mais complexa articulação do Executivo e Legislativo e, especialmente, pelo STF, o qual evidentemente buscou preservar-se como órgão de cúpula do Judiciário nacional e com autoridade sobre o STJ e a Justiça Federal e este ligada.

5.1.3 Preparativos para a Instalação do Superior Tribunal

Inobstante o relatado, antes mesmo do encerramento dos trabalhos da ANC, o Presidente do Tribunal Federal de Recursos, Ministro Gueiros Leite, fez editar o Ato nº 1.141, de 6 de setembro de 1988. A normativa criou diversas comissões temporárias para que fossem apresentados estudos e sugestões para a implantação do Superior Tribunal de Justiça. As atividades foram distribuídas entre os ministros, os quais compuseram a Comissão Administrativa, a de Obras e Instalações, a de Regimento e a de Leis Processuais.

Em 30 de março de 1989 foi promulgada a Lei nº 7.746, a qual 'dispõe sobre a composição e instalação do Superior Tribunal de Justiça', criando o respectivo quadro de pessoal e disciplinando o funcionamento do Conselho da Justiça Federal.

Assim, como o que já havia sido determinado no art. 27 do Ato das Disposições Constitucionais Transitórias (ADCT), no art. 2º da aludida lei constou que a composição inicial do STJ seria feita pela incorporação dos ministros do TFR e pelo preenchimento das vagas remanescentes, observando-se, quanto a estas, os percentuais das classes originárias de cada um daqueles que estavam sendo transferidos.

Desta feita, tomaram posse os ministros do TFR como ministros do Superior Tribunal de Justiça, em 7 de abril de 1989, data da instalação desta nova Corte.

O Quadro 6 foi construído tendo como base a antiguidade das nomeações dos membros do TFR, os quais, após a transposição para o STJ, tiveram encerradas suas funções, por aposentadoria, morte ou posse junto ao Supremo Tribunal Federal.

Quadro 6 – Período de atividade dos ministros do TFR que ascenderam ao STJ

Seq.	Nome do Ministro	Início	Término
1	Armando Leite Rollemberg	29.07.1963	20.02.1991
2	José Fernandes Dantas	29.10.1976	01.10.1998
3	Evandro Gueiros Leite	19.12.1977	06.11.1990
4	Washington Bolívar de Brito	19.12.1977	02.12.1991
5	Antônio Torreão Braz	19.12.1977	04.10.1995
6	Carlos Mário da Silva Velloso	19.12.1977	13.06.1990
7	William Andrade Patterson	03.08.1979	14.12.2000
8	Romildo Bueno de Souza	08.04.1980	08.04.1999
9	Miguel Jerônymo Ferrante	23.06.1980	04.03.1990
10	José Cândido de Carvalho Filho	23.06.1980	25.04.1994
11	Pedro da Rocha Acioli	23.06.1980	17.03.1995
12	Américo Luz	23.06.1980	25.02.1998
13	Antônio de Pádua Ribeiro	23.06.1980	20.09.2007
14	Cid Flaquer Scartezzini	07.05.1981	24.02.1999
15	Jesus Costa Lima	09.12.1981	04.10.1995
16	Geraldo Barreto Sobral	16.12.1982	17.08.1992
17	Carlos Augusto Thibau Guimarães	10.06.1983	25.05.1992
18	Paulo Roberto Saraiva da Costa Leite	25.09.1984	04.04.2002
19	Nilson Vital Naves	11.04.1985	20.04.2010
20	Eduardo Andrade Ribeiro de Oliveira	12.06.1985	01.08.2000
21	Ilmar Nascimento Galvão	19.10.1985	26.06.1991
22	Francisco Dias Trindade	09.01.1986	05.12.1994
23	José de Jesus Filho	09.01.1986	30.06.1997
24	Francisco de Assis Toledo	30.03.1987	15.07.1996
25	Edson Carvalho Vidigal	09.12.1987	29.03.2006
26	Jacy Garcia Vieira	08.09.1988	05.10.2002

Fonte: Elaborado pelo autor, com base nas informações do STJ, disponíveis na página oficial do órgão.

Tendo em vista a necessidade de se completar 33 membros, foram indicados e, após aprovação pelo Senado, nomeados, sete novos ministros, todos advindos dos Tribunais de Justiça Estaduais, logo em maio de 1989. O Quadro 7 abaixo foi organizado tendo como base o nome do ministro, aplicando-se neles a ordem alfabética.

Quadro 7 – Período de atividade dos primeiros ministros do STJ

Seq.	Nome do Ministro	Início	Término
27	Athos Gusmão Carneiro	18.05.1989	29.10.1993
28	Francisco Claudio de Almeida Santos	18.05.1989	18.03.1996
29	Luiz Carlos Fontes de Alencar	18.05.1989	05.12.2003
30	Luiz Vicente Cernicchiaro	18.05.1989	02.08.1999
31	Raphael de Barros Monteiro Filho	18.05.1989	08.04.2008
32	Salvio de Figueiredo Teixeira	18.05.1989	01.02.2006
33	Waldemar Zveiter	18.05.1989	16.03.2001

Fonte: Elaborado pelo autor, com base nas informações do Superior Tribunal de Justiça[97].

Vale lembrar que o início da renovação dos integrantes do STJ começou logo em 4 de julho de 1990, com a aposentadoria do Ministro Miguel Jeronymo Ferrante e a nomeação, para sua vaga, de Hélio de Melo Mosimann, o qual permaneceu até 2 de agosto de 2001. Na sequência, em 15 de janeiro de 1991, houve vaga aberta pela posse de Carlos Mário Velloso como ministro do STF e a nomeação de Francisco Peçanha Martins para sua vaga, mantendo-se ativo até 13 de fevereiro de 2008. E, fechando esse período inicial, a nomeação, em 27 de junho de 1991, de Demócrito Ramos Reinaldo, na vaga do Ministro Evandro Gueiros Leite.

Somente em 14 de maio de 1998, com a posse de Aldir Guimarães Passarinho Júnior, na cadeira do Ministro José de Jesus Filho, aposentado em 30 de junho de 1997, é que a composição vinda do TFR teve sua maioria modificada.

Porém, vale registrar ainda que a renovação completa dos ministros advindos do Tribunal Federal de Recursos somente aconteceu em 13 de junho de 2011. Por ocasião da posse de Ricardo Villas Bôas Cueva, na vaga do Ministro Nilson Vital Naves, aposentado em 20 de abril de 2010, e de Antônio Carlos

[97] Disponível em: <http://www.stj.jus.br/web/verMinistrosSTJ?parametro=4>. Acesso em: 6 nov. 2019.

Ferreira e Sebastião Alves Júnior, respectivamente, nas posições do Ministro Antônio de Pádua Ribeiro, aposentado em 20 de setembro de 2007, e do Ministro Humberto Gomes de Barros, aposentado em 22 de julho de 2008.

Ou seja, foram necessários mais de 22 anos para que o STJ fosse, sob a perspectiva de sua composição, tido como uma Corte nova e possivelmente desvinculada de suas raízes de tribunal de 2º grau, como era o antigo TFR.

Convalida essa leitura a entrevista do Ministro Barros Monteiro, que nos foi concedida em outubro de 2018:

> Não é preciso dizer das minhas dificuldades ante a elevadíssima responsabilidade que então assumia. Impressionou-me, sobretudo, o vastíssimo campo da legislação comum ordinária, abrangendo desde a legislação codificada até a larga dimensão das leis esparsas vigentes. Além disso, apresentava-se à minha frente um novo sistema de julgamento, diferente do que costumava empregar no Tribunal de Justiça do Estado de São Paulo: ao invés de apreciar toda a matéria de fato contida nos feitos, no Superior Tribunal de Justiça, quando do exame dos recursos especiais, devia cingir-me tão somente às teses de direito. Está claro que inexistia à época, tal como ainda ocorre nos dias atuais, qualquer tipo de filtragem, isto é, um limite no cabimento dos citados recursos especiais (Anexo A, 2018).

No mesmo sentido de 'aproveitamento', observa-se que, à época, os mesmos ministros ocuparam o próprio local onde antes exerciam suas atividades. Já que o STJ foi instalado no prédio onde funcionava o TFR, após uma adaptação para o recebimento do maior número de membros e, por consequência, de servidores.

A construção de uma nova sede foi preocupação destacada, em especial, pelos primeiros presidentes do STJ[98]. Ela foi iniciada logo em janeiro de 1990 e sua inauguração se deu na manhã de 22 de junho de 1995, sob a presidência do Ministro William Andrade Patterson – fazendo ele questão de ser o

[98] Apurou pelos diversos discursos dos primeiros presidentes do STJ que, juntamente com a construção da nova sede, buscavam notoriedade mediante a implantação dos mais modernos equipamentos eletrônicos, a fim de informatizar os sistemas internos e externos e de consulta a processos judiciais.

presidente que inaugurou a nova sede. À tarde, tomou posse na presidência o Ministro Romildo Bueno de Souza. Com projeto de Oscar Niemeyer, Hermano Montenegro e Bruno Contarini, o complexo de prédios possui quase 140.000m² e segue o padrão de imponência[99] e quiçá suntuosidade de grande parte dos prédios públicos brasileiros.

O Regimento Interno do Superior Tribunal, seguindo em conteúdo os padrões dos demais tribunais superiores, foi editado em 22 de junho e publicado em 7 de julho de 1989. Já os processos judiciais em trâmite foram redistribuídos ao STJ e aos novos TRFs, na forma do Ato Regimental nº 2, de 16 de fevereiro de 1989.

Esse foi, portanto, o arcabouço normativo e operacional que deu sustentação à inovação de parte do Judiciário, ou seja, ao Superior Tribunal de Justiça e aos cinco Tribunais Regionais Federais, trazida pela Constituição de 1988.

Por fim, chama a atenção o amplo e tradicional *modus operandi* replicado por esses novos tribunais, em particular, pelo STJ. Já que não havia qualquer razão para que tantos os ministros quanto os servidores agissem de maneira diferente da que vinham fazendo. Somente com o tempo e com o surgimento de novos interesses e oportunidades é que o STJ paulatinamente conscientiza-se de sua importância, passando a atuar para ocupar espaços e obter prestígio e influência. E um desses momentos, como demonstraremos, é a Reforma do Judiciário implantada pela EC nº 45/2004.

5.1.4 Sessão de instalação do STJ e lançamento de novos discursos ideacionais

Antecipa-se que quem organizou e implementou os cinco Tribunais Regionais Federais foi o Tribunal Federal de Recursos, por meio de seus ministros, designados pelo Ato nº 1.314, de 28 de março de 1989, do Presidente Gueiros Leite.

A instalação foi dada simultaneamente, em 30 de março de 1989, nas cinco regiões. Para dar posse aos novos desembargadores dos Regionais e presidir a sessão, foram designados o Ministro Washington Bolívar de Brito para o TRF da 3ª Região, com sede em São Paulo, o Ministro José Cândido de Carvalho

[99] Cercada de polêmicas e irregularidades, a construção da sede do STJ consumiu, à época, R$ 730 milhões (VASCONCELOS, 2006).

Filho para o da 1ª Região, em Brasília-DF, o Ministro Armando Leite Rolemberg para o da 2ª Região, no Rio de Janeiro, o Ministro José Fernandes Dantas para o da 4ª Região, em Porto Alegre, e, por fim, ao próprio Ministro Gueiros Leite para o TFR da 5ª Região, com sede em Recife.

Afora as críticas dos membros do TFR quanto ao pouco tempo para organizar a escolha dos integrantes dos Regionais, servidores, prédios e seus equipamentos, o fato é que a designação do Tribunal[100] como 'tutor' dos tribunais regionais garantiu-lhe ascendência sobre esses novos órgãos e seus integrantes – além do próprio redimensionamento do Conselho da Justiça Federal, órgão de fiscalização financeira e orçamentária da Justiça Federal, criado em 1966[101], que funcionará, ainda mais agora, como importante instrumento de ascendência do STJ e de seus ministros sobre essa parte da Justiça da União.

Importante concluir, então, que, estrutural e normativamente, o Tribunal Federal de Recursos acabou por ser fragmentado em cinco outros tribunais regionais. Ao passo que, organicamente, foi ele transformado no Superior Tribunal de Justiça.

Não obstante esse entendimento, a sessão de instalação do STJ se deu em ato solene reunido especialmente para esse fim, às 16 horas do dia 7 de abril de 1989, no Supremo Tribunal Federal, sob a condução do presidente do STF, Ministro José Neri da Silveira. Participaram também os ministros do Supremo José Carlos Moreira Alves, Aldir Guimarães Passarinho, Sydney Sanches, Luiz Octávio Pires e Albuquerque Gallotti, Carlos Alberto Madeira, Célio de Oliveira Borja e Paulo Brossard de Souza Pinto. Ausente, justificadamente, o Ministro José Francisco Rezek e presente ainda[102] o Procurador-Geral da República, José Paulo Sepúlveda Pertence.

100 A Lei nº 7.727, de 9.1.1989, regulou a composição inicial dos Tribunais Regionais Federais e sua instalação, criando os respectivos quadros de pessoal. A gestão quanto à indicação desses novos membros dos Regionais ficou sob a tutela do findo Tribunal Federal de Recursos que, na sequência, regulamentou a forma dessa atuação pelo Ato Regimental nº 1, também de 9.1.1989.

101 Pela Lei nº 5.010, de 30 de maio de 1966. Vide item 2.3 acima.

102 Segue um trecho da ata em que consta a lista de presença e os agradecimentos: "Agradeço a presença de S. Exa. o Sr. Ministro-Chefe da Casa Civil, representante de Sua Excelência o Senhor Presidente da República; de S. Exa. o Sr. Presidente do Congresso Nacional, Senador Nelson Carneiro; de S. Exa. o Sr. Deputado Paes de Andrade, Presidente da Câmara dos Deputados; dos Srs. Parlamentares; dos Srs. Ministros de Estado; dos Srs. Presidentes e demais ministros dos Tribunais Superiores; dos Desembargadores Presidentes de todos os Tribunais de Justiça do País e dos Srs. Juízes Presidentes de Tribunais de Alçada que participam do I

E, como já dito, na forma do art. 27, § 1º, inciso I, do ADCT, a nova Corte Superior foi composta pelos 26 ministros do então TFR, conforme consta do Quadro 6.

Pelos registros desse evento, pode-se notar construções ideacionais que se estabeleceriam dali para frente na relação entre as duas Cortes, o STJ e o STF.

Visto que logo no discurso do presidente do STF Neri da Silveira recordaria ele que em 23 de junho de 1947, sob a curadoria do Supremo, foi igualmente instalado o Tribunal Federal de Recursos. Saindo dele para o STF vários de seus integrantes, como "o saudoso Ministro Rocha Lagôa, os ilustres Ministros aposentados Antônio Neder e Decio Miranda e, aqui, hoje oficiam os eminentes Ministros Aldir Passarinho e Carlos Madeira", além do próprio Neri da Silveira (BRASIL, Diário da Justiça, 1989, p. 5815).

E difundindo sua concepção de que o STJ nasce sob a mesma condição do TFR, busca incutir o Supremo que, "tal como sucedera com o Tribunal Federal de Recursos, em 1946, o Superior Tribunal de Justiça recolhe em sua competência parcela significativa da que se reservava, em regime anterior, ao Supremo Tribunal Federal" (BRASIL, Diário da Justiça, 1989, p. 5815).

Tal posição pode revelar um entendimento de que estaria intocado o STF em sua autoridade e em seu domínio, assim como antes, no topo da hierarquia judicial. Já que não há, em todos os discursos e manifestações pesquisadas, declaração destacando as peculiaridades da nova Corte.

De outro lado, como já salientado, a presidência do novo STJ ficou com o mesmo integrante que já presidia o TFR[103], o Ministro Evandro Gueiros Leite. O primeiro presidente do STJ que permaneceu por pouco tempo à frente do novo Tribunal, até 23 de junho de 1989, aposentando-se um pouco mais tarde.

Gueiros Leite era cético quanto a que a um novo tribunal pudesse ter grandes efeitos na diminuição do acúmulo e da morosidade dos julgamentos. Acreditava mais em reformas processuais que aplicassem em massa o

Encontro dos Presidentes de Tribunais Federais e Estaduais, nesta Capital. Agradeço, ainda, a presença dos Srs. Ministros aposentados do Supremo Tribunal Federal, dos Srs. Ministros aposentados do Tribunal Federal de Recursos, dos Srs. Magistrados, dos Srs. membros do Ministério Público, dos Srs. Advogados, das Senhoras e dos Senhores" (BRASIL, STF, Ata de instalação do STJ, 1989).

103 Entre a presidência do Tribunal Federal de Recursos e a do Superior Tribunal de Justiça, o Ministro Evandro Gueiros Leite permaneceu continuamente de 23 de junho de 1987 a 23 de junho de 1989.

entendimento das Cortes Superiores, tal como viria a ser a súmula com efeitos vinculantes e, futuramente, as decisões representativas de recursos repetitivos.

Em seu discurso de instalação do STJ intitulado "Transição", faz ele uma analogia do momento de sua passagem para a presidência do TFR com o da transição do Judiciário na e da Constituinte recém-concluída. Assim, introduz sua opinião, dizendo: "por isso, acrescento, não tenho motivos para desassossegos. (...) Este Tribunal jamais será posteridade de fatos e de homens, embora os acontecimentos revelem a proximidade de ampla transição institucional". Fala ainda a respeito de seu sentimento sobre as mudanças implementadas no Judiciário à época, em particular a criação do STJ, prenunciando que:

> é prudente precaver-se dos juízos precipitados sobre o mérito dessas modificações. **Tenho apenas receio que a simples mudança de nomes, o aumento do número de membros ou a criação de novos Tribunais não venham solucionar os problemas da nossa Justiça**, os quais predispõem os jurisdicionados contra ela, desinformados que são sobre a sua qualidade de Poder sem força da espada ou do tesouro. A vinculação aos precedentes dos tribunais superiores, conhecidos como *stare decisus et non quieta movere*, evitaria um dos mais sérios entraves à boa marcha da Justiça, que é a recalcitrante recusa da Administração em cumprir decisões judiciais iterativas, as que abrangem uma coletividade de partes ou a solução de problemas comuns. Exige-se sempre a decisão em hipótese e o esgotamento de todos os graus de jurisdição disponíveis, em pura perda de trabalho, despesas e tempo (BRASIL, STJ, 2016, p.14 a 23, grifo nosso).

Porém, essa crítica, embora transparente e premonitória, não encontrou eco em qualquer canto do Judiciário. Dentre vários motivos do silêncio, salta aos olhos o de que a reforma ocorrida na Constituinte de 1987-88 fez com que aumentasse fortemente o Judiciário em tamanho e poder. Especialmente, para a Justiça Federal, com a criação de cinco tribunais regionais e um superior tribunal. Isso, além de notoriedade e comando, abria oportunidades pessoais de carreira para todos os juízes, advogados e membros do Ministério Público.

Ademais, logo se trataria de pôr em prática um discurso de valorização, eficiência e modernidade do Superior Tribunal de Justiça repelindo qualquer eventual opinião de que a grande expansão da estrutura do Judiciário não tivesse sido acertada.

Pois, já em 30 de abril de 1990, em discurso proferido na sessão solene de comemoração a um ano de criação do STJ, o mesmo Pádua Ribeiro idealizaria um Superior Tribunal de Justiça que seria o resultado da junção dos mais experimentados magistrados e exímios conhecedores da tradição judiciária, com o que havia de mais moderno em termos de tribunal nacional.

> Sob a Presidência do Supremo Tribunal Federal, instalou-se o Superior Tribunal de Justiça em cerimônia simples, que, **antes de aviltá-la, a engrandeceu**. Surgiu, naquele instante, este importante órgão do Poder Judiciário, cúpula da Justiça comum federal e estadual. [...]. **Esta Corte muito deve ao antigo Tribunal Federal de Recursos. Dele herdou** não somente os excelentes funcionários e instalações, mas, também, **os seus Ministros, magistrados há muito testados no difícil ofício de julgar**, e os frutos da hercúlea atuação dos seus dirigentes, das Comissões que instituiu e dos seus membros. Por isso mesmo começou a funcionar com a naturalidade de velho Pretório, absorvendo as **melhores tradições** de escorreito exercício da jurisdição, ao inserir-se, na nova ordem constitucional, em posição proeminente. Daí que, na sua atuação, jamais perderá de vista que, como órgão do Poder Judiciário, cabe-lhe, com absoluta limpidez, desempenhar a sua atividade com cívica aversão a tudo que a conspurque ou comprometa. [...]. O **Superior Tribunal de Justiça** é um colegiado recém-nascido, mas, no seu âmago, **constitui mera exteriorização da velha instituição Justiça**. Daí que, ao comemorar este seu primeiro aniversário, pode-se dizer, como o faria Piero Calamandrei, que "o Pretório continua jovem e a juventude não é nunca melancólica, porque tem o futuro diante dela". Que tenha um auspicioso porvir. Que sempre mereça a confiança dos cidadãos brasileiros!
> (BRASIL, STJ, 2011, p. 91 a 93, grifos nossos).

No entanto, revelando certa contradição, desde o início, nota-se uma latente preocupação em aparelhar e implantar as melhores e mais modernas estruturas junto ao STJ e à Justiça Federal. Como dito, a nova roupagem, que garantisse a aparência de um imponente tribunal, foi prioridade das primeiras gestões e o novo prédio foi inaugurado em junho de 1995. Com esse mesmo objetivo, empenharam-se profundamente em empregar as mais avançadas tecnologias, fazendo com que o STJ fosse o pioneiro, dentre os órgãos judiciais, em diversos segmentos informatizados.

> Tão logo aprovado o Plano Diretor de Informática, **elaborado graças à dedicação do Ministro Pádua Ribeiro** e da Comissão Técnica, tudo fizemos para sua execução no mais curto prazo possível. Por sua importância para a modernização do Judiciário Brasileiro, destaca-se a interligação de todas as Seções Judiciárias, dos cinco Tribunais Regionais Federais, do Superior Tribunal de Justiça e de quantos tribunais estaduais já tenham acesso a bancos de dados, pelo sistema RENPAC, da EMBRATEL. Essa interligação, que cobre todo o País, via satélite, permite a informação imediata e gratuita aos cidadãos sobre o andamento do seu processo, onde quer que ele tenha sido ajuizado, no País, além de transmitir informações sobre a jurisprudência dos Tribunais, tão útil aos Juízes, Advogados e membros do Ministério Público. Os constitucionalistas franceses e italianos assinalam que o direito à cidadania passa pelo direito à informação. E foi o que procuramos fazer, levando a verdade da tramitação dos processos direta e gratuitamente ao povo, democratizando a Justiça. [...] E tudo isso, ressalte-se, foi conseguido com os nossos próprios recursos orçamentários, sem qualquer espécie de ajuda externa (BRASIL, STJ, 2006. p. 46-47, grifo nosso).

É o que recorda o Ministro Washington Bolívar de Brito, presidente do STJ de 23 de junho de 1989 a 24 de junho de 1991. Ainda destacando ele a recriação do Conselho da Justiça Federal, para que pudesse cumprir sua nova destinação constitucional e institucional, de gestão e comando sobre toda a justiça federal, obtendo, também nos primeiros anos do STJ, "sede própria, abrigando a Associação dos Magistrados Brasileiros e o Centro de Estudos e

Aperfeiçoamento dos Servidores da Justiça – prometido no discurso de posse e em pleno funcionamento com numerosos cursos" (BRASIL, STJ, 2006, p. 45).

5.2 Reforma do Judiciário e Emenda Constitucional N° 45, DE 2004

Neste item procura-se destacar o que acredita ter sido a tomada de consciência dos integrantes do STJ de que o processo de reforma do Judiciário, que estaria por vir, seria uma importante arena para galgar ganhos à Corte. Nele podemos ver um processo de sedimentação de diversas construções ideacionais difundidas pelos ministros do STJ que, embora não saíssem vitoriosos em diversas demandas junto ao Congresso, obtiveram junto à sociedade e ao próprio Judiciário a respeitabilidade de um Tribunal Superior Nacional.

5.2.1 Ambiente propício para a Reforma do Judiciário

Pertinente contextualizar o momento em que se iniciou o processo da Reforma do Judiciário, resultando na EC nº 45, de 30 de dezembro de 2004. O que permitirá, inclusive, realizar um paralelo com o momento anterior, ou seja, o da EC nº 7/1977 e da ANC de 1987-88.

Com efeito, a Reforma do Judiciário de 2004 encontra-se inserida em um ambiente de reformulação do Estado[104], iniciado nos governos do Presidente Fernando Collor (1990-1992), perpassando pelos dois governos de Fernando Henrique Cardoso (1995-1998 e 1999-2002) e culminando no início do primeiro mandato de Luiz Inácio Lula da Silva (2003-2006).

É fato que no final de 1992, logo após a primeira eleição direta em mais de trinta anos no Brasil, ocorreu o processo de *impeachment* do Presidente Fernando Collor. E, com a eleição de FHC, houve a necessidade de fortificar o plano econômico conhecido como 'Plano Real', além da implementação de

[104] Para uma crítica às reformas que visavam uma modernização do Estado neste período, dentre outros, ver BERCOVICI, Gilberto. In: TELES, Edson; SAFATLE, Vladimir, 2010, p.77-90.

outras medidas almejadas, como a reforma da previdência[105] e a reeleição para os cargos do Executivo[106].

Com foco mais específico nas instituições judiciárias, destaca-se, neste período, a instalação da Comissão Parlamentar de Inquérito junto ao Senado, em 1999, a 'CPI do Judiciário'[107] motivada pela descoberta de desvios de recursos públicos pelo desembargador federal Nicolau dos Santos Neto junto à construção da sede do Tribunal Regional do Trabalho em São Paulo. Com objeto amplo, a apuração parlamentar teve grande repercussão e forte reação contrária dos membros da magistratura nacional.

Nessa mesma perspectiva, aponta-se, ainda, a prisão do juiz federal João Carlos da Rocha Mattos, titular da 4ª Vara Federal Criminal em São Paulo, em novembro de 2003, acusado de chefiar um esquema de venda de sentenças da Justiça Federal, resultado da investigação da Polícia Federal, em 2003, conhecida como 'Operação Anaconda'[108].

Assim, diante desses episódios que trouxeram à evidência as mazelas de membros do Judiciário é importante lembrar que, na década de 1990, a já antiga 'Crise do Judiciário' ganha diferentes contornos[109]. Nesse momento,

105 Em março de 1995, o governo FHC apresentou ao poder legislativo proposta de alterações do sistema previdenciário brasileiro, abrangendo o setor privado e o público, incluindo os servidores civis, militares e a magistratura. Reapresentada em 1997, a PEC nº 33 foi aprovada em 15 de dezembro de 1998, transformando-se na Emenda Constitucional nº 20.

106 Emenda Constitucional nº 16, de 4 de junho de 1997.

107 A 'CPI do Judiciário foi instalada no Senado em 8 de abril de 1999. Foi requerida pelo Senador Antônio Carlos Magalhães, do PFL-BA, ferrenho crítico do Poder Judiciário à época. A comissão tinha como foco irregularidades praticadas por integrantes de tribunais superiores, de tribunais regionais e de Tribunais de Justiça. Sendo foco de severas críticas dos integrantes do Judiciário em geral. Disponível em: <https://www12.senado.leg.br/noticias/materias/1999/04/08/instalada-cpi-do-judiciario>. Acesso em: 18 jan. 2019.

108 Com grande repercussão na imprensa e nos meios jurídicos, a 'Operação Anaconda' foi o resultado das investigações de venda de sentenças junto à Justiça Federal de São Paulo. A quadrilha envolvia, como mentores, o ex-juiz federal João Carlos da Rocha Mattos, o então agente federal César Herman Rodriguez, o então delegado federal José Augusto Bellini e o advogado e ex-delegado federal Jorge Luiz Bezerra da Silva. E, como planejadores, executores e gerentes financeiros, Norma Regina Emílio Cunha, auditora fiscal aposentada e ex-mulher do juiz Rocha Mattos e os advogados Carlos Alberto da Costa Silva e Affonso Passarelli Filho. Disponível em: <https://www1.folha.uol.com.br/ fsp/brasil/fc0811200310.htm>. Acesso em: 18 jan. 2019.

109 Não se desconhece o papel do Banco Mundial naquele momento, que visava, mediante assistência técnica e financeira, uma reestruturação e um reordenamento jurídico nos países

fala-se dos novos direitos advindos da Constituição de 1988, os quais, ao lado de garantir aumento de poder e influência ao Judiciário, acabam, ao revés, por desgastar ainda mais a imagem da magistratura brasileira.

A implementação de um maior acesso à justiça, dos direitos coletivos, difusos e individuais homogêneos e, inclusive, das demandas reprimidas de consumo e do novo tratamento dos assuntos de infância e juventude[110] gerou grande impacto no cotidiano dos cidadãos. Da mesma forma, houve uma ampliação da interferência do sistema de Justiça na sociedade como um todo, com foco nas questões políticas e administrativas dos outros Poderes, com o alargamento das possibilidades de impugnação à constitucionalidade das leis junto ao Supremo[111] e, na primeira instância, com o crescente número de ações de improbidade administrativa[112].

Ilustram a assertiva os estudos de Sadek (2004) sobre o Judiciário, realizados no período do trâmite legislativo da Emenda, como a seguinte passagem:

> A situação recente difere de todo o período anterior em pelo menos dois aspectos: 1) a justiça transformou-se em questão percebida como problemática por amplos setores da população, da classe política e dos operadores do Direito, passando a constar da agenda de reformas; 2) tem diminuído consideravelmente o grau de tolerância com a baixa eficiência do sistema judicial e, simultaneamente, aumentado

da América Latina e Caribe. Sendo que um de seus principais focos era o da implementação de mecanismos que garantissem estabilidade e agilidade jurídicas ao sistema, a fim de proporcionar um melhor ambiente aos investidores globais. No entanto, por não ser o objeto desta obra, citamos aqui o ponto como um elemento que corroborou para a Reforma, em 2004, do Judiciário.

110 Lei nº 8.078, de 11 de setembro de 1990, que dispõe sobre a proteção do Consumidor. E Lei nº 8.069, de 13 de julho de 1990, que dispõe sobre o Estatuto da Criança e do Adolescente.

111 A Emenda Constitucional nº 3, de 17 de março de 1993, ampliou o rol do art.102 da Constituição, possibilitando, além da ação direta de inconstitucionalidade, a ação declaratória de constitucionalidade de lei ou ato normativo federal. Ainda, trouxe a arguição de descumprimento de preceito fundamental, decorrente da Constituição de 1988. Logo mais, em 1999, houve a edição de leis regulamentadoras desses casos, a Lei nº 9.868, de 10 de novembro, e a Lei nº 9.882, de 3 de dezembro, respectivamente.

112 Lei nº 8.429, de 2 de junho de 1992, que dispõe sobre as sanções aplicáveis aos agentes públicos nos casos de enriquecimento ilícito no exercício de mandato, cargo, emprego ou função na administração pública direta, indireta ou fundacional.

> a corrosão no prestígio do Judiciário. De fato, as instituições judiciais – mesmo que em grau menor do que o Executivo e o Legislativo – apesar de há longo tempo criticadas, saíram da penumbra (confortável?) e passaram para o centro das preocupações. E, por outro lado, acentuaram-se as críticas e a queda nos índices de credibilidade (SADEK, 2004, p. 6-7).

Pontua a autora, também, que a Reforma de 2004 deixou de ser uma discussão interna ao Judiciário e sobre aspectos de sua estrutura hierárquica, pois mesmo "os operadores do sistema de justiça, tradicionalmente mais reservados em suas apreciações e vistos como portadores de forte espírito corporativo, têm reconhecido que as condições presentes são desfavoráveis" (SADEK, 2004, p. 7). Portanto, de um problema estrutural, torna-se a Emenda uma discussão mais sobre o modelo de Justiça que se quer no Brasil, sua eficiência e imagem, no campo irrestrito da sociedade como um todo.

Assim, passa a chamar a atenção a 'judicialização da política', a qual ganha corpo da mesma maneira que a percepção de uma necessária Reforma do Judiciário. Culminando, como se verá a seguir pelos debates no Congresso, em uma tentativa de conter o Judiciário, órgão muito mais poderoso após a Constituição de 1988.

Nesse viés, a Reforma do Judiciário pode ser compreendida como um ajustamento em relação a esse novo papel constitucional e, aliada ao carregamento de pontos não aprovados na Constituinte de 1987-88, busca-se reformulá-la.

Além disso, um dos grandes temas discutidos na Reforma de 2004 é exatamente a recriação de um conselho de fiscalização do Judiciário, suprimido na Constituinte de 1988 e imposto pela Emenda Constitucional nº 7, de 1977. Período de exceção que não alcançou a gerência almejada, mesmo feito de maneira interna ao próprio Judiciário, já que o denominado Conselho Nacional de Magistratura foi instalado como apêndice do Supremo.

Como se vê, o processo político de construção da Reforma do Judiciário é complexo e não é possível identificar apenas uma causa para tal, ao contrário, identifica-se uma convergência de fatores e acontecimentos já que se apresentam como pano de fundo questões gestadas desde antes da ANC de 1987 e que nela surpreendentemente não encontraram o clima propício para sua aprovação. Mas, com a promulgação da Constituição, foram ganhando amplitude e volume para que, corroborados a novos fatos políticos e visando a um novo modelo de Justiça, fosse a EC nº 45 editada no final de 2004.

Há de considerar-se, concomitantemente, um tipo de depuração dos mais variados assuntos sugeridos durante todo o processo de discussão. Ou seja, desde a propositura, surgiram diversos modelos e proposições, muitas vezes conflituosos e os quais passaram por um amadurecimento para, somente ao final, convergirem em alguns itens de consenso para que fosse possível a aprovação.

5.2.2 Processo legislativo da Emenda Constitucional nº 45, de 2004

Diferentemente do que ocorreu na recém-ANC – onde as matérias eram aprovadas por uma subcomissão e aglutinadas e deliberadas na comissão respectiva, não podendo, a princípio, sofrer alterações nos órgãos subsequentes – as Propostas de Emenda Constitucional, no pós-88, submetem-se à votação nas duas Casas do Congresso Nacional. Sendo que as modificações, tanto no Senado como na Câmara, devem mais uma vez ser levadas à confirmação da outra Casa para que tenham validade. Além da deliberação em dois turnos em cada uma delas, sempre que a questão é votada, é necessária a aprovação de três quintos dos votos dos deputados (308 de 513) e dos senadores (49 de 81).

Esse procedimento segue uma complexidade maior do que o estabelecido pelo Regimento, quando da última Constituinte. Tal distinção de regras é um fator relevante para os parlamentares e para a defesa de interesse dos demais atores políticos, os quais eventualmente aproveitam-se delas para retardar ou barrar a aprovação de determinados assuntos.

Portanto, para uma aprovação mais dinâmica, uma proposta de reforma constitucional deve ser mais no sentido de efetivar os pontos convergentes, do que insistir nos divergentes – já que isso implica um retorno a outra Casa, para deliberação em dois turnos, para somente então ser possível a devolução e o almejado desfecho. E é isso que veremos a seguir na descrição do processo legislativo que tornou factível a promulgação da Emenda Constitucional nº 45, em 30 de dezembro de 2004.

Assim, logo em 26 de março de 1992, o Deputado Hélio Bicudo, do PT-SP, propôs modificações na estrutura do Poder Judiciário. A proposta recebeu na Câmara o nº 96/1992. Com um objetivo mais moralizador da magistratura, pretendia-se, basicamente, a imposição de critérios para nomeações e promoções de juízes, a fixação de mandatos de ministros e a alteração na indicação dos membros do STJ e do STF.

Muito aquém do que viria a ser a Reforma adotada, o projeto de Bicudo foi transformado, ao longo do tempo, em um profundo debate sobre a extinção da Justiça do Trabalho ou do seu poder normativo, a aceleração do julgamento de situações idênticas, com a criação das súmulas vinculantes nos tribunais superiores, e o ressurgimento de um órgão de controle e fiscalização da magistratura, o que acabou sendo estendido ao Ministério Público.

De qualquer forma, em dezembro de 1993 a PEC nº 96/1992 foi convertida em Proposta de Emenda Revisional[113], o que facilitaria a deliberação, pois, reunido em sessão unicameral, o Congresso poderia aprovar pela maioria absoluta dos seus membros.

Para esse evento, o STJ também constituiu uma comissão para acompanhamento, ou seja, o Ato n° 174/93, publicado no Diário Oficial de 5 de maio de 1993.

Para a relatoria da proposta de Emenda Revisional foi designado o Deputado Federal Nelson Jobim, do PMDB, que, com astúcia política, foi capaz de colocar na agenda política novos assuntos de reforma que não tinham sido cogitados na versão original. Tal como as súmulas de efeitos vinculantes de tribunais superiores e o controle da atividade dos magistrados.

> Nelson Jobim procedeu a um amplo exame da questão e, a partir de um número também excepcional de emendas apresentadas por parlamentares, tentou construir um projeto global de reforma do Judiciário. No entanto, Jobim incendiou o debate ao propor, entre outras mudanças polêmicas, a criação das súmulas de efeito vinculante dos tribunais superiores, bem como de novas formas de controle e responsabilização da atividade dos magistrados (SADEK e ARANTES, 2010, p. 3-4).

113 Previsto no Ato das disposições Constitucionais Transitórias, os trabalhos revisionais no Congresso Nacional iniciaram-se em 13 de outubro de 1993 e findaram-se em 31 de maio de 1994. ADCT, Art. 3º, dispõe: "A revisão constitucional será realizada após cinco anos, contados da promulgação da Constituição, pelo voto da maioria absoluta dos membros do Congresso Nacional, em sessão unicameral".

Embora os debates relativos ao Judiciário não tenham sido sequer votados quando da Proposta de Emenda Revisional, as matérias foram inseridas no relatório do Deputado Jairo Carneiro, do PFL-BA, que havia sido nomeado, em 2 de agosto de 1995, como relator da Comissão Especial da Câmara, para análise da PEC nº 96/1992.

Além da súmula vinculante e criação do Conselho Nacional de Justiça, coube ainda a inclusão da extinção do poder normativo da Justiça do Trabalho e dos juízes classistas e, por fim, as alterações referentes aos precatórios judiciais. Reflexo do apensamento à proposta original de diversas PECs então em trâmite[114].

Sem apoio e sob pesadas críticas, tal Comissão encerrou seus trabalhos no final de 1998 sem votação. E a proposta, com o parecer do Deputado Carneiro, foi arquivada em 2 de fevereiro de 1999, ao iniciar a nova legislatura.

No entanto, menos de um mês depois, ganha força a articulação do Senador Antônio Carlos Magalhães, do PFL-BA, para a instalação da 'CPI do Judiciário' e toda a repercussão pública vinda com ela, como buscou-se evidenciar no item anterior. Assim, a PEC nº 96 retorna aos debates.

Em 30 de março de 1999 foi constituída, pelo presidente da Câmara dos Deputados Michel Temer, nova Comissão Especial, a fim de proferir parecer sobre a mesma proposta. A presidência da Comissão ficou com o deputado Jairo Carneiro, do PFL-BA, cabendo agora a relatoria ao Deputado Federal Aloysio Nunes Ferreira, do PSDB-SP.

Ouviu-se novamente, em audiência pública, a sociedade civil, em especial, pessoas da área jurídica, como os ministros Presidentes do Supremo Tribunal Federal, do Superior Tribunal de Justiça, do Tribunal Superior do Trabalho e Eleitoral, das Associações de Magistrados, Defensores Públicos, Ordem dos Advogados do Brasil, além dos Sindicatos.

[114] PEC nº 500/1997, do Senado Federal, sobre os efeitos vinculantes das decisões de controle de constitucionalidade exercido pelo STF; a PEC nº 112/1995, do Deputado José Genoíno, do PT, relativa à criação do órgão de controle externo ao Poder Judiciário; além da PEC nº 127/1995, do Deputado Ricardo Barros, do PFL, que aumentava a idade para aposentadoria compulsória dos magistrados; a PEC nº 215/1995, do Deputado Matheus Schimidt, do PDT, que diminuía o prazo para a aposentadoria das mulheres magistradas; e, por fim, a PEC nº 368/1996, do Poder Executivo, que alterava a competência para a Justiça Federal relativa ao julgamento de crimes praticados contra os Direitos Humanos (BRASIL. Câmara dos Deputados. 1992).

Em 1º de junho de 1999, o relator deputado Aloysio Nunes Ferreira apresentou o seu projeto substitutivo, opinando pela aprovação da PEC nº 96/1992 e seus apensos. No entanto, o relatório novamente não foi bem recebido e foi considerado uma proposta muito radical, por optar pela extinção da Justiça do Trabalho e a incorporação de sua competência pela Justiça Federal comum.

Logo em seguida, o relator foi estrategicamente deslocado para uma função no Executivo do governo Fernando Henrique Cardoso, abrindo caminho para uma nova formulação do texto. E uma nova relatoria, do mesmo partido, foi designada pela Câmara, em 11 de agosto de 1999, a saber, a Deputada Zulaiê Cobra, do PSDB-SP.

A partir de então, a Comissão Especial da Câmara dos Deputados decidiu criar sub-relatorias, divididas por temas, a fim de minar a resistência sobre certos assuntos e angariar apoio para a aprovação na Casa. O Deputado Luiz Antônio Fleury Filho, do PTB-SP, ficou com a relatoria da matéria súmula vinculante; o Deputado Renato Vianna, do PMDB-SC, relatou a questão da estrutura e competência do STF e da Justiça Federal; o Deputado Marcelo Deda, do PT-SE, ficou com fiscalização e controle do Poder Judiciário; o Deputado Ibrahim Abi-Ackel, do PPB-MG, ficou com a questão dos direitos, garantias e disciplina dos magistrados, tribunais e juízes estaduais e, por fim, o Deputado José Roberto Batochio, do PDT-SP, relatou a sobre o acesso à justiça e o direito à sentença.

Como era de se esperar, o relatório de Zulaiê Cobra abandonou a ideia da extinção da Justiça do Trabalho. E, embora muito mais duro que o relatório de Nunes Ferreira no referente ao controle e à fiscalização do Judiciário, o substitutivo dela, após ajustes, foi aprovado em 19 de outubro de 1999[115] e a Comissão foi encerrada em meados de novembro.

115 Em 19 de novembro de 1999, a PEC foi lida no Plenário. Em 24 de novembro, iniciaram-se as discussões da matéria no Plenário da Câmara dos Deputados. Em 19 de janeiro de 2000, o Plenário aprovou, por 456 votos a favor, 21 contra e 1 abstenção, o texto principal da relatora, tendo ressalvados os destaques. Em 25 de janeiro de 2000, o Plenário iniciou a votação dos destaques e emendas aglutinativas (em torno de 100). Em 12 de abril de 2000, nele foi concluída a votação da matéria em primeiro turno. Em 31 de maio, o colegiado aprovou a PEC em segundo turno. O texto principal foi aprovado por 380 votos favoráveis, 21 contrários e 3 abstenções. Em reunião do presidente da Câmara com os líderes dos partidos, decidiu-se votar somente 15 destaques de bancada. Os destaques individuais foram rejeitados em globo. Na votação dos destaques, 3 foram aprovados: um que suprimiu a 'mordaça' para os magistrados,

Em 7 de junho de 2000, a Câmara concluiu a votação em segundo turno, encaminhando o texto ao Senado, onde foi renumerado para PEC nº 29/2000. Seus principais pontos, muitos dos quais constam da promulgação da Emenda, são a criação da súmula impeditiva de recursos para os tribunais superiores e da súmula vinculante para o STF, dos órgãos de controle da Magistratura e do Ministério Público, a federalização dos crimes contra os direitos humanos, a autonomia para as Defensorias Públicas estaduais e a possibilidade de os tratados e convenções internacionais sobre direitos humanos serem recepcionados como emendas à Constituição.

No Senado, o então presidente da Comissão de Constituição, Justiça e Cidadania–CCJ, o Senador Bernardo Cabral, do PFL-AM, que havia sido o relator da Comissão de Sistematização da ANC de 1987-88, avocou o exame da proposta da Câmara, considerada por ele de grande importância. Com seu parecer favorável de nº 538 e nº 1.035, a proposta ainda recebeu 106 emendas e, em Plenário, outras 133. O relatório de Cabral, embora aprovado, em primeiro turno, a mais de um ano depois da chegada do texto, em 28 de novembro de 2001, acabou não sendo deliberado em segundo turno, mesmo diante dos esforços dele para submissão antes do fim da legislatura, o que aconteceria em dezembro de 2002.

Com a não reeleição de Bernardo Cabral e a renovação de dois terços do Senado, a Reforma do Judiciário sofria mais um revés. Iniciada a nova legislatura, logo em fevereiro de 2003, o presidente do Senado, José Sarney, do PMDB-AP, decidiu pelo retorno da discussão da PEC junto à CCJ. Nomeando, por seu presidente o senador Edson Lobão, do PFL-PA, em 26 de junho de 2003, como seu novo relator, o senador José Jorge, do PFL-PE.

Como relator, José Jorge passou a focar nos assuntos de consenso da reforma, os quais já haviam sido aprovados na Câmara. E com isso empenhou-se em dialogar com as diversas instituições e os diferentes interessados, buscando fixar os pontos possíveis para a aprovação.

outra que retirou a exigência de lei que limitava a competência do juiz em estágio probatório; e a terceira, que suprimiu o art. 50 do substitutivo que cuidava de precatórios. Duas foram rejeitadas. Em 7 de junho de 2000, foi concluída votação da PEC nº 96/1992. Na sessão de 7 de junho, o Plenário da Câmara dos deputados concluiu a votação da PEC, em segundo turno, com a votação dos 3 últimos destaques (05, 08-A, 10), sendo que o 05, que retirava o foro privilegiado, foi aprovado.

> O senador manifestou interesse em ouvir as posições dos setores envolvidos nas mudanças a serem colocadas à Constituição Federal. É um projeto que já foi aprovado na Câmara e, portanto, pode ter algumas partes aprovadas rapidamente pelo Senado. Uma emenda constitucional não é obrigada a ser aprovada integralmente. Então nós vamos procurar exatamente verificar qual é a forma mais ágil. [...]. O senador recebeu a informação de que o Palácio do Planalto irá apresentar as sugestões que avalie como sendo necessárias. Para o senador pefelista, o maior desafio no preparo do relatório será dosar o equilíbrio dos interesses de setores envolvidos na Reforma. Por este motivo, segundo explicou, tem se posicionado como relator do projeto e não como o autor das mudanças do Poder Judiciário. Eu, inclusive, não sou especialista do setor. Mas, na realidade, isso aumenta a minha responsabilidade no sentido de ouvir. A minha ideia não é ser autor do projeto da Reforma do Judiciário, mas sim relator, o que é uma situação completamente diferente. A ideia é realmente procurar consenso, buscar opiniões (*sic*) (BRASIL, Senado, 2004).

Com esse proceder, ele realmente imprimiu agilidade ao trâmite. Entre os meses de março e abril de 2004, a CCJ do Senado analisou um total de 175 destaques ao relatório. Porém, os pontos principais que vieram da Câmara permaneceram no texto base. Dentre os quais, a criação dos órgãos de controle do Judiciário e do Ministério Público, a federalização de crimes contra os direitos humanos, a autonomia da Defensoria Pública dos Estados e a Súmula Vinculante. Além deles, o senador José Jorge acabou por instituir medidas como uma quarentena para que juízes aposentados voltassem a advogar no mesmo tribunal em que atuaram como magistrados.

Ainda, nesse período, foram realizadas quatorze audiências públicas com especialistas do sistema de justiça, incluindo membros dos Tribunais Superiores e do STF, Ordem dos Advogados do Brasil, Ministério Público e institutos jurídicos.

Após essa fase, em 8 de maio de 2004, o relator Senador José Jorge opinou, conforme o Parecer nº 451/2004 e Emenda nº 240/CCJ, por aglutinar e transformar as dezessete PECs, então em trâmite, em apenas quatro. A estratégia foi muito bem empreendida, pois viabilizou o consenso sobre uma série de questões, como veremos na sequência.

As quatro propostas de emendas constavam em diferentes documentos, a saber: uma delas da PEC nº 29/2000 advinda do texto básico da PEC nº 96/1992; outra derivada de pontos e modificações sugeridas na PEC nº 29/2000, recebendo o nº 29-A, de 2000[116], esta que deveria então retornar à Câmara para votação – onde foi renumerada para 358/2005, em 10 de janeiro de 2005; a terceira PEC constituía-se em novidade apresentada pelo Senado, listada com nº 26/2004, que, alterando o art. 100 da Constituição, autoriza o parcelamento das dívidas públicas advindas de decisões judicias, os chamados precatórios, em até sessenta parcelas mensais; e a quarta e última, a PEC nº 27/2004, institui os juizados de instrução criminal na primeira instância. Ambas devem submeter-se ao trâmite antes assinalado, de votação em dois turnos em cada casa, retornando à outra para confirmação ou não, caso haja alterações e inclusões no texto.

No entanto, o trâmite da Reforma ficou paralisado por mais de dois meses. Já que grande número de medidas provisórias 'trancavam' a pauta. Somente em julho de 2004 o plenário do Senado pôde deliberar sobre ela, em primeiro turno.

Após novo período de paralisação dos trâmites da Emenda, agora sob a imposição de diversos interesses, dentre eles os da Ordem dos Advogados, da Associação dos Juízes Federais e da Associação dos Magistrados do Brasil, instrumentalizados pela solicitação do Senador Eduardo Suplicy, do PT-SP, o segundo turno somente pôde ocorrer em meados de novembro.

Sob forte pressão, especialmente do Executivo, como veremos no próximo item, o Senado apressou ao limite a votação em Plenário e em segundo turno da PEC nº 29/2000. Ao final, ela foi aprovada por 59 votos a favor, sendo um contra. Os senadores aceitaram praticamente todo o texto que saiu dos debates e da aprovação da CCJ.

[116] Buscando alterar os seguintes dispositivos da Constituição Federal (CF) de 1988: arts. 21, 22, 29, 48, 93, 95, 96, 98, 102, 103-B, 104, 105, 107, 111-A, 114, 115, 120, 123, 124, 125, 128, 129, 130-A e 134. Acrescenta, ainda, os arts. 97-A, 105-A, 111-B e 116-A e dá outras providências. Dentre tantas novidades, a referida PEC nº 29-A/2000 do Senado Federal (nº 358/2005 da Câmara dos Deputados): modifica, novamente, a competência da Justiça Trabalhista, referida no inciso I do art. 114 da Constituição de 1988.

E, assim, a primeira das quatro propostas acima foi aprovada, em 17 de novembro de 2004. E promulgada pelas mesas da Câmara e do Senado, em 8 de dezembro de 2004, transformando-se na Emenda Constitucional nº 45. As demais, até a presente data encontram-se a lentos passos na Câmara dos Deputados, sem definição.

De qualquer forma, importante lembrar que a Reforma do Judiciário, culminada com a Emenda Constitucional nº 45/2004, também não encerrou em seus termos. Pois, como vemos pelos diversos debates da época no Parlamento, ela prosseguiria – além das matérias constitucionais anunciadas – na alteração infraconstitucional e na modernização administrativa do Justiça[117], como em boa parte tem ocorrido.

Quanto às alterações legislativas, na linha dos discursos ideacionais que embasaram as mudanças constitucionais, elas também procuraram tornar o processo mais ágil e as decisões mais seguras e eficientes.

Na área civil ou não penal houve ao longo do tempo diversas alterações nas normas de procedimento[118] e que levaram, em 2015, à edição de um novo

[117] Entende-se que modernização administrativa vem sendo realizada aos poucos após e pela própria instalação do Conselho Nacional de Justiça, em 2005, e a edição de normativas do órgão que atingem todas as esferas do Judiciário. Delas, destacamos a Resolução CNJ nº 7, de 18 de outubro de 2005, que disciplina o exercício de cargos, empregos e funções por parentes, cônjuges e companheiros de magistrados e de servidores investidos em cargos de direção e assessoramento, no âmbito dos órgãos do Poder Judiciário (contra o nepotismo). Sem esquecer-se da lei que instituiu o processo judicial eletrônico, nº 11.419, de 19 de dezembro de 2006, em todas as áreas do Direito, a qual vem progressivamente tornando as manifestações e o alcance aos autos muito mais eficiente.

[118] São exemplos da reforma infraconstitucional a Lei nº 11.187, de 19 de outubro 2005, que disciplina o cabimento dos agravos retido e de instrumento; a Lei nº 11.232, de 22 de dezembro de 2005, que estabelece a fase de cumprimento das sentenças no processo de conhecimento e revoga dispositivos relativos à execução fundada em título judicial; a Lei nº 11.276, de 7 de fevereiro de 2006, relativa à forma de interposição de recursos, ao saneamento de nulidades processuais, ao recebimento de recurso de apelação; Lei nº 11.277, de 7 de fevereiro de 2006, que acresce o art. 285-A ao Código de Processo, que replica a sentença já proferida entre as partes em casos idênticos; Lei nº 11.280, de 16 de fevereiro de 2006, sobre a incompetência relativa, meios eletrônicos, prescrição, distribuição por dependência, exceção de incompetência, revelia, carta precatória e rogatória, ação rescisória e vista dos autos; Lei n.º 11.341, de 7 de agosto de 2006, para admitir as decisões disponíveis em mídia eletrônica/Internet, como prova de divergência jurisprudencial. Acresça-se, ainda, embora cronologicamente anterior à Emenda 45, as leis que no início da década de 2000 já buscavam os efeitos almejados pela Reforma de 2004: a Lei nº 10.352, de 26 de dezembro de 2001, referente a recursos

Código de Processo Civil[119]. Porém, no campo penal, a legislação referente ao processo não teve o mesmo caminho. Isto é, continuam as mesmas, desde 1941[120], e em trâmite na Câmara dos Deputados. E se se comparar as alterações de ambos os Códigos vigentes logo após a aprovação da EC nº 45, veremos que as de natureza cível foram muito mais profundas e dinâmicas do que as que vêm sendo feitas na seara penal.

5.2.3 Peso do Executivo para a aprovação da reforma

Observe-se que pode ser tido como diferencial do momento anterior de mudança constitucional a atuação aberta e incisiva do Poder Executivo para o acontecimento da Emenda nº 45.

No início de 2003 há grande alteração no quadro de atores políticos, em especial junto ao Poder Executivo e Legislativo. Como já narrado, inicia-se

e ao reexame necessário; a Lei nº 10.358, de 27 de dezembro de 2001, relativa ao processo de conhecimento, consolidando a existência e eficácia das decisões mandamentais; e a Lei nº 10.444, de 7 de abril de 2002, que altera diversos artigos sobre a antecipação de tutela e do cumprimento de obrigações advindas dela.

119 Em 17 de março de 2015 foi publicada a Lei nº 13.105, que instituiu o novo Código de Processo Civil, com vigência um ano após, em 18 de março de 2016. Produto de uma Comissão de Juristas instalada pelo Senado, em 2009. A proposta foi transformada em Projeto de Lei nº 166/2010 no Senado e na Câmara teve o nº 8.046/2010.

120 O Código de Processo Penal é de 1941, Decreto-lei nº 3.689. Desde então vem sofrendo diversas alterações e atualizações. No período da Reforma do Judiciário passou por alterações que não visavam diretamente a agilização do procedimento. Mas a garantia da defesa e da efetividade das decisões. São exemplos a Lei nº 10.695, de 1º de julho de 2003, que trata da apreensão de bens e produtos de crimes e, pela Lei nº 11.435, de 28 de dezembro de 2006, sobre arrestos desses bens; a Lei nº 10.792, de 1º de dezembro de 2003, que altera o Código de Processo Penal e a Lei de Execução Penal. As leis do ano de 2008 que alteraram profundamente o CPP, tal como a Lei nº 11.690, de 9 de junho de 2008, tratando sobre a prova processual, e a Lei nº 11.689, 9 de junho de 2008, sobre o Tribunal do Júri. E a Lei nº 11.719, de 20 de junho de 2008, cuidando da suspensão do processo, *emendatio* e *mutatio libelli* e procedimentos. Após, houve relevantes alterações em 2009, pela Lei nº 11.900, de 8 de janeiro, para prever a possibilidade de realização de interrogatório e outros atos processuais por sistema de videoconferência; e pela Lei nº 12.403, de 4 de maio de 2011, relativa à prisão processual, fiança, liberdade provisória, demais medidas cautelares. Iniciou no Congresso Nacional, junto do projeto do novo Processo Civil, a proposta um novo Código de Processo Penal. O projeto de lei é o de nº 156/2009, de autoria do senador José Sarney. Enquanto o novo CPC foi publicado em 16 de março de 2015, segue o projeto do novo CPP na Câmara dos Deputados, desde 21 de dezembro de 2010, onde recebeu o nº 8.045. Lá ele já teve mais de 226 emendas.

nova legislatura na Câmara dos Deputados e a mudança no Senado é de dois terços. Ainda, assume o governo um novo Presidente da República, Luiz Inácio Lula da Silva[121], do Partido dos Trabalhadores, e sua equipe de ministros. Deixa a Presidência Fernando Henrique Cardoso[122], do PSDB, depois de dois mandatos consecutivos.

Após uma inicial apreensão quanto à continuação da agenda sobre uma Reforma do Judiciário, a nova articulação política acabou por angariar considerável consenso sobre os diversos pontos do que viria a ser a Emenda Constitucional nº 45.

Ou seja, após dez anos de trâmite legislativo, as condições, com o novo governo, tornaram-se mais favoráveis à aprovação da proposta de emenda. Tanto que nos dois últimos anos, 2003 e 2004, houve uma maior agilidade nos encaminhamentos, o que foi decisivo para o resultado positivo da pauta.

Tal se deu, além dos pontos já destacados, os quais pavimentaram as disposições para a Reforma, na irretocável projeção da ideia de que o Judiciário era uma 'caixa-preta', feita pelo Presidente Lula, em 22 de abril de 2003, em Vitória-ES, quando do seu discurso[123] na cerimônia de repasse de verbas para a área de segurança pública daquele Estado.

Declarou o Presidente que "Não é interferir na decisão de um Juiz, mas é pelo menos saber como funciona a 'caixa-preta' do poder Judiciário,

[121] Luiz Inácio Lula da Silva nasceu em Caetés-PE, em 27 de outubro de 1945. Em São Paulo, fez carreira como metalúrgico, sindicalista e como político. Eleito Presidente da República, governou, em seu primeiro mandato, de 1º de janeiro de 2003 a 31 de dezembro de 2006. Com sua reeleição, governou de 1º de janeiro de 2007 a 31 de dezembro de 2010. Foi um dos fundadores do Partido dos Trabalhadores, em 1980, um dos mais importantes partidos de esquerda do Brasil e da América Latina.

[122] Fernando Henrique Cardoso, também conhecido como FHC, nasceu no Rio de Janeiro-RJ, em 18 de junho de 1931. Fez carreira acadêmica, como professor universitário e sociólogo, assim como a de político por São Paulo. Eleito Presidente da República Federativa do Brasil, governou, em seu primeiro mandato, de 1º de janeiro de 1995 a 31 de dezembro de 1998. E, com sua reeleição, governou de 1º de janeiro de 1999 a 31 de dezembro de 2002. É um dos fundadores do PSDB – Partido da Social Democracia Brasileira, no auge da Assembleia Nacional Constituinte, em 1988, nascido da cisão de parte do PMDB – Partido do Movimento Democrático Brasileiro.

[123] BRASIL, Presidência da República. Transcrição do discurso do Presidente Lula. Disponível em: < http://www.biblioteca.presidencia.gov.br/presidencia/ex-presidentes/luiz-inacio-lula-da-silva/discursos/1o-mandato/2003/22-04-2003-discurso-do-presidente-da-republica-luiz-inacio-lula-da-silva-cerim-assin-protocolo-intencoes.pdf >. Acesso em: 30 jan. 2019.

que muitas vezes parece intocável". E, ainda, que "As pessoas precisam voltar a acreditar que as instituições existem para servir e não para serem servidas, como costumeiramente acontece no nosso país".

A repercussão foi imediata e com forte reação dos diversos setores do Judiciário, inclusive das mais altas Cortes. Porém, o efeito na opinião pública foi de grande sucesso, já que trouxe à exposição um Poder que ainda se arrogava como puro, imparcial e, de fato, intocável. Assim, adotada pelo Presidente Lula, no Executivo, a discussão da Reforma foi entregue à direção do ministro da Justiça, Márcio Thomaz Bastos[124].

Em outra frente, em 8 de agosto de 2003, Bastos publicou a Portaria nº 1.117, oficializando a criação da Secretaria de Reforma do Judiciário, que funcionava desde o início de maio no Ministério. O órgão foi dado à condução do também advogado Sérgio Renault[125] e após seu reposicionamento como integrante da Casa Civil do governo Lula, foi ela chefiada pelo advogado Pierpaolo Cruz Bottini[126].

A Secretaria teve considerável papel na articulação para a aprovação da Emenda já que ela atuava em duas frentes, uma técnica, junto ao Congresso, e a outra de fomento à opinião pública.

Nela, o expediente funcionava em passar a expor publicamente o 'interior' do Judiciário, divulgando dados estatísticos do órgão. O ponto culminante foi a edição do 'I Diagnóstico do Poder Judiciário', em agosto de 2004. O relatório compilava informações de 96 tribunais do país e do Conselho

124 Márcio Thomaz Bastos, nasceu em Cruzeiro-SP, em 30 de julho de 1935, e faleceu em São Paulo-SP, em 20 de novembro de 2014. Foi um renomado advogado criminalista, presidente da Seccional da Ordem dos Advogados do Brasil de São Paulo, gestão de 1º de abril de 1983 até 1º de abril de 1985, com participação no movimento pelas 'Diretas Já'. E do Conselho Federal da OAB, de 1º de abril de 1987 a 1º de abril de 1989, período da Assembleia Nacional Constituinte. A partir de 1990 tornou-se próximo aos movimentos sociais e ao Partido dos Trabalhadores. Foi destacado ministro da Justiça, de 1º de janeiro de 2003 a 16 de março de 2007, durante o primeiro governo Lula e parte do segundo.

125 Sérgio Renault (Sérgio Rabello Tamm Renault) é um advogado paulista e professor universitário. Foi Secretário da Reforma do Poder Judiciário do Ministério da Justiça entre 2003 e 2005 e Subchefe para Assuntos Jurídicos da Casa Civil da Presidência da República entre 2005 e 2006.

126 Pierpaolo Cruz Bottini é um advogado paulista e professor universitário. Esteve à frente da Secretaria de Reforma do Judiciário do Ministério da Justiça, entre 2005 e 2007, e do Departamento de Modernização Judiciária do mesmo órgão (2003-2005).

da Justiça Federal, além de dados da Secretaria do Tesouro Nacional e do Banco Mundial. O material teve notável influência na manutenção da pauta da Reforma junto à opinião pública e ao Congresso Nacional. Mais tarde, a ideia do 'Diagnóstico' foi aproveitada pelo Conselho Nacional de Justiça, que começou a publicar anualmente os relatórios 'Justiça em Números', servindo de base para as políticas públicas administrativas do órgão.

Na outra ponta, a técnica, a Secretaria tinha a relevante incumbência de tornar mais conhecidos os itens específicos da Reforma para os diversos membros do Legislativo, incrementando a articulação feita pelo Executivo.

Nesta conjuntura de empenho do novo governo na concretização de uma reformulação do Judiciário é que o Senado decidiu, em 26 de junho de 2003, nomear, na CCJ, um relator para a PEC nº 29/2000, o senador José Jorge, conforme já destacado acima.

Com cada ator político em suas devidas posições iniciou-se efetivamente as amarrações para a aprovação da Emenda. O então ministro da Justiça, Márcio Thomaz Bastos, e a Secretaria de Reforma do Judiciário, ambos pelo Executivo, fazendo a interlocução com o Legislativo, em especial com o relator, Senador José Jorge, eram todos favoráveis e estavam em um ambiente propício para reformar o Judiciário.

No entanto, faltava um mínimo de apoio do próprio Judiciário, já que todos eram eminentemente resistentes às mudanças, em especial, naquela quadra, quanto da criação de um órgão externo de controle do Judiciário. Mas o apoio não tardaria a chegar e viria na pessoa do ex-deputado, constituinte de 1987-88 e à época Ministro do Supremo Tribunal Federal, Nelson Jobim.

Registre-se que, embora efetiva em sua incumbência, a Secretaria de Reforma do Judiciário, mesmo restando em andamento boa parte das demais propostas de Reforma do Judiciário, como já narrado, foi extinta em 11 de fevereiro de 2016, pelo Decreto nº 8.668, que reorganizou o Ministério da Justiça, no governo Dilma Rousseff. Não sem críticas[127], que destacaram o sucesso e o muito que a Secretaria ainda poderia fazer.

[127] Em matéria publicada no periódico **O Estado de S.Paulo**, de 29 de março de 2016, assinada pelos ex-secretários Sergio Renault e Pierpaolo Bottini e pela cientista política, com forte atuação no Conselho Nacional de Justiça, Maria Tereza Sadek, afirmam que "A secretaria também incentivou a chamada 'reforma silenciosa' do Judiciário, incentivando projetos de informatização e de racionalização importantes. Apoiou a 'penhora *online*' em contas

5.2.4 Comportamento do Judiciário no período pré e pós-emenda nº 45/2004

O papel do Judiciário, quando da reforma realizada pela EC nº 45/2004, apresenta-se substancialmente distinto do dos demais Poderes. Haja vista a natural função exercida por cada um deles e, singularmente, pelo Judiciário ser o foco das mudanças então propostas.

Nesse sentido, é peculiar a sua posição, pois, durante os debates e as articulações, seus membros estão legitimados a defender, no Congresso e junto à própria cúpula do poder, a manutenção de seus interesses e a buscar eventuais benefícios que a oportunidade lhes ofereça.

Também, é importante considerar que, na arena política, o próprio Judiciário, como instituição, empreenda esforços e acordos para mais bem resguardar seu poder. E muitas vezes em conflito com os demais atores, sejam eles externos, Executivo, Legislativo, opinião pública, como também os internos. Isto é, necessita ele um bem gerir os interesses dos seus membros afetados pelas alterações e nos diversos graus de sua estrutura – juízes da base, tribunais estaduais e federais e a justiça especializada.

Se não bastasse, uma vez aprovada a Emenda, existe a possibilidade de o Judiciário ser convocado, em sua função precípua, a julgar a validade das mudanças em sua própria organização. Tendo em vista essa intrincada atuação, divide-se esta análise em dois períodos: aquele durante o trâmite da Reforma e outro após sua promulgação.

bancárias e veículos e articulou o processo eletrônico, dentre outras iniciativas de sucesso. Protagonizou a criação do Prêmio Innovare, valorizando iniciativas que ampliassem o acesso à Justiça, diminuíssem o tempo de tramitação de processos, aproximassem a Justiça da cidadania e favorecessem a inclusão. Além de tudo isso, a SRJ incentivou inúmeros projetos de desburocratização, de gerenciamento e de aperfeiçoamento da Justiça. (...). Há quem diga que tais funções foram absorvidas por outros órgãos, como o Conselho Nacional de Justiça. Mas este é parte do Poder Judiciário, integra a sua estrutura, porém não supre a necessidade de existir uma entidade do Executivo que reflita e oriente a atividade deste último diante do sistema de Justiça, pense em formas de reduzir a excessiva litigiosidade do poder público e de incentivar políticas de aprimoramento mais efetivas".

Se não bastasse, ainda a título de introdução, destaque-se que a conjuntura relativa ao papel do Judiciário, na fase da Emenda nº 45/2004, em uma análise apressada, possa levar à sua equiparação com o momento da ANC 1987-88.

Rememore-se, no entanto, que lá, em um primeiro instante, houve uma inquietação no sentido de que o Judiciário viesse a ser chamado a manifestar-se sobre a licitude da Constituinte. E, numa contenção ajustada, o órgão acabou transformando-se numa espécie de 'avalista' da nova ordem Constitucional. Tanto que suas reivindicações e participações foram, de certa forma, objetivamente estabelecidas – com foco na autonomia e independência como poder. Deixando, quase que inteiramente, para aquele instante soberano, as alterações em sua estrutura – resultando, basicamente, na criação do STJ e dos Tribunais Regionais Federais.

Aqui, todavia, a ocasião não afronta o conjunto da ordem constitucional, mas está ao abrigo de suas normas. Além de o contexto político ser completamente outro, o que garante ao Judiciário e, especialmente, ao STF, mais tranquilidade em caso de eventual decisão sobre o teor das mudanças. E, sob esse aspecto, seria bem provável que ele viesse a ser provocado a opinar.

E foi, de fato, o que aconteceu. Isto é, houve um prolongamento das discussões, agora restritas à arena jurídica, das matérias sensíveis aos membros do Judiciário e, portanto, à Reforma, enquanto fenômeno político, e o Judiciário, via Supremo, foi chamado a se manifestar.

De antemão ressalte-se que, mesmo sob os domínios técnicos do STF, é natural ter havido um 'acompanhamento' pelos demais poderes. E, principalmente, a continuidade da pressão da opinião pública para que o Judiciário preservasse os ganhos da Reforma.

Uma vez que as tentativas de reverter os melhoramentos deram-se antes mesmo da publicação da Emenda nº 45 – que ocorreu em 30 de dezembro de 2004 –, prontamente em 9 de dezembro de 2004, a Associação dos Magistrados Brasileiros – AMB, requereu ao STF a inconstitucionalidade da criação do Conselho Nacional de Justiça – CNJ. Para tanto, utilizou-se dos mesmos argumentos ventilados nos debates junto ao Congresso, com foco na independência do poder e da interferência externa na atividade judiciária.

Sob a relatoria do ministro Cezar Peluso, em 13 de abril de 2005, na Ação Direta de Inconstitucionalidade nº 3.367-1, decidiu-se pela regularidade do CNJ, como órgão de controle e fiscalização interno. Declarando, na oportunidade, o presidente do Supremo, Ministro Nelson Jobim[128], que "a reforma do Poder Judiciário reverte o isolamento da Justiça brasileira, permitindo que (...) verifique a transparência de suas ações. '(...) vê-se que estamos virando a curva para sairmos do modelo autônomo-corporativo de isolamento para entrarmos no modelo em função dos consumidores'".

Novamente, em 16 de novembro de 2011, a mesma AMB questionou no Supremo norma do CNJ, a Resolução nº 135, de 13 de julho de 2011, que disciplinava a investigação e as penas imputáveis pelo órgão aos magistrados, em concorrência com as corregedorias dos tribunais. A decisão do colegiado, de 2 de fevereiro de 2012, garantiu a autonomia do órgão nacional e mais uma derrota à AMB, em especial à magistratura estadual, massa da composição da associação. Desta forma, restaram consolidados, também no Judiciário e após considerável lapso de tempo da promulgação, os principais pontos da Reforma, que ainda se insistia em polemizar.

Além do exposto, o que se busca trazer à discussão é que entre as várias divisões na estrutura do corpo judiciário havia divergências irremediáveis. Particularmente entre a cúpula e a base, com foco nas razões que serão expostas na sequência. Mas também entre as diversas associações de classe, que defendiam autonomamente interesses específicos, os quais, muitas vezes, eram frontalmente antagônicos.

Uma amostra disso foi a demanda da Associação dos Juízes Federais do Brasil – AJUFE que buscava aumentar o número de vagas dos juízes federais junto aos Tribunais Regionais Eleitorais, seguida de uma reação dos juízes estaduais que se articularam para barrar a ação, alcançando nisso sucesso.

O próprio tema da recriação do órgão de controle evidenciou comportamentos distintos entre os integrantes da base. A Associação dos Juízes para a Democracia – AJD e a Associação Nacional dos Magistrados da Justiça do Trabalho – ANAMATRA defendiam abertamente a introdução do órgão, inclusive com maior participação da sociedade civil e com alcance sobre o STF. O revés, foi a posição da AMB. E o resultado, como sabemos, foi a recriação de

128 BRASIL. Supremo Tribunal Federal. Supremo julga constitucional Conselho Nacional de Justiça. Notícia publicada em 13 de abril de 2005. Disponível em: <http://www.stf.jus.br/portal/cms/verNoticiaDetalhe.asp?idConteudo=64581>. Acesso em: 18 jan. 2019.

um Conselho, que figura muito mais como um órgão 'interno' à Magistratura do que um controle 'externo' ou social.

No entanto, uniram-se todas as associações pela instauração do subsídio à magistratura, em função do efeito global em seus salários, ao mesmo tempo em que se uniram à OAB contra a implantação da súmula vinculante. Na primeira, foram exitosos, na segunda, derrotados.

Assim, diante dessa miríade de interesses divergentes, é compreensível que o entendimento do STF não tenha sido unânime nos pontos acima trazidos, pois, parte-se do pressuposto de que, assim como nas demais arenas, a Reforma não tenha sido capaz de atender aos interesses de todas as partes envolvidas.

No entanto, vê-se que restou certa a ideia da indispensabilidade de uma reformulação do Judiciário, pelos vários fatores antes expostos, com destaque para a constante pressão da opinião pública, nos dois períodos relacionados – anterior e posterior à aprovação da Emenda. Mas, como se verá em seguida, coube à cúpula dos poderes amarrar um acordo para a edição da Emenda e cujos efeitos se prolongariam no tempo, como estamos assistindo.

5.2.5 Legislativo e Judiciário em um só corpo. Atuação de Nelson Jobim na reforma

Nesses quase treze anos de tramitação da Emenda nº 45 houve diversos presidentes de tribunais superiores, incluindo os do Supremo, que se manifestaram contra os projetos de mudanças. Até que nos dois últimos anos, como já narrado, a Reforma ganhara impulso e foi aprovada.

É ilustrativa desse período inicial a abundante crítica quanto à inexperiência do então presidente do STF, ministro Celso de Mello, quando, em outubro de 1998, foi ele testado politicamente, na articulação junto ao Congresso e ao Executivo, em questão referente ao projeto de lei que fixava o valor do teto remuneratório[129] do funcionalismo público, o qual envolvia, ademais, diretamente os valores pagos aos juízes das mais variadas classes (FREITAS, 1998).

[129] A discussão é reflexo, assim como a Reforma do Judiciário, de uma Emenda Constitucional, a de nº 19, promulgada em 4 de junho de 1998. Também conhecida como 'Reforma Administrativa', dentre outros, ela instituiu que o teto da remuneração recebida a qualquer

Na época, o assunto foi posto, de certa forma, pela decisão do presidente do STJ, Ministro Pádua Ribeiro, que estrategicamente antecipou a concessão do aumento aos juízes federais (FREITAS,1998).

O ponto serve para exemplificar o jogo político envolvendo o Supremo Tribunal e os demais poderes, bem como com o Superior Tribunal de Justiça e os demais integrantes do Judiciário.

Avançando no tempo, no pertinente à Reforma do Judiciário, destaca-se o papel representativo do Ministro Maurício Correa[130], como presidente do Supremo Tribunal Federal, o qual promoveu diversas manifestações contra a Reforma do Judiciário, particularmente, em oposição a possível aprovação de um órgão de controle externo.

Capitaneado por ele, em 23 de março de 2004, Maurício Corrêa e os presidentes do STJ, Ministro Nilson Naves, do STM, Ministro José Júlio Pedrosa, e do TST, Ministro Francisco Fausto entregaram em mãos ao presidente do Senado, José Sarney, conclamação[131] para a não aprovação do Conselho Nacional de Justiça em trâmite. Antes, em 18 de fevereiro de 2004, Maurício Corrêa e Nilson Naves já haviam visitado a CCJ do Senado, a fim de manifestarem-se contrários a essa questão.

No entanto, em 9 de maio de 2004, o Ministro Maurício Corrêa atinge a idade para a aposentadoria compulsória, tendo de deixar o cargo no Supremo. Chega à Presidência da Corte um também político de carreira e jurista,

título ou natureza, pelo funcionalismo público, "não poderia exceder o subsídio mensal, em espécie, dos ministros do Supremo Tribunal Federal".

130 Recorde-se, no ponto, que após carreira como Constituinte de 87-88, senador, deputado Federal e ministro de Estado da Justiça, Maurício Corrêa foi nomeado ministro do Supremo Tribunal Federal, em 27 de outubro de 1994. Tomou posse em 15 de dezembro de 1994. E, em 5 de junho de 2003, após ser eleito, assumiu a Presidência do STF. Atingiu a idade limite para permanência na atividade em 9 de maio de 2004, sendo aposentado a partir do dia 8 de maio. Faleceu dia 17 de fevereiro de 2012, em Brasília aos 77 anos. Disponível em: <http://www.stf.jus.br/portal/ministro/verMinistro.asp?periodo=stf&id=33>. Acesso em: 30 jan. 2019.

131 Após combativa justificativa, a mensagem finalizava assim: "Com essas considerações reiteramos, em nome dos tribunais que presidimos, o apelo para que o Senado Federal promova uma profunda reflexão acerca desse tema, tão importante e caro à estabilidade institucional do Estado Brasileiro, nos moldes em que concebido pelo Poder Constituinte Originário. Ficam os registros do inconformismo atual e da certeza de que os Senadores, guardiões da federação, harmonizarão o instituto do Conselho Nacional de Justiça com os postulados fundamentais da República" (BRASIL, SENADO, 2004, p. 8079).

com ampla passagem por diversas funções e cargos no Legislativo e no Executivo, porém com uma visão diametralmente oposta à de Maurício Corrêa quanto à Reforma do Judiciário, então em discussão. Isto é, o Ministro Nelson Jobim[132], que, nomeado para o Supremo Tribunal em 7 de abril de 1997, em 3 de junho de 2004 ascendeu à presidência da Corte. Fato que foi decisivo para o desenvolvimento e o resultado da Emenda.

Jobim já defendia muitos pontos da Reforma desde a sua participação como Constituinte em 1987-88, como a instalação de um órgão de controle do Judiciário. Nesse período, o então Presidente da OAB Nacional, Márcio Thomaz Bastos, também indicava apoio a esta pauta. Ainda, mais recentemente, Jobim era favorável à implantação da súmula vinculante, não só no STF, mas também no STJ e no TST.

E, como deputado federal, em 1993, recorde-se, foi o relator da proposta de revisão constitucional, conseguindo emplacar uma agenda de discussões sobre a necessidade de aperfeiçoamento do Judiciário.

Também agora, como ministro presidente da mais alta cúpula do Judiciário, Nelson Jobim, astuto negociador, passou a articular a Reforma e a definir os contornos e o ritmo da Emenda. Com a aquiescência do Executivo e o apoio e auxílio imediato de Bastos, Jobim diretamente influenciou e conduziu a votação da matéria no Congresso.

Em sua entrevista para esta pesquisa, o Ministro Barros Monteiro lembraria do papel de Jobim na Reforma, ressaltando ele que:

> O Ministério da Justiça constituíra uma “Comissão de Reforma do Judiciário”, a qual teve atuação ativa na formulação das alterações almejadas. No âmbito do Poder Judiciário, o **principal líder e coordenador foi o Presidente do STF, Ministro Nelson Jobim**, que promoveu a respeito algumas audiências com os colegas do Superior Tribunal de Justiça; de uma feita, participei de uma reunião informal na sede do STJ, juntamente com o Ministro Nelson Jobim e um Senador da

[132] Recorde-se, no ponto, que também político de carreira, tendo sido Constituinte de 1987-88, deputado Federal, ministro de Estado da Justiça, de 1995 a 1997, tomou posse como ministro do Supremo Tribunal em 15 de abril de 1997. Foi Presidente do STF entre junho de 2004 a março de 2006, quando se aposentou, a pedido. Disponível em: <http://www.stf.jus.br/portal/ministro/verMinistro.asp?periodo=stf&id=34>. Acesso em: 10 fev. 2019.

República, da qual, no entanto, não surtiu nenhum efeito prático (Anexo A, 2018, grifo nosso).

Logo, os acontecimentos indicam que o fator principal para a definição da Reforma veio nos ajustes realizados entre as cúpulas dos Poderes, ou seja, trata-se de uma Reforma verticalizada, de cima para baixo, que foi capitaneada e desenvolvida por Nelson Jobim, como presidente do STF, com apoio do Executivo e seu braço do Ministério da Justiça, junto ao Congresso Nacional. E, como já destacado, à revelia dos interesses imediatos do corpo do Judiciário, inclusive do STJ, embora as oitivas e considerações. Ainda, importante destacar que Jobim empenhou-se abertamente em assegurar os diversos pontos da Emenda nº 45 que ele mesmo ajudou a aprovar.

Distintivo dessa dedicação foi quando em 2 de fevereiro de 2005, a pouco mais de um mês da publicação da EC nº 45, na presença do Presidente da República, Luiz Inácio Lula da Silva, do presidente da Câmara, Deputado João Paulo Cunha, e do presidente do Senado, José Sarney, além dos ministros do próprio STF e demais titulares de Tribunais, inclusive o STJ, ele conclamaria ao Legislativo e ao Executivo a empenharem-se, junto do Judiciário, na implantação e no efetivo funcionamento do CNJ. Pedindo, também, o apoio dos Presidentes dos Tribunais de segundo grau: "Tudo depende de qual é o compromisso. O compromisso é um Poder Judiciário para nós ou o compromisso é um Poder Judiciário para a nação". Era a sessão de abertura do Ano Judiciário[133] de 2005, onde inclusive há de observar-se a sintonia da fala de Jobim com os discursos do Presidente da República e dos presidentes da Câmara e do Senado.

Ainda no mesmo evento, destaca-se a pesada crítica de Nelson Jobim sobre a falta de eficiência do Judiciário e do comportamento de alguns de seus integrantes. Segundo ele, havia uma certa utilidade da própria morosidade e do grande número de processos em benefício de seus membros. Com a frase de grande repercussão pública – em especial da magistratura, da necessidade "do fim do insulamento administrativo", parafraseou o Ministro Sepúlveda

133 BRASIL, STF. Discurso do presidente do STF, ministro Nelson Jobim, na abertura do Ano Judiciário. Disponível em: <www.stf.jus.br/portal/cms/verNoticiaDetalhe.asp?idConteudo=100099&sigServico=noticiaArtigoDiscurso&caixaBusca=N>. Acesso em: 10 fev. 2019.

Pertence, de que o "Sistema Judiciário Brasileiro, com seus 96 tribunais, é um arquipélago de ilhas de pouca comunicação". E complementou, ressaltando que "esse insulamento administrativo tem levado à ineficácia porque cada um entende que a solução dos nossos problemas passe exclusivamente pelas idiossincrasias individuais de cada um desses tribunais, quando isso é um problema de todos nós".

E finalizou, deixando transparecer, mais uma vez, seu empenho e apreço pela Reforma, em pontos essenciais, como o da súmula vinculante, com o "fim do gerenciamento de rotina do sistema judiciário, em que nós gerenciamos as demandas da perspectiva da individualidade". E com o funcionamento do CNJ, com sua função precípua de órgão de controle que "tentará desqualificar esse insulamento administrativo para termos uma política nacional e uma estratégia nacional do Poder Judiciário na condução das suas ações e dos seus mecanismos".

Por fim, como não seria diferente, atuou também de forma decisiva Nelson Jobim, não só como presidente do STF, mas concomitantemente como o primeiro presidente do Conselho Nacional de Justiça, dando-lhe as primeiras e estruturais diretrizes.

Como chefe do CNJ, dedicou-se com afinco, logo nas primeiras ações do órgão, para vetar o emprego de qualquer pessoa com relação familiar com juízes ou servidores dirigentes. Excluindo-se somente aqueles contratados por seleção ou concurso mediante ampla concorrência. Norma que ele editou, via Resolução CNJ nº 7, de 18 de outubro de 2005, na qual em seu artigo 1º já anunciava que 'é vedada a prática de nepotismo no âmbito de todos os órgãos do Poder Judiciário, sendo nulos os atos assim caracterizados'.

Relevante apontar que o assunto do nepotismo junto ao Judiciário constou dos debates da Reforma do Judiciário. Porém, não havendo consenso, acabou por não ser deliberado e promulgado junto à Emenda nº 45. Ou seja, sua aprovação no CNJ pode ser considerada uma continuidade da Reforma iniciada pela Emenda nº 45, a qual foi retomada e articulada por Jobim, para sua validade, no momento posterior possível.

O esforço contra o nepotismo ajudou na aceitação do próprio Conselho junto à opinião pública. E a aliviar a pressão sobre o Judiciário como um todo.

5.3 Superior Tribunal de Justiça e seus ministros na reforma

5.3.1 Consolidação do Superior Tribunal

Ao tempo da tramitação da proposta que se transformou na EC nº 45, o Superior Tribunal de Justiça rapidamente acabou por estabelecer-se no meio jurídico, como relevante órgão garantidor do direito nacional. Em especial pela estrutura hierarquizada do Judiciário, pela forte tradição e, ainda, pelo antigo *modus operandi* trazidos com os ministros do antigo Tribunal Federal de Recursos, que ascenderam originariamente a ele, conforme já apresentado.

Também, como citado no item 5.1, pelos amplos investimentos na atividade-meio e na administração da Justiça, com ênfase na área tecnológica, galgaram os ministros reconhecimento como um dos Tribunais mais modernos e informatizados do Brasil.

Sob outro ângulo, o das relações entre poderes, verifica-se que, ao lado do Supremo, o STJ passou a ter contato direto com os Presidentes da República e seus ministros de Estado, bem como abertamente com os presidentes das Casas do Congresso Nacional, com os senadores, deputados federais, além dos governadores dos Estados.

Nesse mesmo sentido, os ministros do STJ buscaram promover a recepção e o intercâmbio autônomo com os tribunais nacionais de diversos outros países e na promoção de debates e eventos jurídicos que tocassem sobre os mais diversos ramos do Judiciário brasileiro.

Ademais, fácil perceber o constante empenho do Tribunal em ser reconhecido como cúpula da Justiça Comum, haja vista sua ascendência, via Conselho da Justiça Federal, sobre a magistratura federal, tanto de primeiro como de segundo graus. Embora seja fato que o mesmo êxito não se note junto aos juízes estaduais, apesar dos esforços, como o Encontro dos Presidentes de Tribunais[134], realizado em 1990.

[134] Realização, em 28 de agosto, do Encontro de Presidentes dos Tribunais de Justiça, Tribunais Regionais Federais, Tribunais de Alçada e Tribunais de Justiça Militar dos Estados, promovidos por esta Corte. Em Sessão Solene de abertura, no Plenário do Edifício Sede, seguiram-se as reuniões de trabalho, no Auditório do Prédio Anexo do STJ, abordando os seguintes temas: O Recurso Especial e Outros Procedimentos, expositor o Sr. Ministro Athos Carneiro; A Jurisprudência no Superior Tribunal de Justiça, sob a coordenação do Sr. Ministro

Traz, sobre essa questão, o Ministro Barros Monteiro em sua entrevista concedida, em 1º de outubro de 2018, que

> quanto aos Tribunais de Justiça estaduais, a afinidade mostrou-se crescente aos poucos. Logo no início dos trabalhos, adveio uma dificuldade atinente à fundamentação dos decisórios de admissibilidade ou não dos recursos especiais. Em alguns casos, houve a necessidade de **devolver-se o feito ao Tribunal de origem**, a fim de que fosse satisfeita a exigência. O então Presidente do STJ houve por bem realizar um tipo de simpósio e convidar os Presidentes das Cortes Estaduais, a fim de dialogar a propósito do assunto. Para espancar dúvida que pudesse restar acerca da questão, o STJ terminou por editar a Súmula nº 123, segundo a qual "a decisão que admite, ou não, o recurso especial deve ser fundamentada, com o exame de seus pressupostos gerais e constitucionais". De todo modo, **o Superior Tribunal de Justiça sempre esteve aberto à comunicação com os Tribunais de Justiça** e com os Tribunais Regionais Federais. Em relação a estes últimos, periodicamente o "Conselho da Justiça Federal" deslocava-se para as respectivas sedes, a fim de realizar lá as suas sessões (Anexo A, grifos nossos).

Mesmo assim e por tudo isso é que, sob a perspectiva da magistratura estadual, o STJ passou a ser visto como um grau a mais na carreira. Além de uma outra oportunidade de influenciar definitivamente nas questões regionais e até nacionais, resultando, então, uma vaga na Corte como objeto de disputas, muitas vezes veladas. Além de focarem estes magistrados fortemente na crítica à maneira com que se fixou a distribuição das vagas do STJ, em especial sobre o quinto constitucional reservado aos advogados.

Ao mesmo tempo, percebe-se que os membros dos tribunais estaduais que não foram indicados passam a definitivamente defender sua área de

José Dantas, encerrando-se com a pauta livre, no âmbito da qual falaram os Srs. Ministros Antônio de Pádua Ribeiro e Sálvio de Figueiredo, enfocando, respectivamente, o Plano Direito de Informática do STJ e da Justiça Federal e o Estatuto da Magistratura.

influência, repelindo qualquer interferência[135], até mesmo jurídica, do STJ e de seus integrantes.

Registre-se, também, que, embora os pronunciamentos dos integrantes do STJ se façam frequentemente baseados em uma certa 'passividade' dos membros da Justiça Federal – haja vista estarem estes sob os comandos do Conselho da Justiça Federal –, a realidade não é bem assim. Como podemos ler da explanação do Presidente da Associação dos Juízes Federais – AJUFE, na Câmara dos Deputados, em 1999:

> O Conselho da Justiça Federal. Vejam os senhores: a Justiça Federal é composta dos Tribunais Regionais Federais e dos juízes Federais. O Superior Tribunal de Justiça é um tribunal nacional. É um órgão estranho à Justiça Federal. **Nada tem a ver com a Justiça Federal. Se tem tanto com a Justiça Federal quanto a Estadual**. E por que criarmos um conselho vinculado ao Superior Tribunal de Justiça? Não há razão, não há argumento. Dizem os juízes do STJ que os Tribunais Regionais Federais não tinham experiência administrativa nem orçamentária e, como estavam nascendo. precisavam de um tutor para olhá-los, encaminhá-los. Hoje, depois de decorridos dez anos, temos muito mais experiência do que o Superior Tribunal de Justiça, **que vive à parte da Justiça Federal, nada tem a ver com a Justiça Federal**. E a mesma coisa. É o mesmo o relacionamento entre o Superior Tribunal de Justiça e a Justiça Federal e o STJ e a Justiça Estadual. (Fernando da Costa Tourinho Neto, Presidente da AJUFE) (BRASIL, STJ, 1999, p. 10, grifos nossos).

Nesse cenário de competição, pertinente consignar a ainda forte atração exercida pelo Supremo em relação aos ministros do STJ. Em face, ademais,

[135] Uma amostra disso, embora complexa, pode ser interpretada pela resistência do Tribunal de Justiça de São Paulo em aplicar a jurisprudência do Superior Tribunal de Justiça. O tema fez com que o atual Presidente do STJ, Ministro João Otávio de Noronha, repreendesse publicamente os Desembargadores do TJ-SP. E, noutra oportunidade, se reunisse, acompanhado de outros ministros, com os desembargadores do TJ-SP, para equacionar a questão. Disponível em: <https://www.conjur.com.br/2018-set-18/stj-repreende-tj-sp-nao-seguir-sumula-nao-conceder-hc>. Acesso em: 18 set. 2018.

da conquista de vaga no STF pelos Ministros Carlos Velloso, em 13 de junho de 1990, e Ilmar Galvão, em 12 de junho de 1991, ambos do STJ. Mais tarde, também o Ministro Carlos Alberto Menezes Direito, a partir de 5 de setembro de 2007, o Ministro Luiz Fux, a partir de 3 de março de 2011, e o Ministro Teori Zavascki, em 29 de novembro de 2012, se afastariam do STJ para integrar o STF[136].

Por fim, no campo dos discursos, notam-se as constantes críticas públicas realizadas pelos ministros do STJ, no pertinente ao excesso de recursos judiciais que chegam ao Tribunal, da mesma e idêntica maneira à feita, há muito tempo, pelos diversos membros do Supremo. Queixas que visam, além de alertar sobre a quantidade dos feitos, a construir uma equivalência de prestígio e importância perante a sociedade do STJ igualmente à do Supremo. É o que se vê, por exemplo, pela fala do Ministro Costa Leite, na audiência ocorrida no Senado (2000, p. 9-10).

Nesse contexto, embora as dificuldades em particular com outros órgãos da Justiça, os ministros do STJ têm buscado ocupar os espaços e angariar prestígio e poder junto a grande parte do Judiciário e perante os outros poderes e a opinião pública. No entanto, o campo é belicoso e as vaidades exacerbadas, como visto.

5.3.2 Esforços da Corte para influenciar na Reforma do Judiciário

Em todos os lugares os ministros do STJ defendiam o tribunal e a sua visão da Reforma. Em viagens aos mais variados Estados, em eventos de inauguração, homenagens, congressos e outros encontros, "Em todas as ocasiões, fosse em breves palavras ou em conferências, houve a preocupação de divulgar a atuação do Superior Tribunal de justiça e discutir os pontos concernentes à reforma do judiciário", como destacou o então presidente do STJ Costa Leite (BRASIL, STJ, 2001-2002, p. 45).

Nos debates ocorridos no Congresso sobre a última Reforma do Judiciário, havia ampla e maciça presença dos ministros do Superior Tribunal de

[136] Também o Ministro Marco Aurélio e a Ministra Rosa Weber deixaram um tribunal superior, no caso, o Tribunal Superior do Trabalho, para ocupar uma vaga junto ao Supremo. Ele em 13 de junho de 1990 e ela em 19 de dezembro de 2011.

Justiça[137], já que era uma oportunidade de dialogar junto aos parlamentares e convencê-los das ideias e da importância do Superior Tribunal.

A relevância dada pelo STJ aos trabalhos desenvolvidos pelo Congresso já havia se evidenciado com a criação, pelo Ministro William Andrade Patterson, em 12 de junho de 1995, pelo Ato da Presidência nº 206, de uma Assessoria de Relação Parlamentar. Tal Assessoria, ligada ao Gabinete da Presidência, subsistindo este serviço desde então a todas as alterações no organograma do Tribunal[138]. Com atribuição de monitorar e fazer a ligação do Tribunal com os Parlamentares e com o Executivo, ela atualizava e inseria os ministros nas diversas discussões sobre a Reforma no Congresso.

Acresça-se a essa preocupação, ainda, que em 25 de maio de 2000, por Ato do Presidente do STJ, Ministro Paulo Costa Leite, foi designada uma

[137] Simboliza, dentre vários outros casos, a fala do Senador José Agripino Maia, que presidia a CCJ do Senado: "(...) gostaria de fazer um agradecimento especial, porque não me referi a cada um individualmente, começando pelo Ministro Nilson Naves, Vice-Presidente do Superior Tribunal de Justiça que muito nos honra com sua presença; Ministro Helio Mosimann, Corregedor-Geral da Justiça Federal; Ministro Waldemar Zveiter, Ministro Sálvio de Figueiredo, Ministro Humberto Gomes de Barros, Ministro Cesar Asfor Rocha, Ministro Ruy Rosado de Aguiar, Ministro José Arnaldo da Fonseca, Ministro Carlos Alberto Menezes Direito e Ministra Nancy Andrighi, todos do Superior Tribunal de Justiça, que aqui estiveram, numa demonstração clara de interesse e desejo de colaborar com a reforma do Judiciário" (BRASIL, Senado, 2000, p. 39).

[138] Em 15 de outubro de 2018, o presidente Ministro João Otávio de Noronha editou a Instrução Normativa STJ/GP nº 15, que aprova o Manual de Organização do Superior Tribunal de Justiça. Em seu item 3.5 é mais uma vez mantida a Assessoria de Articulação Parlamentar, assim constando: "**3.5. Assessoria de Assuntos Parlamentares.** Prestar assessoramento à Presidência em assuntos relativos aos órgãos do Poder Legislativo e, dessa forma: I – manter intercâmbio com outros órgãos do Poder Judiciário e com o Congresso Nacional; II – acompanhar a tramitação de projetos de lei no Congresso Nacional, bem como o andamento de proposições, processos e demais assuntos de interesse do Tribunal junto aos órgãos do Poder Legislativo, preparando relatório circunstanciado; III – manter atualizada, para consultas e informações, descrição resumida das matérias legislativas de interesse do Tribunal em tramitação no Congresso Nacional; IV – manter contato e fornecer subsídios aos parlamentares, visando ao intercâmbio permanente de informações necessárias a uma ação coordenada entre o Poder Judiciário e o Poder Legislativo, na tramitação de assuntos de interesse do Tribunal; V – analisar pronunciamentos e debates dos parlamentares que versem sobre matéria de interesse do Tribunal, elaborando resumos pertinentes; VI – acompanhar o presidente do Tribunal em visita ao Congresso Nacional bem como os demais ministros desta Corte em audiências, sabatinas, reuniões e qualquer ocasião que requeira o acompanhamento da Assessoria; VII – recepcionar parlamentares em visita ao Tribunal" (BRASIL, STJ, 2018).

Comissão de Ministros para atuar em nome do Tribunal junto ao Congresso. O Ato nº 110 nomeou como seus integrantes os Ministros Nilson Naves, Sálvio de Figueiredo, Hélio Mosimann, César Asfor Rocha, Ruy Rosado de Aguiar e Carlos Alberto Menezes Direito, sob a Presidência do primeiro – o qual seria o próximo a encabeçar o STJ.

Essa Comissão tinha a incumbência de atuar na defesa dos interesses do STJ na Reforma, buscando o convencimento quanto às principais reivindicações da Corte. Pois, naquela quadra, segundo o Ministro Nilson Naves, "o texto da reforma aprovado pela Câmara dos Deputados não atende a nenhuma das propostas apresentadas pelo STJ" (FOLHA, 2000).

Com o passar do tempo a 'Comissão temporária para acompanhamento da Reforma do Judiciário', naturalmente teve alterada sua composição. Subsistindo, inclusive, com a promulgação da EC nº 45/2004, sendo que sua última composição é de 3 de outubro de 2007, data da Portaria nº 278 do STJ. Há de constar, igualmente, que outra Comissão foi designada com a mesma finalidade, em 24 de março de 2004 (Portaria nº 16), para influenciar nas alterações infraconstitucionais advindas da mesma Reforma do Judiciário.

Aqui, cabe retocar que o STJ há muito trabalha institucionalmente na interlocução com o Legislativo, nas questões constitucionais ou legais de seu interesse. O assunto foi tratado, também, pelo Ministro Barros Monteiro. Reviveu ele, em sua entrevista, que

> os Presidentes do Superior Tribunal de Justiça sempre trataram direta ou indiretamente (inclusive por meio de Assessorias) da comunicação entre as diversas entidades governamentais ou legislativas. Nesse aspecto, os membros do STJ foram e têm sido atendidos dentro da maior cordialidade, prevalecendo, de um lado e de outro, o respeito mútuo. [...] No que concerne ao Legislativo, os contatos eram permanentes, dada a imperiosa necessidade de atualização e modernização dos serviços prestados pelo Tribunal. Recordo-me que, quando do exercício da Presidência da Casa, a Assessoria de Assuntos Legislativos desdobrou-se para obter, em tempo hábil, a aprovação da Lei nº 11.672, de 08.05.2008, que estabeleceu o sistema de recursos especiais repetitivos, mediante o acréscimo do art. 543-C ao CPC/1973. Atualmente, na esteira do mencionado regime, o novo CPC, de 2015, concebeu e

estão em pleno vigor os institutos do "Incidente de Resolução de Demandas Repetitivas" e do "Julgamento dos Recursos Extraordinário e Especial Repetitivos" (Anexo A, 2013).

De outro lado, além do empenho institucional, cabe, igualmente, evidenciar as atividades desenvolvidas pelos ministros, particularmente pelos presidentes, para persuadir e obter benefícios com as discussões próprias da Emenda nº 45.

Recorde-se do papel do Ministro Pádua Ribeiro quando da origem do STJ. E aqui, durante o trâmite da Reforma, ele também desempenhará considerável atribuição na construção das linhas ideacionais que vão guiar a atuação da Corte, não deixando de articular e a manifestar-se nas mais diversas oportunidades.

De qualquer forma, particularmente na presidência do Ministro Pádua Ribeiro, de 1998 a 2000, o Superior Tribunal de Justiça fechou diretriz em relação aos diversos temas que vinham sendo debatidos quanto à Reforma do Judiciário. Portanto, pelas posições entrelaçadas, à época, os futuros presidentes acabariam por defendê-las durante todo o processo de debates.

Pádua Ribeiro foi um árduo defensor da magistratura e do Judiciário. Sempre falando em nome do STJ e da Justiça Federal (BRASIL, STJ, 1999, p.7), não se acanhava em expor as feridas dos demais poderes para minimizar os malfeitos do Judiciário.

Dentre as várias passagens públicas, vemos uma, em 28 de abril de 1999, na audiência pública ocorrida na Câmara dos Deputados, onde ele afirmou categoricamente que a ineficiência do Judiciário ocorre em função da própria incapacidade do Executivo e do Legislativo.

> Notem os senhores que, no Superior Tribunal de Justiça, 60% das causas que lá chegam são originárias do Poder Público. Portanto este é o aspecto básico que me parece. Sem se reorganizar o Estado com a reforma política e a reforma dos Poderes Executivo e Legislativo, adequando textos constitucionais próprios do sistema parlamentarista ao presidencialista e sem dar maior estabilidade à legislação, difícil será conceber uma reforma eficiente do Poder Judiciário. Em outras palavras, sem se organizar e dar eficiência ao Estado-administrador

> e ao Estado-legislador, é claro que ineficiente também continuará o Estado-justiça. (BRASIL, STJ, 1999, p. 3).

Ao mesmo tempo em que Ribeiro buscava garantir novos espaços de poder ao Judiciário e, em especial, ao STJ, nada melhor que o momento da Reforma para defender, por exemplo, a fixação normativa de que o STJ era a última instância em todas as matérias infraconstitucionais. E que o STF deveria transformar-se definitivamente em Corte Constitucional. E deixar toda a autoridade sobre o 'Direito comum' para o seu Tribunal.

> Acredito que, sob o ângulo das instâncias superiores e no que diz respeito ao Supremo Tribunal Federal e ao Superior Tribunal de Justiça, deve haver uma adequação de competência. O Supremo Tribunal Federal precisa erigir-se efetivamente em Corte Constitucional, como quis o legislador constituinte (...). O que significa isso? Os recursos ordinários, que versam, muitas vezes, matéria infraconstitucional, **não podem mais subir ao Supremo Tribunal Federal**. Daí, sustenta-se que as decisões do Superior Tribunal de Justiça hão se ser irrecorríveis, salvo matéria constitucional. (...). mas a ideia básica que sustento é esta: a medida fundamental para tornar o sistema mais funcional é erigir o Supremo como Corte Constitucional (*sic*) (BRASIL, STJ, 1999, p. 5-6, grifo nosso).

Tal pretensão já vinha desde o tempo da ANC. Ocasião em que sugeriu a fusão de emendas ao Projeto de Constituição-B, relativa à interpretação de lei ou ato normativo federal, pois, para ele, "não se justifica, na competência da Alta Corte, a representação para interpretação de lei ou ato normativo federal. Tal atribuição deve ser do Superior Tribunal de Justiça" (BRASIL, 1989, p. 378).

Afora as palavras do Ministro Eduardo Ribeiro em sua entrevista a nós concedida, que convalidam a visão e a defesa de Pádua Ribeiro quanto à necessidade de um freio à ingerência do Supremo sobre o STJ, importante registrar que o assunto não era unanimidade nesta Corte, pois, em entrevista, o Ministro Barros Monteiro aceita a intromissão do STF, sob a justificativa da propagação ideacional de que tal Corte é a cúpula do Judiciário. Ele minimiza a luta de seus colegas pelo espaço garantido pela Constituição ao Superior Tribunal:

> De outra parte, dúvida não paira de que a Corte Suprema constitui a cúpula do Poder Judiciário (art. 92, inc. I, da CF), secundando-a o Conselho Nacional de Justiça, como órgão de natureza administrativa. A hierarquia sempre foi respeitada e preservada, quer na área administrativa, quer na esfera jurisdicional. No campo penal, sabe-se que geralmente quem dá a última palavra é o STF. No plano cível, o art. 543 do CPC de 1973 dispunha que "na hipótese de o relator do recurso especial considerar que o extraordinário é prejudicial àquele, em decisão irrecorrível, sobrestará o seu julgamento e remeterá os autos ao Supremo Tribunal Federal, para o julgamento do recurso extraordinário (§ 2º). Todavia se o relator do recurso extraordinário não o considerar prejudicial, devolverá os autos ao Superior Tribunal de Justiça para o julgamento do recurso especial, em decisão também irrecorrível (§ 3º). Tais regras acham-se mantidas pelo art. 1.031, §§ 2º e 3º, do vigente Código de Processo Civil. **Com a competência bem definida pela Lei Fundamental entre as duas Casas, nunca houve qualquer tentativa de imposição ou resistência de ideias, ideais ou discursos** (Anexo A, Monteiro Filho, 2018, grifo nosso).

Por outro lado, em assunto que, ao final, viria a ser aprovado na Emenda nº 45, todos os presidentes e ministros defendiam a transformação do Centro de Estudos do Judiciário, órgão do Conselho da Justiça Federal, na Escola da Magistratura Nacional – que abarcaria, inclusive, as magistraturas estaduais. E o argumento principal dessa posição era a não aplicação de recurso financeiro (BRASIL, STJ, 28.04.1999, p. 8).

Em temas que ultrapassaram o período de discussão legislativa, como o da súmula vinculante e da instalação de um órgão de controle do Judiciário, Pádua Ribeiro mantinha firme posição na proteção do Judiciário e na obtenção de ganhos para o STJ.

Em relação às súmulas vinculantes, desde então a posição institucional do STJ foi de pleno apoio à sua aplicação pelos tribunais superiores. E pleiteava que 'as súmulas vinculantes deveriam vincular também as autoridades administrativas federais, estaduais, municipais e autárquicas', revelando ser, inclusive para as Cortes Superiores, "muito difícil [fazer] cumprir decisão judicial no Brasil, principalmente contra o poder público" (BRASIL, STJ, 1999, p. 14 e 15).

O apoio do Superior Tribunal, como se vê do resultado da Emenda, acabou por ajudar na aprovação do assunto da súmula. Mas não para os tribunais superiores nem para o STJ, já que a discussão, muito mais profunda do que aparentava, ocultava, de fato, uma disputa por poder entre os órgãos judiciais, inclusive pelos juízes da base, uma vez que o instrumento abria a possibilidade de centralização das decisões nas cúpulas do Judiciário e que a ideia construída de que a súmula vinculante proporcionaria celeridade e segurança jurídica era, nessa disputa, simplesmente acessória.

De qualquer modo, temos que a tal diretriz traçada por Pádua Ribeiro teve uma derrota momentânea, pois, em 2008, pela Lei nº 11.672, de 8 de maio, foi aprovado um instrumento similar, para os Tribunais Superiores, incluindo o STJ. Ou seja, o poder do Tribunal em julgar um único recurso representativo dos demais que discutam a mesma questão, com efeitos iguais sobre todos eles, os chamados 'recursos repetitivos', que, embora menor em abrangência devido particularmente às críticas sofridas pela súmula, a possibilidade de se julgar um recurso repetitivo, tem, sob os argumentos utilizados na reforma, a mesma finalidade da súmula vinculante, destacada por Jobim, em seu discurso de abertura do 'Ano Judiciário'.

Já quanto à implantação de um órgão de controle, a princípio, firmou-se orientação no STJ de contrariedade à sua existência. Como o momento não lhes proporcionava escolha, os ministros remediaram sua posição no sentido de aceitar a fiscalização, desde que fosse ela feita pelos próprios juízes.

Assim, inauguralmente, Pádua Ribeiro, pelo Tribunal, expressava que seria melhor ampliar a competência do Conselho da Justiça Federal. "O Conselho, hoje, é o órgão central normativo que exerce supervisão administrativa e orçamentária da Justiça Federal de primeiro e segundos graus. Apenas isso. Mas creio que ele deveria também ter poderes correcionais; deveria ser fortificado" (BRASIL, STJ, 1999, p. 9).

E chamava a atenção para o equívoco quanto à instalação do que viria a ser o CNJ. E, se insistissem os parlamentares na posição, deveria, segundo queria Pádua Ribeiro, ser um conselho mínimo e interno ao Judiciário.

> O nosso Poder Judiciário, com todos os defeitos que tem, e são muitos, há de ser um orgulho para o País. Vamos aperfeiçoá-lo, tirar todos os excessos e melhorá-lo; isso é fundamental. Mas não devemos voltar a posições que podem levar, no futuro, a distorções muito grandes. (...) Sustento que o Conselho deve ser pequeno e, a existir, deve funcionar, apenas oficiando perante ele, o Conselho Federal da Ordem dos Advogados e o Ministério Público, cada um desses órgãos exercendo, pois, as suas atribuições (BRASIL, STJ, 1999, p. 17). (...). Esse Conselho não deveria ter apenas função de punir, mas também de ditar a política do Poder Judiciário: a política orçamentária, as diretrizes do Poder, enfim, outras funções também importantes (BRASIL, STJ, 1999, p. 19).

Portanto, fixadas as linhas mestras do Superior Tribunal de Justiça, seus futuros presidentes e membros tratariam de lutar por sua aprovação, ou, na pior das hipóteses, ganhar adeptos à posição institucional da Corte, galgando espaço para uma liderança do Judiciário.

Em abril do ano 2000, sobe à chefia do Superior Tribunal de Justiça o Ministro Paulo Costa Leite[139]. Os entendimentos, como relatados, mantêm-se inabaláveis.

Assim, o presidente Costa Leite, do mesmo modo, busca emplacar a já criada ideia de total incompatibilidade de um órgão de controle com a autonomia e independência do Judiciário (BRASIL, Senado, 2000, p. 3), em um discurso que se repetiria em vários outros pronunciamentos públicos.

> Todavia o controle externo que se propõe é retrocesso e representa grave ameaça à Instituição. Não vejo como conciliar a composição cogitada na proposta de Reforma com os grandes avanços e conquistas da Constituição de 1988, em termos de autonomia e independência

[139] Paulo Costa Leite fez sua carreira como jurista no Distrito Federal. Após ser assessor jurídico da Presidência da República e advogado na Capital Federal, foi nomeado ministro do Tribunal Federal de Recursos, em 25 de setembro de 1984. Como ministro do Superior Tribunal de Justiça, chegou à presidência em 3 de abril de 2000, e ficou até 3 de abril de 2002. Nesse período, como é regimental, exerceu a presidência do Conselho de Justiça Federal. E antes tendo passado, da mesma forma, como ministro do Tribunal Superior Eleitoral. Aposentou-se das funções públicas de ministro do STJ em 4 de abril de 2002, aos 53 anos de idade.

> do Poder judiciário. Nessa ordem de ideias, preconizo que o Conselho Nacional de Justiça seja integrado exclusivamente por membros do Poder judiciário, com o Presidente do Conselho Federal da Ordem dos Advogados do Brasil e o Procurador-Geral da República funcionando perante ele como órgãos de provocação (BRASIL, STJ, 2001-2002, p. 32).

Mas mantinha, assim como Pádua Ribeiro, a posição de que, em caso de aprovação, o controle fosse exercido via membros do próprio Judiciário, com direito somente de petição o Presidente da OAB e o Procurador-Geral. Isto é, um controle interno como um 'instrumento de convergência para a criação do sistema judiciário'. Já que a 'independência jurídica, no sentido de que o juiz não se subordina a ninguém senão à lei e à sua consciência, não prescinde da independência política, da qual o autogoverno é expressão maior' (Costa Leite) (BRASIL, Senado, 2000, p. 4).

E continua esquadrinhando como deveria ser, nessa última hipótese, o conselho que controlaria o Judiciário, buscando garantir a participação do STJ em sua composição:

> Sob a presidência do Presidente do Supremo Tribunal Federal, tendo como corregedor, encarregado das funções executivas, um ministro do Superior Tribunal de Justiça, o Conselho seria, efetivamente, o órgão central do sistema, capaz de orientar e de disciplinar a atuação do Poder Judiciário, ressalvada a atividade jurisdicional, que não seria afetada, sob nenhum ângulo, pela existência do Conselho (COSTA LEITE) (BRASIL, Senado, 2000, p. 4).

No relativo à súmula vinculante, do mesmo modo, defende sua disposição pelo STJ, acrescidos, quanto aos recursos especiais, os efeitos da 'repercussão geral' como pressuposto de seu julgamento. Mas, de qualquer forma, pugnava também pela fixação normativa de uma competência mais pura do STF, ao passo que menos 'invasiva' deste sobre a do Superior Tribunal:

> O texto da reforma, aprovado na Câmara dos Deputados, previu para o Supremo Tribunal Federal a súmula vinculante e a repercussão geral

> da questão como pressuposto de cabimento do recurso extraordinário. Esses dois mecanismos **achavam-se previstos também para o Superior Tribunal de Justiça e, em um passe de mágica, foram retirados** e ficaram restritos ao Supremo Tribunal Federal. Espera-se, com confiança na sensibilidade do Senado, que tais mecanismos sejam estendidos ao Superior Tribunal de Justiça e, na mesma linha de raciocínio, espera-se, ainda, a purificação do sistema recursal na instância extraordinária, demarcando-se, mais claramente, a competência do Supremo Tribunal Federal e a do Superior Tribunal de Justiça, **de modo que não se tenha uma quarta instância, como em alguns casos vem ocorrendo.** (...). Da mesma forma, quer ver aplicada a repercussão geral para o recurso especial, no particular, aqueles que narram a afronta à lei federal (BRASIL, Senado, 2000, p. 9-10, grifos nossos).

Relevante consignar que, na mesma audiência pública junto ao Senado, o Ministro Carlos Velloso, então presidente do Supremo Tribunal, expressou-se em apoio à instituição da súmula vinculante para o STJ e para o TST (BRASIL, Senado, 2000, p. 16). E, numa nova interpretação – diferente da anunciada desde 1995, ele acaba por defender a implantação do controle, inclusive, como um órgão não eminentemente interno. Ou seja, com a participação como membros de dois cidadãos e da OAB. E um controle que fosse 'de qualidade do Judiciário' (BRASIL, Senado, 2000, p. 22).

De outro modo, é interessante destacar que, inclusive Costa Leite, em seu próprio ambiente, ou seja, nos espaços do STJ, acaba por proferir manifestações mais combativas que aquelas emitidas nas audiências públicas no Congresso. Nota-se uma dura posição dele para que fosse preservado o Judiciário:

> Dentro desse novo ambiente psicossocial, o Poder judiciário tem sido um dos mais questionados. Houve, recentemente, no âmbito do Senado Federal, uma CPI voltada ao exame de denúncias envolvendo magistrados. Na Câmara dos Deputados, tramita proposta de reforma do Poder judiciário, cujos principais pontos têm sido objeto de aceso debate nacional. A iminência de uma inédita greve da magistratura no plano federal causou grande comoção. Tudo isso serviu para nos

> colocar na berlinda, expondo-nos a críticas nem sempre legítimas, nem sempre procedentes. Acabamos sendo injustamente ridicularizados e execrados, além de submetidos ao papel de bode expiatório das instituições da República (BRASIL, STJ, 2001-2002, p. 29).

Capitalizando o momento de adversidade[140], pode ser interpretada a incitação dele aos juízes para que defendessem institucionalmente suas prerrogativas, de maneira hierárquica e uníssona, como a tentativa de transformar o Superior Tribunal em liderança de todas as classes de magistrados.

> Quanto a essas [questões institucionais], os juízes não só podem como devem falar, principalmente os dirigentes dos tribunais. O judiciário é também um Poder político, que precisa fazer-se ouvir, com autoridade e firmeza, sem esquecer, é claro, os postulados da democracia, indicadores do caminho do diálogo. Intolerância e intransigência não se coadunam com a prática democrática (COSTA LEITE) (BRASIL, STJ, 2001-2002, p. 30).

Em uma mirada um pouco mais ampla, a atuação do Presidente Costa Leite pode ser tida como de plena correspondência aos pontos então firmados pelo STJ, já que, como ele mesmo ressaltou, "defendi a imagem do judiciário como Poder político, o qual precisa fazer-se ouvir com autoridade e firmeza, sem olvidar, contudo, os postulados da democracia" (BRASIL, STJ, 2001-2002, p. 43).

Em continuidade, o Ministro Nilson Vital Naves[141] irá ascender à Presidência do STJ no período em que a Reforma ganha impulso junto ao Senado.

140 Inclusive envolvendo questões sensíveis à magistratura em geral. E sobre as críticas que os magistrados estavam recebendo sobre a discussão do teto salarial, afirmou Costa Leite que: "Um juiz adequadamente remunerado é, antes de tudo, fundamento de segurança para a sociedade. Não se cogita, pois, de privilégio, como levianamente tentaram passar à opinião pública" (BRASIL, STJ, 2001-2002, p. 30).

141 Nilson Vital Naves, após formação acadêmica na Universidade Federal de Minas Gerais, fez sua carreira como membro do Ministério Público em São Paulo. Antes, havia sido assessor de diversos ministros do Supremo Tribunal Federal e assessor do Gabinete Civil da Presidência da República. Tomou posse no Tribunal Federal de Recursos em 11 de abril de 1985. E, como ministro do Superior Tribunal de Justiça, atuou também no Tribunal Superior Eleitoral e no Conselho da Justiça Federal. Foi presidente do STJ entre 3 de abril de 2002 e 5 de abril de 2004. Aposentou-se em 20 de abril de 2010.

Ainda, é o período em que Maurício Corrêa, presidente do Supremo, usa de seu prestígio no Congresso junto aos chefes dos demais Tribunais Superiores, para tentar demover os parlamentares de alguns pontos que àquela altura já figuravam aprovados.

Muito preocupado em valorizar e engrandecer o STJ e seus ministros, "dando-lhe perfeito corpo e a correspondente alma" (BRASIL, STJ, 2001-2002, p. 26), "ficou imortalizada" a declaração do Ministro Garcia Vieira, na posse de Nilson Naves na Presidência, exaltando a ideia de que os ministros são "homens acostumados à luta, bravos, corajosos, determinados. Tal como o aço, foram temperados no fogo e se tornaram fortes, valentes e capazes de levar esta colenda Corte à eficácia e à modernidade" (BRASIL, STJ, 2002, p. 25).

Assim, Nilson Naves também insistirá na construção do discurso ideacional de que a independência somente se fará com a livre escolha dos dirigentes pelos caminhos do Judiciário. E, claro, sustentados com recursos públicos sempre contínuos:

> Na cruzada para a reforma do Judiciário, o Superior tem defendido seu ponto de vista Brasil afora, às vezes solitário, porém sem jamais perder a força e a fé, porque sabe que as **suas propostas sempre foram e serão em nome do jurisdicionado**. Entre elas, sobressai, primeiramente, o suprimento financeiro, porquanto incabível permanecer o Judiciário na condição de suplicante perante os outros Poderes e ter, em consequência, comprometida a sua atuação por falta de recursos. Contudo esse aspecto constitui somente um dos problemas associados à independência (BRASIL, STJ, 2002, p. 47, grifo nosso).

Portanto, o Presidente Naves irá prosseguir especificamente com a já antes traçada pauta do STJ quanto à Reforma, reforçando a narrativa da função essencial e independente da Justiça, como forma de obter ganhos.

Logo em 24 e 25 de fevereiro de 2003, Naves promove um seminário para discutir a reforma do Judiciário com o objetivo de subsidiar a elaboração de um relatório a ser encaminhado aos órgãos competentes no qual se destacaram os pontos de consenso e de divergência na ótica dos Tribunais Superiores e das instituições de classe da área jurídica (BRASIL, STJ, 2003, p. 34).

Além disso, ele encabeça e participa de diversos outros eventos, buscando elevar o STJ à dianteira nessa área.

Nessas oportunidades também defende e busca angariar adeptos à agenda da Corte, especialmente no momento da Reforma. E, assim como seus antecessores, Naves visa obter influência quanto à chamada purificação das competências do STF e do STJ.

> Outro ponto cardeal da reforma é a purificação das competências constitucionais. Desde quando, há muito, pensou-se na instituição de um tribunal com as feições do Superior, pensava-se num órgão com a estatura de Corte de instância infraconstitucional, de todo irrecorrível. No entanto, no sistema em vigor, questões atinentes à interpretação e aplicação da lei federal são examinadas também pelo Supremo. Em face disso, as propostas trazem a explicitação das tarefas atribuídas ao Supremo, restringindo a ele a apreciação de recursos que tenham como fundamento matéria unicamente constitucional. Nesse passo, para que se purifique de uma vez por todas o sistema, o esperado é que se crie a Corte Constitucional (BRASIL, STJ, 2002, p. 47).

E numa leve alteração de foco, enfatiza que ao órgão de controle que viria a ser o Conselho Nacional de Justiça, composto apenas por magistrados e com amplos poderes, tão somente

> competiria definir e fixar o plano de metas e promover a periódica avaliação do funcionamento do Judiciário, tendo em vista o aumento da eficiência, a racionalização, o incremento da produtividade e a maior eficácia do sistema, garantindo mais segurança e mais celeridade aos serviços (NILSON NAVES) (BRASIL, STJ, 2002, p. 46).

E, com poder minimizado, o CNJ constaria, nas palavras de Nilson Naves, como uma "ouvidoria", recebendo simples reclamações da população. Já que os poderes correcionais seriam dados pelo fortalecimento do Conselho da Justiça Federal (BRASIL, STJ, 2002, p. 47).

Da mesma forma, sustenta a aplicação da súmula vinculante para o Superior Tribunal, pois, "[e]sse instrumento deverá contribuir para a observância dos princípios da segurança jurídica e da efetividade do processo, bem como para atacar a sobrecarga do Judiciário". Dado que ela investiria contra a 'indústria de recursos', que dificulta e emperra a ação da Justiça (BRASIL, STJ, 2002, p. 47).

De outra parte, inova o presidente Naves quanto à tentativa de emplacar, na Reforma, um título executivo de livre circulação no mercado, em substituição ao "impiedoso e malsinado precatório" (BRASIL, STJ, 2002, p. 47). A proposição, embora visando a agilidade na execução das decisões do Judiciário, não conseguiria adeptos.

Por derradeiro, consigne-se que o STJ achava conveniente alguma reforma. Por isso, como dito, via nela boas chances de ganho. E em todas os pronunciamentos Naves deixou claro que "venha a reforma do Judiciário, mesmo que não seja completa, como desejamos. O mais importante é que, mesmo parcial, venha, pois algum progresso é melhor que nenhum". Dando por satisfeito quanto ao papel do Tribunal na luta pela "votação à parte dos pontos, pacificados, consensuais", embora, nesse período ela não tenha sido concluída, "pelo menos foi possível fornecer ao legislador elementos que lhe inspirassem legislar em conformidade com os anelos do Superior Tribunal" (BRASIL, STJ, 2002, p. 47-48).

No entanto, a vigência da EC nº 45 se iniciaria já com a presidência do Ministro Edson Vidigal[142], que, assumindo o topo do STJ, em abril de 2004, tomou a questão das mudanças no Judiciário como algo encerrado. Nela não demandou, efetivamente, empenho. Até porque o período de seu mandato revelou-se cercado de polêmicas.

Vidigal buscou promover o Tribunal e a sua presidência como instituição nacional e internacional, como na promoção do I Encontro sobre a Reforma do Judiciário na América do Sul, ocorrido em Brasília, em 25 e 26 de novembro de 2004. A organização se deu em parceria com o Ministério das Relações

[142] Edson Carvalho Vidigal, com ampla experiência em jornalismo e comunicação advinda via diversos cargos públicos e à frente de partidos políticos, foi deputado federal pela ARENA, após formação jurídica em Direito em 1980. Advogado militante no STF e consultor jurídico do Ministério dos Transportes, foi indicado como ministro do Tribunal Federal de Recursos, em 9 de dezembro de 1987. No STJ, na forma regimental, atuou também no Tribunal Superior Eleitoral e no Conselho da Justiça Federal. Presidiu o Superior Tribunal de Justiça de 5 de abril de 2004 a 28 de março de 2006.

Exteriores. E, segundo ele, significou mais uma etapa importante da presença do Superior Tribunal de Justiça no cenário jurídico internacional, especialmente na comunidade de países ibero-americanos.

E logo mais, no final de novembro de 2004, com a aprovação da Emenda, teve a pauta institucional do STJ livre para se promover e à visão que queria dar a esse Tribunal.

Em prosseguimento à análise da Reforma, item relevante que veio desde a fixação dos pontos, pelo STJ, e acabou sendo por ela aprovado, foi a criação da Escola Nacional da Magistratura. Naquela época as palavras de Pádua Ribeiro enfatizavam que "já há, no Conselho da Justiça Federal, o Centro de Estudos Judiciário. Com pouquíssimos recursos, poderíamos transformá[-lo] em Escola da Magistratura. Não gastaríamos praticamente nada; poderíamos aproveitar nosso corpo funcional, os servidores, os espaços existentes (...)" (BRASIL, STJ, p. 8).

Ligada ao Superior Tribunal, ela abarcaria toda a magistratura nacional. Já que, conforme dispõe o art. 105, parágrafo único, inciso I, da Constituição, funcionará junto a ele "a Escola Nacional de Formação e Aperfeiçoamento de Magistrados, cabendo-lhe, dentre outras funções, regulamentar os cursos oficiais para o ingresso e promoção na carreira".

Com a construção de que ela seria "um decisivo passo no processo de modernização do Poder Judiciário brasileiro" (COSTA LEITE) (BRASIL, STJ, 2001-2002, p. 31), a ENFAM tinha o potencial de possibilitar grande influência do Superior Tribunal sobre os juízes e Tribunais Estaduais, quebrando o 'bairrismo' antes aqui anunciado.

Além disso, como destacou o Ministro Barros Monteiro, em sua entrevista (Anexo A, 2018), "Ganhou, sem dúvida, o STJ com a criação da 'Escola Nacional de Formação e Aperfeiçoamento de Magistrados – ENFAM", uma antiga aspiração de seus membros, **notadamente os ligados ao Magistério**. Manteve-se a existência do "Conselho da Justiça Federal", a quem foi atribuída primacialmente a supervisão administrativa e orçamentária da Justiça Federal" (grifo nosso).

E mesmo antes do resultado da Reforma, o Presidente Nilson Naves já anunciaria a concessão, pela União, de um prédio para a instalação da Escola. Assim:

> A lista de propostas que visam tornar a Justiça mais eficaz e mais prestante não olvidou o imprescindível aprimoramento dos magistrados brasileiros, sobretudo em razão do dinamismo das relações sociais e da rapidez com que se operam as mudanças na legislação. Para tanto, faz parte do sonho a criação da Escola Nacional da Magistratura ligada ao Superior. Por falar nisso, o Tribunal recebeu do Ministério do Planejamento, Orçamento e Gestão, **para uso e administração, um terreno em Brasília, no qual há um prédio, onde será instalada a Escola** (BRASIL, STJ, 2002, p. 47).

Portanto, essas foram as posturas dos integrantes do STJ reveladas eminentemente por seus presidentes ao longo do trâmite da EC nº 45. Estes que buscaram influenciar na grande oportunidade conferida pelo momento da Reforma do Judiciário de 2004, seja propagando e defendendo a agenda consagrada pelo Tribunal, delineada, particularmente, por Pádua Ribeiro, seja pronunciando e difundindo as ideias construídas da efetiva importância e poder conferido ao STJ, em todos as oportunidades em que isso era possível.

5.3.3 Resultado da reforma e a respeitabilidade obtida pelo STJ

Como se pôde verificar, várias propostas de reforma tomaram corpo durante o longo processo de debates que culminaram na EC nº 45, de 2004, as quais refletiram as alterações de aspectos da conjuntura política e econômica vivida pelo Brasil.

Olhando para o Legislativo, nota-se um comportamento, de certa forma, instável e fluído. E animado por fatores externos às Casas, particularmente pelos impulsos do Executivo, fomentando a opinião pública e ou articulando tecnicamente junto aos parlamentares. Sem esquecer-se do relevante papel de pressão das associações e integrantes do sistema de justiça, juízes, Ministério Público, procuradores públicos, advogados, defensores, mas que não tiveram o peso do empenho do Planalto.

Ainda, corrobora com isso, a influência de certos atores, que não só conduziram o parlamento a um consenso, mas, de fato, moldaram a Reforma do Judiciário de 2004. Seja imediatamente pela edição da Emenda nº 45, ou mesmo após, pela manutenção de sua validade ou implementação de pontos junto a outros órgãos, como no Conselho de Justiça Nacional.

Estamos falando do presidente do Supremo Tribunal, Ministro Nelson Jobim, quem alinhavou a modificação, juntamente com Márcio Thomaz Bastos, pelo Executivo, e apoiado pelos presidentes do Congresso Nacional, em particular do Senador José Sarney. Ou seja, a nosso ver, o grande mérito de ter havido uma Reforma do Judiciário, no fim de 2004, foi que ela se deu por personagens e pela cúpula dos Poderes. Já que o Judiciário se revelava eminentemente conservador e tradicionalista.

No relativo ao Superior Tribunal de Justiça, seguramente é possível afirmar que sua criação foi algo plenamente acertado. Não se encontrou sequer uma fala de qualquer dos atores pesquisados defendendo sua extinção ou mesmo a diminuição de sua atuação, durante o processo da EC nº 45. Como relata Barros Monteiro (Anexo A, 2018), de fato, "Nos dias atuais, não há dúvida quanto ao acerto na criação da Corte e, mais que isso, de sua inclusão na estrutura geral do Poder Judiciário brasileiro, na qualidade de guardião da ordem jurídica federal infraconstitucional".

Ao contrário, houve, mais inicialmente, opiniões diversas e inclusive de parlamentares para que o Tribunal fosse ampliado. A fim de receber, caso procedessem as propostas iniciais de extinção da cúpula da Justiça do Trabalho, uma câmara junto ao STJ para julgamento dessas matérias. Abrindo possibilidade, ademais, para que a Justiça Militar e Eleitoral seguissem o mesmo caminho. Como alardeava, por exemplo, o Deputado Gerson Peres, do PPB-PA, que "a Justiça Federal, a do Trabalho e a Militar deveriam ser câmaras especiais, superiores e regionais vinculadas ao Superior Tribunal de Justiça. (...). Teríamos [no STJ] um grande plenário, um grande Senado, que não passaria de 70 membros. Seria uma maravilha!" (BRASIL, STJ, p. 67).

Sob outro ângulo, também se nota que os ministros do STJ não foram determinantes para o desfecho dos diversos assuntos transformados na EC nº 45. Porém, isso não quer dizer que não foram 'ganhadores', já que souberam aproveitar a oportunidade para sedimentar seu poder, especialmente junto à Justiça Federal e seus Tribunais, e, ainda, quanto à magistratura nacional. Uma vez que, sabedores de que não haveria, na Reforma em discussão, qualquer alteração substancial em sua estrutura, puderam eles arriscar mais em sua (auto) promoção. E além de sua sagração, conseguiram ainda emplacar, como visto, a ENFAM, e a Corregedoria Nacional do CNJ. Ambas de extrema influência sob as diversas magistraturas, inclusive as estaduais, reticentes, como visto.

E esse ponto é realçado por Barros Monteiro (2018) em sua entrevista constante do Anexo A, ao final. Lembra ele que:

> Com a "Reforma do Judiciário", o STJ foi contemplado no "Conselho Nacional de Justiça" com um cargo, reservado a Ministro da Casa, para exercer as funções de "Corregedor Nacional de Justiça". Esse Ministro não se afastou totalmente de suas funções no Tribunal, uma vez que continuou a integrá-lo nas sessões do Tribunal Pleno e na Corte Especial. (...). **Disso tudo, pode-se afirmar que resultou o fortalecimento do STJ, em face da confiança que lhe foi então depositada**. Apenas, não chegou a ser acolhido até os dias que correm o seu pleito de alcançar um filtro na admissibilidade do recurso especial. (grifo nosso).

Assim, sob o viés da busca de respeitabilidade e influência, acredita-se que os membros do Superior Tribunal de Justiça lograram êxito na empreitada. Destacando o trabalho de fixação de diretrizes e na construção e aproveitamento de ideias a que buscou efetivar o Ministro Pádua Ribeiro junto à instituição STJ e à Justiça Federal. E, pelo mérito, em particular, aos presidentes seguintes, os quais souberam bem aplicar e defender tais discursos ideacionais do STJ perante toda a sociedade e parlamentares, bem como e especialmente junto ao próprio Judiciário em geral.

6. CONCLUSÃO

Esta obra teve como objetivo geral analisar a dinâmica política envolvida na gestação, criação e estabelecimento do Superior Tribunal de Justiça. Sendo seus objetivos específicos examinar as construções ideacionais dos vários atores, particularmente os judiciais, que corroboraram para o STJ, e estudar os pronunciamentos, discursos, articulações e interações políticas em três momentos específicos: o que envolve a Emenda Constitucional nº 7, de 1977, editada sob o último Regime Militar, o da Assembleia Nacional Constituinte de 1987-1988, ocorrida sob clamor de renovação democrática, e, por fim, o da Emenda Constitucional nº 45, de 2004, quando já é encontrada uma certa estabilidade institucional.

Uma **primeira** constatação, em termos de abordagem teórica, foi a de que o institucionalismo construtivista ou ideacional exige a tomada de períodos um tanto quanto longos, para que seja possível perceber e compreender o movimento e as alterações das ideias pelos diversos atores. Daí a conveniência em combinar com o institucionalismo histórico, isto é, a necessidade de se recriar teoricamente um amplo contexto ou acontecimentos políticos, a fim de que seja possível apreender sua dinâmica.

No caso desta obra, tal abordagem aplicada às institucionais judiciais – onde o objeto logo mais foi inserido – revelou uma paulatina edificação da ideia de 'tradição' judicial. Indicando a revisão da literatura que essa concepção tem como sustentação a autonomia e a independência do corpo principal do órgão. Sendo oponível por qualquer um em qualquer situação, interna ou externa, que confronte o Judiciário, seja em temas de gestão, interações políticas, ou mesmo de conhecimentos técnicos-jurídicos.

Essa ideia de 'tradição', no caso específico do Judiciário brasileiro, estaria menos ligada à sedimentação de costumes do que à liberdade plena dos seus membros. Já que a quebra da repetição no tempo de atos ou fatos similares é aceita pelos outros integrantes, quando a alteração da rota se dá por alguém de seu próprio corpo. E onde eventuais conflitos endógenos são resolvidos facilmente pelo confronto com o sentido correlato da hierarquia, esta também ligada à 'tradição' judicial.

Assim, em relação aos acontecimentos políticos examinados, é possível notar uma busca pelos diversos atores por uma institucionalização formal dessa independência e autonomia do Judiciário, que seria expressada por uma ampla liberdade e reconhecimento dos juízes, somente circunscrita por certa hierarquia do corpo.

Em um aprofundamento desta aproximação, ainda sobre as instituições judiciais, subsistiu revelada que a concepção ideacional de 'tradição' e o seu referente de independência e liberdade judiciais conduz a uma quase impossibilidade de articulação política. Seja sob o ângulo de uma agenda ou diretriz institucional ou mesmo no sentido de fazer frente aos interesses dos demais poderes, muito mais harmonizados politicamente.

Essa circunstância pôde ser percebida não só pelo uso político da reforma do Judiciário em 1977, em uma conjuntura de exceção. Mas igualmente na desconsideração das 'Sugestões' do STF, encaminhadas tanto à Comissão 'Afonso Arinos' quanto para a própria Assembleia Constituinte de 1987-88, momento este de consagrada pluralidade de opiniões e com assimetrias muito menos evidentes, até em relação à Reforma ocorrida em 2004. Como também vista quando da necessidade última do Supremo em ceder, mediante barganha, parte de sua autoridade a um novo tribunal, qual seja, o Superior Tribunal de Justiça, como constou no capítulo quatro desta obra, alicerçado nas notas taquigráficas, confrontadas com os demais pronunciamentos e publicações da Constituinte de 1987-88.

Sob esse mesmo tratamento, igualmente se pode concluir pela reprodução ideacional dos integrantes do Tribunal Federal de Recursos, até a promulgação da Constituição de 1988. Porém, sobremaneira importante ressaltar a mudança endógena da concepção da tradição e independência desses mesmos atores, quando de sua passagem como membros da nova Corte. Isto é, com a liderança institucional do antigo colega de TFR, Pádua Ribeiro, foi possível, ao menos inicialmente, a construção de diretrizes e posições ideacionais que foram propagadas, em particular, por todos os presidentes do STJ – vistos aqui, até o ano de 2004.

Ou seja, a atuação preliminar dos integrantes do STJ modificou o pensamento construído anteriormente, no sentido de tornar possível um ganho de influência e de respeitabilidade junto aos demais poderes e até com uma certa disputa em relação ao Supremo Tribunal. Portanto, em resposta a uma de nossas indagações, ficou demonstrado que os membros do STJ se empenharam em prol do ganho de influência e de poder desse novo Tribunal, arquitetando e aproveitando para si as construções ideacionais aplicadas, mormente, pelo STF.

Uma **segunda** inferência pode ser percebida mediante a prevalência da abordagem histórica apoiada na construtivista-ideacional, empregada na ocasião da Emenda Constitucional nº 7, de 1977, editada sob o Regime Militar, o da Assembleia Nacional Constituinte de 1987-1988, ocorrida sob clamor de renovação democrática, e, por fim, o da Emenda Constitucional nº 45, de 2004, onde já é encontrada uma certa estabilidade institucional. A partir desse filtro é que se pôde, também, construir uma reflexão sobre essas relevantes arenas políticas.

O estudo dos três eventos sugere terem neles havido mera alteração ou reforma limitada, e, por que não controlada, de parte da estrutura do Judiciário.

Pois, mesmo com a instauração de uma nova ordem jurídica, em 1988, em termos de organização, gestão e aplicação do direito, o Judiciário continuou o mesmo. Já que, conforme apontam os itens anteriores, a própria autonomia administrativa e financeira e a independência como poder político revelaram-se uma formalização – importante, reconhece-se – dos ganhos já obtidos com a Emenda Constitucional nº 7, de 1977, e normas posteriores.

Nesse sentido, mesmo com a criação do Superior Tribunal de Justiça em 1988, é possível concluir não ter havido inovação, conforme corroborado no capítulo cinco desta obra, em razão da manutenção do mesmo *modus operandi* dos ministros e dos serviços em geral. Isto é, pode-se aferir que a transferência de parte da atribuição de um órgão para outro, aplicando-se as mesmas técnicas e os mesmos procedimentos, em nada muda.

A inovação entraria na discussão com a segunda tentativa de se instituir um órgão de controle ao Judiciário. A primeira foi, como se viu, a de 1977, sendo que na última Constituinte houve somente debates, resultando aprovado na Reforma de 2004 um órgão eminentemente interno de fiscalização e de gestão de recursos e metas. Porém, como se pôde ler, o presente trabalho ficou limitado a 2004, sobejando apenas como sugestão de novos e posteriores estudos, no viés aqui utilizado.

Com efeito, nos três momentos houveram certa desconsideração da posição do Judiciário – embora a opinião dos tribunais superiores tenha sido importante. Prevalecendo a vontade dos outros poderes, mais especificamente: a imposição pelo Executivo no regime de exceção de uma reforma do Judiciário, uma quase que independência do Legislativo quando da ANC 1987-88, e, uma retomada da força do Executivo, apoiado pelo cúpula do Senado e por um ator do judiciário, com papel *sui generis*, ou seja, Nelson Jobim.

Desta feita, essas eram as considerações finais abordadas neste trabalho, o qual, acredita-se, alcançou os propósitos iniciais, particularmente, o de colaborar na compreensão, pela Ciência Política, quanto ao cada vez mais proeminente ator político, a saber, o Judiciário, no contexto das democracias contemporâneas.

REFERÊNCIAS

ALVES, Moreira. Discurso de posse como Presidente do Supremo Tribunal Federal. **Diário da Justiça**, de 7 de março de 1985, p. 2463-2468.

ARANTES, Rogério Bastos. Jurisdição Política Constitucional. In: Maria Tereza Sadek. (org.). **Reforma do Judiciário**. São Paulo: Fundação Konrad Adenauer, p. 23-89, Edição eletrônica de 2010 [2001].

ARAÚJO, Cícero. O processo constituinte brasileiro, a transição e o poder constituinte. **Lua Nova**, São Paulo, 88: 327-380, 2013.

ARTUR, Karen. **O novo Poder Normativo do TST. Dissídios Individuais e Atores Coletivos**. (Tese de Doutorado). Programa de Pós-Graduação em Ciência Política. Centro de Educação e Ciências Humanas. Universidade Federal de São Carlos, São Carlos, 152p., 2009.

ASSOCIAÇÃO DOS MAGISTRADOS BRASILEIROS. X Congresso Brasileiro de Magistrados. **Anais**, Recife-PE, 1986.

BALEEIRO, Aliomar. **O Supremo Tribunal Federal, êsse outro desconhecido**. Rio de Janeiro: Forense, 1968.

BALEEIRO, Aliomar. O Supremo Tribunal Federal. **Revista Brasileira de Estudos Políticos**. Belo Horizonte-MG, n. 34, jul.1972.

BAUMGARTNER, Frank; JONES, Bryan. **Agendas and instability in American politics**. Chicago: University of Chicago Press, IL, 1993.

BELL, Stephen. Do We Really Need a New 'Constructivist Institutionalism' to Explain Institutional Change? **British Journal of Political Science**, v. 41, p. 883-906, 2011.

BERCOVICI, Gilberto. O direito constitucional passa, o direito administrativo permanece: a persistência da estrutura administrativa de 1967. In: TELES, Edson; SAFATLE, Vladimir (org.). **O que resta da ditadura**. Coleção Estado de Sítio. São Paulo: Boitempo, 2010.

BRASIL. ASSEMBLEIA NACIONAL CONSTITUINTE. **Diário da ANC**, supl. 114. Brasília-DF, 1987.

BRASIL. ASSEMBLEIA NACIONAL CONSTITUINTE. **Diário da ANC**, supl. 132, Brasília-DF, 1987.

BRASIL. ASSEMBLEIA NACIONAL CONSTITUINTE. **Diário da ANC**, supl. 53. Brasília-DF, 1987.

BRASIL. ASSEMBLEIA NACIONAL CONSTITUINTE. **Diário da ANC**, supl. 80. Brasília-DF, 1987.

BRASIL. ASSEMBLEIA NACIONAL CONSTITUINTE. **Diário da ANC**, supl. 81. Brasília-DF, 1987.

BRASIL. ASSEMBLEIA NACIONAL CONSTITUINTE. **Diário da ANC**, supl. 82. Brasília-DF, 1987.

BRASIL. ASSEMBLEIA NACIONAL CONSTITUINTE. **Diário da ANC**, supl. 83. Brasília-DF, 1987.

BRASIL. ASSEMBLEIA NACIONAL CONSTITUINTE. **Diário da ANC**, v. 100, Brasília-DF, 1987.

BRASIL. ASSEMBLEIA NACIONAL CONSTITUINTE. **Diário da ANC**, v. 101, Brasília-DF, 1987.

BRASIL. ASSEMBLEIA NACIONAL CONSTITUINTE. **Diário da ANC**, v. 104, Brasília-DF, 1987.

BRASIL. ASSEMBLEIA NACIONAL CONSTITUINTE. **Diário da ANC**, v. 114, Brasília-DF, 1987.

BRASIL. CÂMARA DOS DEPUTADOS. **Constituição da República dos Estados Unidos do Brasil, decretada pelo Presidente da República em 10.11.1937**. Disponível em: < https://www2.camara.leg.br/legin/fed/consti/1930-1939/constituicao-35093-10-novembro-1937-532849-publicacaooriginal-15246-pl.html>. Acesso em: 08 set. 2017.

BRASIL. CÂMARA DOS DEPUTADOS. **Exposição de motivos ao decreto nº 848, de 11 de outubro de 1890**. Disponível em: <https://www2.camara.leg.br/legin/fed/decret/1824-1899/decreto-848-11-outubro-1890-499488-exposicaodemotivos-pe.doc>. Acesso em: 22 ago. 2017.

BRASIL. CONGRESSO NACIONAL. **Anais**, 16 de abril de 1977.

BRASIL. CONGRESSO NACIONAL. **Anais**, 22 de setembro de 1976.

BRASIL. PRESIDÊNCIA DA REPÚBLICA. Despacho e Anteprojeto da Comissão Provisória de Estudos Constitucionais. **Diário Oficial**, Brasília-DF, Suplemento Especial nº 185, 26 de setembro de 1986.

BRASIL. PRESIDÊNCIA DA REPÚBLICA. Secretaria de Imprensa e Divulgação. Discurso do Presidente da República. **Discurso do Presidente da República, Luiz Inácio Lula da Silva, na cerimônia de assinatura de Protocolo de Intenções e Repasse de Recursos da União para o Espírito Santo, para a área da segurança pública**. Vitória: 22 abril de 2003. Disponível em: < http://www.biblioteca.presidencia.gov.br/presidencia/ex-presidentes/luiz-inacio-lula-da-silva/discursos/1o-mandato/2003/22-04-2003-discurso-do-presidente-da-republica-luiz-inacio-lula-da-silva-cerim-assin-protocolo-intencoes.pdf >. Acesso em: 30 jan. 2019.

BRASIL. SENADO FEDERAL. **Diário do Senado Federal**, Brasília-DF, 24 de março de 2004.

BRASIL. SENADO FEDERAL. **Diário do Senado Federal**, Brasília-DF, 24 de abril de 2000.

BRASIL. SUPERIOR TRIBUNAL DE JUSTIÇA. Instrução normativa STJ/GP Nº 15. **Manual de Organização do Superior Tribunal de Justiça**, 2018.

BRASIL. Superior Tribunal de Justiça. Ministros aposentados e ex-ministros. Disponível em: < http://www.stj.jus.br/web/verMinistrosSTJ?parametro=4>. Acesso em: 14 maio 2019.

BRASIL. SUPERIOR TRIBUNAL DE JUSTIÇA. **PEC 96 – A/92: Reforma do Judiciário: audiências públicas**. Abr/Mai, 1999.

BRASIL. SUPERIOR TRIBUNAL DE JUSTIÇA. **Relatório de Atividades**, 2001-2002.

BRASIL. SUPERIOR TRIBUNAL DE JUSTIÇA. **Relatório de Atividades**, 2002.

BRASIL. SUPERIOR TRIBUNAL DE JUSTIÇA. **Relatório de Atividades**, 2003.

BRASIL. SUPERIOR TRIBUNAL DE JUSTIÇA. **Relatório de Atividades**, 2006.

BRASIL. SUPERIOR TRIBUNAL DE JUSTIÇA. Secretaria de Documentação. Ministro Evandro Gueiros Leite: homenagem. Brasília: STJ, 2016.

BRASIL. SUPERIOR TRIBUNAL DE JUSTIÇA. Secretaria de Documentação. Ministro Antônio de Pádua Ribeiro: homenagem. Brasília: STJ, 2011.

BRASIL. SUPERIOR TRIBUNAL DE JUSTIÇA. Secretaria de Documentação. Ministro Evandro Gueiros Leite: homenagem. Brasília: STJ, 2016.

BRASIL. SUPREMO TRIBUNAL FEDERAL. Ata da sessão solene especial para a instalação do Superior Tribunal de Justiça em 07 de abril de 1987. **Diário da Justiça**, Brasília-DF, 20 abr. 1989, seção 1, p.5815.

BRASIL. SUPREMO TRIBUNAL FEDERAL. **Relatório de Atividades**, 1975.

BRASIL. SUPREMO TRIBUNAL FEDERAL. Solenidade de posse dos Ministros José Carlos Moreira Alves na Presidência e Decio Meirelles de Miranda na vice-Presidência do Supremo Tribunal Federal. Brasília-DF, 1985.

BRASIL. SUPREMO TRIBUNAL FEDERAL. Sugestões à Comissão Provisória de Estudos Constitucionais. **Diário da Justiça**, Brasília-DF, 14 jul. 1986, ano LXI, n. 131. 1986.

BRASIL. TRIBUNAL FEDERAL DE RECURSOS. **Relatório da Comissão de Acompanhamento da ANC**, 1989.

BUZAID, Alfredo. A crise do Supremo Tribunal Federal. **Revista da Faculdade de Direito da Universidade de São Paulo,** São Paulo, v. 55, p. 327-372, 1960.

CABRAL, Bernardo. Superior Tribunal de Justiça: 10 anos. STJ 10 anos: obra comemorativa 1989-1999. Brasília, DF: STJ, p. 19-60, 1999.

CAMPBELL, John. **Institutional change and globalization**. Princeton: Princeton University Press, 2004.

CARVALHO, Alexandre Douglas Zaidan. Juscorporativismo: os juízes e o judiciário na Assembleia Nacional Constituinte. **Revista Brasileira de Estudos Políticos,** Belo Horizonte, nº 114, p. 31-77, jan./jun. 2017.

CARVALHO, Ernani Rodrigues de. Em busca da judicialização da política no Brasil. Apontamentos para um anova abordagem. **Revista Sociologia Política**, Curitiba, nº 23, p. 115-126, nov. 2004.

COLLIER, Ruth; COLLIER, David. **Shaping the Political Arena**. Princeton: Princeton University Press, 1991.

COMBLIN, Joseph. **A ideologia da Segurança Nacional**: o poder militar na América Latina. Rio de Janeiro: Civilização Brasileira, 1978.

CORRÊA, Oscar Dias. A missão atual do Supremo Tribunal Federal e a Constituinte. **Revista de Direito Administrativo**, Rio de Janeiro, 160:1-31, abr./jun.de 1985.

COSTA, Emília Viotti da. **O Supremo Tribunal Federal e a construção da cidadania**. São Paulo: UNESP, 2006.

COUTO, Cláudio Gonçalves. A longa Constituinte: reforma do estado e fluidez institucional no Brasil. **Dados Revista de Ciências Sociais**, v. 41, nº 1, p. 51-86, 1998.

D'ARAÚJO, Maria Celina. **CPDoc**. FGV. São Paulo. s/d.

D'ARAÚJO. Maria Celina; CASTRO, Celso. **Ernesto Geisel**. Rio de Janeiro: Editora da Fundação Getulio Vargas, 1997.

EASTON, David. Political Science in the United States: Past and Present. **International Political Science Review**, SAGE Publications, v. 6, nº 1, 1985.

FARIA, José Eduardo. O Sistema brasileiro de Justiça: experiência recente e futuros desafios. **Estudos Avançados**, São Paulo, nº 18, v. 51, 2004, p. 103-25.

FERREIRA FILHO, Manoel Gonçalves. **Curso de direito constitucional**. São Paulo: Saraiva, 2005.

FGV. CPDOC. **Atlas Histórico do Brasil**. 2016, online. Disponível em: <https://atlas.fgv.br/apresentacao>. Acesso em: 14 maio 2017.

FOLHA DE S.PAULO. **Poder**. "STJ quer incluir propostas na reforma do Judiciário", matéria de 12 de junho de 2000. Disponível em: <https://www1.folha.uol.com.br/folha/brasil/ult96u1535.shtml>. Acesso em: 10 fev. 2019.

FREITAS, Ligia Barros de. **A consolidação institucional do Tribunal Superior do Trabalho (TST) na longa Constituinte (1987-2004)**. (Tese de Doutorado). Programa de Pós-Graduação em Ciência Política. Centro de Educação e Ciências Humanas. Universidade Federal de São Carlos, São Carlos, 373p., 2012.

FREITAS, Silvana. STF vai propor teto de R$12720 para servidor. Justiça. **Folha de S.Paulo**, 15 out. 1998. Disponível em: <https://www1.folha.uol.com.br/fsp/brasil/fc15109807.htm>. Acesso em: 11 maio 2019.

GOMES, Sandra. O impacto das regras de organização do processo legislativo no comportamento dos parlamentares: um estudo de caso da Assembleia Nacional Constituinte (1987-1988) **DADOS** – Revista de Ciências Sociais, Rio de Janeiro, v. 49, nº 1, 2006, p. 193-224.

HALL, Peter A.; TAYLOR, Rosemary C.R. As três versões do neo-institucionalismo. **Lua Nova**, nº 58, p. 193-223, 2003. [original publicado em 1996].

HALL, Peter. Policy paradigms, social learning and the state: the case of economic policy-making in Britain. **Comparative Politics**, v. 25, nº 3, 1993.

HAY, Colin. Constructivist Institutionalism. In: Rhodes; Binder; Rockman (ed.). **The Oxford Handbook of Political Institutions**, Oxford University Press, 2006, p. 56-74.

HAY, Colin. The 'crisis' of Keynesianism and the rise of neo-liberalism in Britain: an ideational institutionalist approach. In: J. L. Campbell and O. K. Pederson (ed.) **The Second Movement in Institutional Analysis**. Princeton: Princeton University Press, 2001.

HAY, Colin; ROSAMOND, Ben. Globalization, European integration and the discursive construction of economic imperatives. **Journal of European Public Policy**, v. 9, nº 2, 2002, p. 147-167.

HILBINK, Lisa; WOODS, Patricia, J. Comparative sources of judicial empowerment? Ideas and interests. **Political Research Quarterly,** University of Utah/Sage Publications, Inc. v. 62, nº 4, p. 745-752, dez. 2009.

JOBIM, Nelson. **História oral do Supremo** (1988-2013), v. 9: Nelson Jobim/Fernando de Castro Fontainha et al. (orgs.). Rio de Janeiro: Escola de Direito do Rio de Janeiro da Fundação Getulio Vargas, 2015, p. 123.

KOERNER, Andrei. Instituições, decisão judicial e análise do pensamento jurídico: o debate norte-americano. **BIB**, Revista Brasileira de Informação Bibliográfica, São Paulo, v.1, fac. 63, p. 63-96, 2007.

KOERNER, Andrei; FREITAS, Lígia Barros de. O Supremo na Constituinte e a Constituinte no Supremo. **Lua Nova**, São Paulo, 88: 141-184, 2013.

LEAL, Victor Nunes. Aspectos da reforma judiciária. **Revista de Informação Legislativa**, v. 2, nº 7, p. 15-46, set. 1965.

LEAL, Victor Nunes. Atualidade do Supremo Tribunal. **Revista de Direito Administrativo**, v. 78, p. 453-459, out./dez. 1964.

LEAL, Victor Nunes. Justiça ordinária Federal. **Revista Brasileira de Estudos Políticos**, Belo Horizonte, nº 34, p. 51-52, jul.1972.

LEITE, Evandro Gueiros. O recurso extraordinário e a emenda 2/85 do RISTF. **Jurisprudência Brasileira, Cível e Comércio**, n. 125, p. 11-36, 1987.

LESSA, Pedro. **Do Poder Judiciário**. Rio de Janeiro: Forense, 1915.

LIEBERMAN, Robert. Ideas, institutions, and political order: explaining political change. **American Political Science Review**, v. 96, nº 4, p. 697-712, 2002.

LIMA, João Alberto de Oliveira. **A gênese do texto da Constituição de 1988**. Brasília: Senado Federal, Coordenação de Edições Técnicas, v.1 e v.2, 2013.

LIMA, João Alberto de Oliveira; PASSOS, Edilenice; NICOLA, João Rafael. **A gênese do texto da Constituição de 1988**. Brasília: Senado Federal, 2013. Disponível em: < http://www.senado.leg.br/publicacoes/GeneseConstituicao/ >. Acesso em: 14 maio. 2019.

MARCH, James; OLSEN, Johan. Elaborating the New Institutionalism. In: RHODES; BINDER; Rockman (ed.). **The Oxford Handbook of Political Institutions**, Oxford: Oxford University Press, 2006, p. 3-20.

MARCH, James; OLSEN, Johan. **Rediscovering institutions**: the organizational basis of politics. New York, NY, Free Press, 1989.

MARINHO. Josaphat. Reforma da estrutura jurídica. **Revista de Informação Legislativa**, v. 1, nº 3, p. 7-15, set. 1964.

MARINONI, Luiz Guilherme. **O STJ enquanto corte de precedentes**: recompreensão do Sistema Processual da Corte Suprema. São Paulo: Revista dos Tribunais, 2013.

MARTÍNEZ-LARA, Javier. **Building democracy in Brazil: the politics of constitutional change, 1985-95**. Nova York, St. Martin's Press, 1996.

MONCLAIRE, Stéphane. Um processo de longo prazo. In: DANTAS, Bruno et al. (org.) **Constituição de 1988:** o Brasil vinte anos depois. Brasília. Senado. 2008. v. 1. Disponível em: <https://www12.senado.leg.br/publicacoes/estudos-legislativos/tipos-de-estudos/outras-publicacoes/volume-i-constituicao-de-1988>. Acesso em: 16 ago. 2017.

MORAES FILHO, Filomeno. A separação de poderes no Brasil. **Rev. Políticas Públicas e Sociedade**. Univ. Estadual do Ceará. v. 1, nº 1, p. 37-45, 2001.

NEQUETE, Lenine. **O poder Judiciário no Brasil a partir da independência**. Brasil: STF, 2000. v. 2.

NUNES, Castro. **Teoria e prática do Poder Judiciário**. Rio de Janeiro: Forense, 1943.

O'DONNELL, Guillermo. **Análise do autoritarismo burocrático**. São Paulo: Paz e Terra, 1990.

O'DONNELL, Guillermo. As forças armadas e o Estado autoritário no Cone Sul. **Dados – Revista de Ciências Sociais**, Rio de Janeiro, v. 24, 3, p. 277-304, 1981.

O'DONNELL, Guillermo. Tensões do Estado Autoritário-Burocrático e a questão da democracia. In: Collier, David. **O Novo Autoritarismo na América Latina**. Rio de Janeiro: Editora Paz e Terra: 1979.

O'DONNELL; SCHMITTER, Philippe. **Transições do regime autoritário**: primeiras conclusões, São Paulo, Vértice, 1988.

O'DONNELL, Guillermo. Democracia delegativa? **Novos Estudos CEBRAP**, São Paulo, nº 31, out. 1991.

PETERS, P. Guy; PIERRE, Jon; KING, Desmond. The politics of path dependence: political conflict in historical institutionalism. **Journal of Politics**, v. 67, nº 4, 2005.

PIERSON, Paul. Increasing returns, path dependence, and the study of politics. **The American Political Science Review**, v. 94, nº 2, 2000.

POWELL, Walter; DiMAGGIO, Paul. **The new institutionalism in organizational analysis**. Chicago: University of Chicago Press, 1991. [versão espanhol]

REALE, Miguel. **Por uma Constituição brasileira**. São Paulo: Revista dos Tribunais, 1985.

REZENDE, Maria José de. **A ditadura militar no Brasil**: repressão e pretensão de legitimidade: 1964-1984. Londrina: Eduel, 2013.

ROCHA, Sérgio Antônio. Genealogia da Constituinte: do autoritarismo à democratização. **Revista Lua Nova**, nº 88, p. 29-87, 2013.

SADEK Maria Tereza Aina. **Reforma do Poder Judiciário**. São Paulo: Fundação Konrad Adenauer, Edição eletrônica de 2010 [2001].

SADEK, Maria Tereza Aina. O Judiciário e a arena pública. In: **Democracia, mercado e Estado**: o B de Brics. Rio de Janeiro: FGV; 2011.

SADEK, Maria Tereza Aina. **O Ministério Público e a justiça no Brasil**. Sumaré-SP: Idesp, 1997.

SADEK, Maria Tereza Aina. Poder Judiciário: perspectivas de reforma. **Opinião Pública**. Campinas, v. X, nº1, p. 1-62, maio/2004.

SADEK, Maria Tereza Aina; ARANTES, Rogério B. A Crise do Judiciário e a Visão dos Juízes, **Revista USP**. São Paulo. Dossiê Judiciário, nº 21, março/abril/maio 1994, p. 34-45.

SADEK, Maria Tereza Aina; ARANTES, Rogério Bastos. Introdução. In: Maria Tereza Sadek. (org.). **Reforma do Judiciário**. São Paulo: Fundação Konrad Adenauer, p. 1-12, Edição eletrônica de 2010 [2001].

SARLET, Ingo Wolfgang. **Dignidade da pessoa humana e direitos fundamentais na Constituição Federal de 1988**. Porto Alegre: Livraria do Advogado, 2007.

SCHMIDT, Vivien. Discursive institutionalism: the explanatory power of ideas and discourse. **Annual Review of Political Science**, v.11, 2008.

SCHMIDT, Vivien. Speaking of change: why discourse is key to the dynamics of policy transformation. **Critical Policy Studies**, v. 5, nº 2, p. 106-126, 2011.

SHEPSLE, Kenneth. Rational choice institutionalism. In: RHODES; BINDER; Rockman (ed.). **The Oxford Handbook of Political Institutions**. Oxford University Press, 2006, p. 23-38.

SILVA, José Afonso da. **Do recurso extraordinário no direito processual brasileiro**. São Paulo: Revista dos Tribunais, 1963.

SOUZA, Celina. Federalismo e Descentralização na Constituição de 1988: Processo Decisório, Conflitos e Alianças. DADOS – **Revista de Ciências Sociais**, Rio de Janeiro, v. 44, nº 3, p. 513-560, 2001.

STREECK, Wolf; THELEN, Kathleen. Introduction: institutional change in advanced political economies. In: STREECK; THELEN (ed.). **Beyond continuity**: institutional change in advanced political economies. Oxford: Oxford University Press, 2005.

TAYLOR, Matthew. O Judiciário e as políticas públicas no Brasil. DADOS – **Revista de Ciências Sociais**, Rio de Janeiro, v. 50, nº 2, p. 229-257, 2007.

TAYLOR, Matthew; DA ROS, Luciano. Os partidos dentro e fora do poder: a judicialização como resultado contingente da estratégia política. In: **VI Encontro da Associação Brasileira de Ciência Política**. 29 jul a 1 ago. Campinas, Unicamp, 2008.

THELEN, Kathleen. Historical institutionalism in comparative politics. **Annual Review of Political Science**, 2, 1999.

THELEN, Kathleen; STEINMO, Sven. Historical institutionalism in comparative politics. In: STEINMO; THELEN; LONGSTRETH (ed.). **Structuring Politics**: Historical Institutionalism in Comparative Analysis. Cambridge: Cambridge University Press, 1992, p. 1-32.

VELLOSO, Carlos Mario da Silva. O Poder Judiciário na Constituição. Uma proposta de reforma. **Revista de Direito Administrativo,** Rio de Janeiro, v. 160, abr./jun. 1985.

ANEXO A
Íntegra da entrevista com o Ministro Raphael de Barros Monteiro Filho, do Superior Tribunal de Justiça, concedida em 1º de outubro de 2018

Pergunta nº 1: Como foi recepcionado por V. Exa. o desenho final do STJ na Constituição de 1988?
Resposta: O Superior Tribunal de Justiça está prestes a completar 30 anos de existência. Sua instalação deu-se no dia 7 de abril de 1989, na sede do Supremo Tribunal Federal, ocasião em que tomaram posse, como membros da novel Corte, os ministros oriundos do extinto Tribunal Federal de Recursos.
Os sete ministros restantes, entre os quais me incluía, empossaram-se no mês seguinte, no dia 18 de maio de 1989. Eram todos originários de Tribunais de Justiça estaduais, fazendo-se integralizar, desse modo, o terço constitucional a eles correspondente.
A estrutura e a competência do STJ, concebidas pelo legislador constituinte, já se encontravam delineadas àquela altura.
Convém recordar que a ideia de criar-se um Tribunal Superior Nacional já vinha sendo amadurecida há longos anos, pois, desde 1965, quando da realização de uma mesa redonda organizada pela "Fundação Getulio Vargas", o Prof. Miguel Reale suscitara a proposta de criação de uma Corte de Justiça que representasse a mais alta expressão do ordenamento federal infraconstitucional. De acordo com as palavras do saudoso Mestre das Arcadas, a sugestão veio a ser acolhida no seio da "Comissão Afonso Arinos", da qual ele fazia parte. O modelo trazido a lume terminou por ser aprovado pela Assembleia Nacional Constituinte.
Nesse ponto, cabe pontuar a atuação relevante e decisiva imprimida pelo antigo Tribunal Federal de Recursos, cujos componentes não só defenderam a instituição do novo Tribunal, como ainda acompanharam de perto a tramitação dos projetos de interesse do Poder Judiciário, tendo para tanto sido constituída uma operosa "Comissão de Ministros", presidida pelo Ministro Antônio de Pádua Ribeiro.
Absorvida ficou parte da extensa competência do Supremo Tribunal Federal, Corte reconhecidamente congestionada pelos inúmeros processos que ali aportavam diariamente. Ao STJ coube predominantemente o controle do direito comum, ou seja, a guarda da autoridade e da uniformidade interpretativa do direito federal ordinário.
Não é preciso dizer das minhas dificuldades ante a elevadíssima responsabilidade que então assumia. Impressionou-me, sobretudo, o vastíssimo campo da legislação comum ordinária, abrangendo desde a legislação codificada até a larga dimensão das leis esparsas vigentes.
Além disso, apresentava-se à minha frente um novo sistema de julgamento, diferente do que costumava empregar no Tribunal de Justiça do Estado de São

Paulo: ao invés de apreciar toda a matéria de fato contida nos feitos, no Superior Tribunal de Justiça, quando do exame dos recursos especiais, devia cingir-me tão somente às teses de direito. Está claro que inexistia à época, tal como ainda ocorre nos dias atuais, qualquer tipo de filtragem, isto é, um limite no cabimento dos citados recursos especiais.

Os valores mais em voga à época da Constituinte, no que concerne ao Poder Judiciário, eram: a) o amplo acesso à Justiça; b) conferir maior celeridade à solução dos litígios.

Acresce que os recursos extraordinários interpostos anteriormente à promulgação da Lei Maior, pertinentes à legislação ordinária, acabaram sendo convertidos *ipso iure* em recursos especiais e, por esse motivo, remetidos ao STJ para julgamento, concluindo-se dessa forma o resíduo então existente na Suprema Corte.

O volume de serviço, que já era acentuado, não parava de crescer.

Em suma, a despeito da nobre missão incumbida pela Lei Fundamental, o sentimento geral na Casa era o de que o serviço devia fluir normal e rapidamente, dado o já previsto acúmulo de processos nos anos seguintes. Evidente que o cuidado era dar vazão aos feitos, sem prejuízo, porém, de preservar a qualidade dos julgamentos.

--o--

Pergunta nº 2: Como entendia V. Exa. a manutenção dos ministros do TFR na estrutura do novel STJ? Qual sua avaliação sobre essa continuidade em relação à própria instituição do STJ?

Resposta: Não houve, em tempo algum, questionamento sobre a manutenção dos ministros do extinto Tribunal Federal de Recursos, mesmo porque se tratava aí de cumprir o disposto no art. 27, § 2º, inciso I, do "Ato das Disposições Constitucionais Transitórias".

Ao certo, a novel Corte só teve a favorecê-la com o aproveitamento dos ministros que até então compunham o TFR, não só pela experiência e preparo que ostentavam, mas também pela estrutura organizacional que constituíram e que mantinham na Corte anterior.

Logo após a instalação e posses dos ministros, o Superior Tribunal de Justiça cuidou de elaborar o seu Regimento Interno, para o que foi decisiva a participação dos colegas mais antigos. Esse trabalho desenvolveu-se até o final do 1º semestre de 1989.

--o--

Pergunta nº 3: Quais eram os anseios e temores (políticos e institucionais) dos membros na instalação do STJ? E na relação com o Supremo e com os demais órgãos do Judiciário?

Resposta: Integrando a 4ª Turma e a 2ª Seção (ambas especializadas em Direito Privado), a minha preocupação era, desde logo, a de dar conta dos processos que chegavam ao gabinete. Tocante ao Tribunal Pleno, do qual participei apenas por algum tempo, a atividade inicial, consoante já foi salientado, foi a de elaborar o Regimento Interno da Casa.

Em seguida, cogitou-se da edificação da nova sede, para o que foi constituída uma Comissão de Ministros, de que participei tempos depois, em substituição ao Ministro Ilmar Galvão. Durante a construção do prédio, houve uma série de questionamentos, inclusive pela Imprensa, os quais ao final acabaram sendo aclarados.

O STJ sempre procurou colaborar com os outros Poderes no sentido do aperfeiçoamento da legislação processual; na modernização do Poder Judiciário, inclusa a sempre aventada "duração razoável do processo". Para tanto, tratou-se da simplificação e racionalização dos procedimentos, da capacitação e estímulos aos servidores e, notadamente, da implementação da tecnologia da informação, atualmente uma ferramenta indispensável às Cortes judiciárias do País.

De outro lado, não há a registrar anormalidade alguma no relacionamento com o Supremo Tribunal Federal.

Com respeito aos Tribunais Regionais Federais, recém-criados, inexistente também qualquer entrave de monta, mesmo porque os respectivos Presidentes integravam e até os dias atuais integram o "Conselho da Justiça Federal", para o qual coligiam e encaminhavam os aspectos mais problemáticos de suas regiões. Ali, eram prontamente resolvidos.

Quanto aos Tribunais de Justiça estaduais, a afinidade mostrou-se crescente aos poucos. Logo no início dos trabalhos, adveio uma dificuldade atinente à fundamentação dos decisórios de admissibilidade ou não dos recursos especiais. Em alguns casos, houve a necessidade de devolver-se o feito ao Tribunal de origem, a fim de que fosse satisfeita a exigência. O então Presidente do STJ houve por bem realizar um tipo de simpósio e convidar os Presidentes das Cortes Estaduais, a fim de dialogar a propósito do assunto. Para espancar dúvida que pudesse restar acerca da questão, o STJ terminou por editar a Súmula n. 123, segundo a qual "a decisão que admite, ou não, o recurso especial deve ser fundamentada, com o exame de seus pressupostos gerais e constitucionais".

De todo modo, o Superior Tribunal de Justiça sempre esteve aberto à comunicação com os Tribunais de Justiça e com os Tribunais Regionais Federais. Em relação a estes últimos, periodicamente o "Conselho da Justiça Federal" deslocava-se para as respectivas sedes, a fim de realizar lá as suas sessões.

--o--

Pergunta nº 4: Quais foram e como se desenvolveram os desafios institucionais e políticos no início do STJ? Como ocorreu, entre os ministros, a construção das estratégias para a superação deles? Quais as ideias e discursos buscaram os ministros fazer prevalecer nessa fase?

Resposta: Como 33º (e mais novo) membro da Corte e componente da Seção de Direito Privado, não participei diretamente das deliberações de caráter administrativo àquela época.

Os desafios eram, sobretudo, internos ao Tribunal, relacionados à precípua tarefa constitucional, qual seja, a de guardião do direito comum federal e, consequentemente, de uma jurisprudência tanto quanto previsível, estável, de tal arte a assegurar a segurança jurídica, imprescindível ao desenvolvimento do Estado Democrático de Direito.

Lembro-me, de início, da aguardada promulgação da Lei n. 8.038, de 21de maio de 1990, que veio instituir normas para os processos da competência do Supremo Tribunal Federal e do Superior Tribunal de Justiça. Valiosa foi também aí a contribuição dos Ministros da Casa para a edição do referido diploma legal que – diga-se – foi derrogado por sucessivas alterações introduzidas pelo legislador ordinário. Com o advento de outras normas legais, como, exemplificativamente, o novo Direito das Famílias, o Código de Defesa do Consumidor e os vários Planos Econômicos expedidos pelo Poder Executivo, inúmeros foram os debates entre os Srs. Ministros, no âmbito dos órgãos julgadores, uns com tendências inovadoras, outros mais comedidos.

Inegável, nesse particular, a contribuição do STJ: sedimentou a sua jurisprudência, editando súmulas e divulgando-as para conhecimento geral, principalmente dos cidadãos e dos profissionais do direito.

--o--

Pergunta nº 5: Qual a percepção de V. Exa. em relação às estratégias dos membros do STJ voltadas à obtenção de legitimidade e institucionalidade para si e para a Corte em face dos outros Poderes? Havia canais de interlocução do Tribunal para com esses órgãos? De que forma eram implementadas as decisões técnico-jurídicas junto ao Executivo e ao Legislativo?

Resposta: A institucionalidade e a legitimidade do STJ decorreram, antes de tudo, da Constituição Federal (arts. 104 e 105). Nos dias atuais, não há dúvida quanto ao acerto na criação da Corte e, mais que isso, de sua inclusão na estrutura geral do Poder Judiciário brasileiro, na qualidade de guardião da ordem jurídica federal infraconstitucional.

Os Presidentes do STJ sempre trataram direta ou indiretamente (inclusive por meio de Assessorias) da comunicação entre as diversas entidades governamentais ou legislativas. Nesse aspecto, os membros do STJ foram e têm sido atendidos dentro da maior cordialidade, prevalecendo, de um lado e de outro, o respeito mútuo. No que concerne ao Legislativo, os contatos eram permanentes, dada a imperiosa necessidade de atualização e modernização dos serviços prestados pelo Tribunal. Recordo-me que, quando do exercício da Presidência da Casa, a Assessoria de Assuntos Legislativos desdobrou-se para obter, em tempo hábil, a aprovação da Lei nº 11.672, de 8 de maio de 2008, que estabeleceu o sistema de recursos especiais repetitivos, mediante o acréscimo do art. 543-C ao CPC/1973. Atualmente, na esteira do mencionado regime, o novo CPC, de 2015, concebeu e estão em pleno vigor os institutos do "Incidente de Resolução de Demandas Repetitivas" e do "Julgamento dos Recursos Extraordinário e Especial Repetitivos".

--o--

Pergunta nº 6: Como se davam as relações entre os ministros do STJ e do Supremo? De que forma foi estabelecida a ordem política entre eles? Como V. Exa. entendia a posição do STJ diante do STF? Como eram dissolvidos eventuais embates entre esses atores? Poderia V. Exa. citar casos de tentativa de imposição e resistência entre ideias, ideais e/ou discursos?

Resposta: O relacionamento entre os membros das duas Casas sempre foi cordial. Pode-se lembrar, inclusive, que do STJ ascenderam ao STF os Ministros Carlos Velloso, Ilmar Galvão, Carlos Alberto Menezes Direito, Teori Zavascki e Luiz Fux. De outra parte, dúvida não paira de que a Corte Suprema constitui a cúpula do Poder Judiciário (art. 92, inciso I, da CF), secundando-a o Conselho Nacional de Justiça, como órgão de natureza administrativa.

A hierarquia sempre foi respeitada e preservada, quer na área administrativa, quer na esfera jurisdicional. No campo penal, sabe-se que geralmente quem dá a última palavra é o STF. No plano cível, o art. 543 do CPC de 1973 dispunha que "na hipótese de o relator do recurso especial considerar que o extraordinário é prejudicial àquele, em decisão irrecorrível, sobrestará o seu julgamento e remeterá os autos ao STF, para o julgamento do recurso extraordinário (§ 2º). Todavia se o relator do recurso extraordinário não o considerar prejudicial, devolverá os autos ao Superior Tribunal de Justiça para o julgamento do recurso especial, em decisão também irrecorrível (§ 3º). Tais regras acham-se mantidas pelo art. 1.031, §§ 2º e 3º, do vigente Código de Processo Civil.

Com a competência bem definida pela Lei Fundamental entre as duas Casas, nunca houve qualquer tentativa de imposição ou resistência de ideias, ideais ou discursos.

--o--

Pergunta nº 7: Como era a relação do STJ (e de seus ministros) com os demais Tribunais Superiores e com a Justiça Estadual e Federal? Quais os principais embates e como foram resolvidos?

Resposta: As relações havidas com os Tribunais Superiores sempre foram as mais respeitosas possíveis, embora não se possa negar que as maiores proximidades ocorriam de modo formal, quando da realização de solenidades e posse de membros em cada uma das Cortes. Nos óbices comuns, claro que havia a colaboração recíproca, como é o caso em que o Poder Executivo reclamava o contingenciamento de valores orçamentários. Os Presidentes de cada Sodalício reuniam-se o mais das vezes no Gabinete da Presidência do Supremo Tribunal Federal, momento em que o consenso acaba prevalecendo.

Conforme já salientado, as reivindicações e eventuais questões suscitadas pela Justiça Federal eram dirimidas durante as sessões do "Conselho da Justiça Federal". As Justiças dos Estados e a do Distrito Federal, esta mais próxima geograficamente, mantinham por igual relações de respeito com o STJ, não tendo eu conhecimento de envolver-se qualquer questão de hierarquia. Lembro-me a propósito que, antes da instituição do "Conselho Nacional de Justiça", deflagrou-se uma alongada e séria paralisação dos servidores do Tribunal de Justiça de São Paulo, fato que motivou uma manifestação verbal do então Presidente do STJ, cujos efeitos se fizeram sentir dias após.

Este, um dos poucos fatos dignos de menção.

--o--

Pergunta nº 8: Como se deu e qual era a pauta do STJ e de seus membros com o início dos debates da EC 45/2004? Havia um consenso entre os ministros do STJ para a obtenção de ganhos com a Emenda? Quais as ideias e discursos se destacavam naquele momento?

Resposta: A chamada "Reforma do Judiciário" tramitou no Congresso Nacional sob várias relatorias, durante muitos anos, até que o Ministério da Justiça houve

por bem implantá-la com os seguintes objetivos primordiais: facilitação do acesso dos cidadãos à Justiça; abolir a duração excessiva dos feitos e abolir a alegada falta de transparência do Poder Judiciário.
Daí o foco principal das modificações propostas: a criação de um órgão externo controlador da Magistratura Nacional, vale dizer, o "Conselho Nacional de Justiça", de composição heterogênea, mas presidida pelo Ministro Presidente do Supremo Tribunal Federal. Ao STJ coube designar um de seus ministros para compor o Conselho, na função de "Corregedor Nacional de Justiça".
Por não pertencer à cúpula diretiva da Corte, mantive-me afastado das tratativas concernentes à adoção de medidas favoráveis ao Tribunal, não tendo agora condições de adiantar quais seriam especificamente as postulações concretas enviadas aos mentores da referida Reforma.

--o--

Pergunta nº 9: Quais eram os interlocutores do STJ junto ao Congresso e ao Executivo? Como foi articulada a posição do STJ junto aos demais Tribunais e órgãos do Judiciário? E com o STF?
Resposta: O Ministério da Justiça constituíra uma "Comissão de Reforma do Judiciário", a qual teve atuação ativa na formulação das alterações almejadas. No âmbito do Poder Judiciário, o principal líder e coordenador foi o Presidente do STF, Ministro Nelson Jobim, que promoveu a respeito algumas audiências com os colegas do Superior Tribunal de Justiça; de uma feita, participei de uma reunião informal na sede do STJ, juntamente com o Ministro Nelson Jobim e um Senador da República, da qual, no entanto, não surtiu nenhum efeito prático.
Não tive, de resto, notícias ou informações acerca do envolvimento dos demais Tribunais nas tratativas relacionadas com a EC em questão.

--o--

Pergunta nº 10: Na opinião de V. Exa. a oportunidade gerada pela Reforma Constitucional de 2004 foi aproveitada em sua plenitude pelos membros do STJ em prol do seu fortalecimento? Em quais pontos, eventualmente, deveriam ter sido concentradas as forças?
Resposta: Com a "Reforma do Judiciário", o STJ foi contemplado no "Conselho Nacional de Justiça" com um cargo, reservado a Ministro da Casa, para exercer as funções de "Corregedor Nacional de Justiça". Esse ministro não se afastou totalmente de suas funções no Tribunal, uma vez que continuou a integrá-lo nas sessões do Tribunal Pleno e na Corte Especial. Com isso, a Casa viu-se obrigada a convocar um substituto para o seu lugar, nos demais órgãos judicantes.

Ganhou, sem dúvida, o STJ com a criação da "Escola Nacional de Formação e Aperfeiçoamento de Magistrados – ENFAM", uma antiga aspiração de seus membros, notadamente os ligados ao Magistério. Manteve-se a existência do "Conselho da Justiça Federal", a quem foi atribuída primacialmente a supervisão administrativa e orçamentária da Justiça Federal.

Do Supremo Tribunal Federal recebeu nova incumbência, ou seja, a homologação de sentença estrangeira e a concessão de *exequatur* às cartas rogatórias.

Disso tudo, pode-se afirmar que resultou o fortalecimento do STJ, em face da confiança que lhe foi então depositada. Apenas, não chegou a ser acolhido até os dias que correm o seu pleito de alcançar um filtro na admissibilidade do recurso especial.

--o--

Pergunta nº 11: Numa perspectiva mais ampla, qual a visão de V. Exa. sobre o desempenho político, institucional e de legitimação do STJ? Têm desempenhado seus ministros em todos esses níveis suas potencialidades?

Resposta: Durante os anos todos de sua existência, uma das características principais do STJ foi a de buscar, de maneira incessante, os avanços institucionais nas diversas áreas de sua atuação. Perpassou quase todo o direito comum, pronunciando-se sobre as inúmeras e costumeiras alterações legislativas, fontes de novas e conhecidas discórdias, não só entre particulares, mas também com o Estado, em seus três níveis. Consolidou a sua jurisprudência, editando e adaptando súmulas; divulgando-as seja por meio impresso, seja por meio eletrônico. Procedeu à constante e útil reformulação de seus procedimentos, sempre de modo a bem atender aos cidadãos, empresas e operadores do direito.

O desempenho humano, em qualquer atividade, possui os seus limites. A natureza da prestação jurisdicional exige tempo, exame das causas e ponderação. Há, portanto, uma impossibilidade material de solver-se toda e qualquer lide que aporta a essa Casa de Justiça. Uma simples ação de despejo por falta de pagamento, por exemplo, pode abrigar várias questões federais, quer de direito material, quer de direito processual, a ponto de impor ao julgador uma leitura concentrada e um estudo profundo da causa.

Ao STJ, pois, há de estabelecer-se um filtro à admissibilidade do recurso especial. Ele é uma modalidade do recurso extraordinário *lato sensu*. Não se está a restringir o acesso das pessoas à Justiça, desde que às partes litigantes é facultado expor suas pretensões, quanto à matéria fática, em duas instâncias soberanas. Apenas seria permitida a subida do apelo excepcional quando o interesse em demanda fosse além do interesse peculiar às partes, isto é, quando demonstrada a repercussão geral do litígio, nos aspectos social, político, econômico e jurídico. Daí a pertinência, a meu ver, da PEC nº 209/2012, da Câmara dos Deputados, que dá ensejo ao acréscimo de um § 1º ao art. 105, da CF, de conformidade com o qual ao recorrente cabe evidenciar a relevância da questão federal infraconstitucional. A par de evitar-se a excessiva burocratização dos serviços judiciários, os Srs. Julgadores terão condições temporais, materiais e intelectuais de cumprir a missão para a qual foram convocados. O STJ é claramente um Tribunal de teses e assim deve funcionar.

O NCPC, atento às necessidades atuais, vem de conferir um valor adequado aos precedentes oriundos das nossas Cortes de Justiça (arts. 489, § 1º, inciso VI, 926, 927, 928, 976 e 1.036), possibilitando com isso maior segurança jurídica à sociedade brasileira. O respeito aos precedentes constitui – sem dúvida – um dos pilares do novo ordenamento processual civil.

A moderna tecnologia da informação muito contribui para uma produção mais qualificada, quantitativa e qualitativamente. As 3ª e 4ª Turmas do STJ, segundo se noticia, farão julgamentos virtuais, sendo certo que há já algum tempo o Tribunal alberga diversos núcleos de triagem e de precedentes.

De concluir-se que, com todo o aparato de que dispõe, o STJ e seus Julgadores terão condições de cumprir a missão constitucional que lhes foi atribuída, de maneira a atrair, como vem acontecendo, a consideração e a confiança dos jurisdicionados.

Raphael de Barros Monteiro Filho

Ministro aposentado do Superior Tribunal de Justiça.

ANEXO B
Íntegra da entrevista com o Ministro Eduardo Andrade Ribeiro de Oliveira, do Superior Tribunal de Justiça, concedida em 5 de dezembro de 2018

Prezado Dr. Douglas Policarpo

Procurarei responder a suas indagações, mas desde logo observo que não disponho de todas as informações solicitadas. Na verdade, a influência do Tribunal Federal de Recursos na estruturação do Superior Tribunal de Justiça foi menor do que lhe parece, segundo se depreende das indagações formuladas.
O TFR desde o início se postou em uma posição de atenção quanto à Constituinte, dada sua evidente importância. Mais de uma vez reuniu-se em sessão plenária para cogitar dos temas considerados relevantes, concernentes ao Judiciário em geral e, especialmente, os que dissessem respeito ao órgão incumbido de decidir os recursos em que interessada a União.
A proposta de criação do Superior Tribunal de Justiça foi muito bem recebida, já que evidente a necessidade de desafogar o Supremo Tribunal.
Nas reuniões do TFR suscitavam-se os temas tidos como importantes, valendo destacar o do não cabimento de recurso, para o Supremo, das decisões tomadas a propósito de questões para as quais seria competente o novo Tribunal, salvo se envolvessem tema constitucional.
Em relação a esse ponto houve alguma resistência por parte de ministros do Supremo Tribunal, que defendiam o cabimento de recurso, em certas hipóteses, das decisões do STJ, mesmo em temas que dissessem apenas com a legislação ordinária. Ao que me recordo, chegou a ser formalizada, na Constituinte, uma proposta nesse sentido.
Fizemos chegar nosso entendimento a alguns constituintes, que se convenceram da inconveniência de se introduzir mais um recurso e sobrecarregar o Supremo. Observando-se o volume de serviço nesses dois Tribunais é manifesto que seria de todo inadequado fosse admitido mais esse recurso.
O TFR constituiu uma comissão, formada por ministros, que se encarregou da interlocução com os constituintes. Não se efetuou interlocução com o Executivo nem com o Supremo Tribunal.
Houve uma resistência, muito pequena, a que os ministros do TFR passassem a compor o STJ. Logo foi superada. A solução encontrada foi muito bem recebida pelo TFR.
O Tribunal não enfrentou dificuldades quanto à legitimidade perante os outros poderes. No pertinente ao STF, cabendo-lhe a última palavra na exegese constitucional, suas decisões eram rigorosamente cumpridas, não havendo atrito algum.

De igual modo, não houve problemas, que eu saiba, no relacionamento com os demais integrantes do Judiciário.
Na realidade, o mais sério problema que o STJ veio a enfrentar, não muito tempo após sua criação, foi o acúmulo de serviço que, atualmente, está realmente insuportável. O número de processos está sempre aumentando. Alguns temperamentos foram introduzidos, como o dizendo com os recursos repetitivos, mas por certo que não são suficientes. A questão é realmente de difícil solução. Notório que Supremo e STJ estão sobrecarregados.
Quando editada a EC 45/2004, já me encontrava aposentado, havia quatro anos.
Essas as observações que me é dado aduzir, a propósito das indagações apresentadas.

Cordialmente

Eduardo Ribeiro